Regionale Aspekte der Grabmalforschung

Regionale Aspekte der Grabmalforschung

Beiträge von

Nicolas Bock, Rüdiger Fuchs, Romuald Kaczmarek,
Valentino Pace, Klaus Krüger und Wolfgang Schmid

herausgegeben von

Wolfgang Schmid

Trier 2000

Porta Alba Verlag Trier GmbH

Logo:
Abbildung der Porta Alba in Trier nach einem Denar des Trierer Erzbischofs Rudolf von Wied (1173–1189)

Gedruckt mit Unterstützung der Deutschen Forschungsgemeinschaft

Die Deutschen Bibliothek – CIP-Einheitsaufnahme

Regionale Aspekte der Grabmalforschung /
hrsg. von Wolfgang Schmid.
Trier : Porta Alba Verlag, 2000
NE: Schmid, Wolfgang [Hrsg.]
ISBN 3-933701-00-7

Gedruckt auf alterungsbeständigem Papier.

Satz: Rolf Häfele, Trier, unter Verwendung des
TUSTEP-Satzprogramms (© ZDV Tübingen)
Druck: Weihert-Druck, Darmstadt

Inhaltsverzeichnis

Vorwort VII

Wolfgang SCHMID
Grabmalforschung im Rhein-Maas-Mosel-Raum. Konzepte und Ergebnisse 1

Nicolas BOCK
Künstler, Grab und Auftraggeber. Zur politischen Bedeutung religiöser Ikonographie bei Grabmälern der Anjou 23

Valentino PACE
Morte a Napoli. Sepolture nobiliari del trecento 41

Romuald KACZMAREK
Ein italienischer Bildhauer in Schlesien? Die Grabmäler Heinrichs VI. († 1335) und Boleslaus' III. († 1352) 63

Klaus KRÜGER
Selbstdarstellung im Grabmal. Zur Repräsentation städtischer und kirchlicher Führungsgruppen im Hanseraum 77

Rüdiger FUCHS
Fromme Männer in der Welt. Totenlob auf Trierer Bischofsgrabmälern des Mittelalters 95

Wolfgang SCHMID
Zu den Grabstätten der Erzbischöfe von Trier, Köln und Mainz im 11./12. Jahrhundert 111

Vorwort

Der vorliegende Band enthält Vorträge, die am 24., 25. und 26. September 1997 anläßlich des Kolloquiums 'Tendenzen der Grabmalforschung' im Bischöflichen Dom- und Diözesanmuseum Trier gehalten wurden. Für den Druck erwies es sich als notwendig, die Beiträge zu den einzelnen Sektionen neu zu ordnen und auf zwei Publikationen zu verteilen. Die Referate, die in den Sektionen 'Grabmal und Liturgie' sowie 'Image und Memoria' gehalten wurden, erscheinen unter dem Titel 'Grabmäler. Tendenzen der Forschung an Beispielen aus Mittelalter und früher Neuzeit' beim Gebr. Mann Verlag, Berlin.

Es ist eine angenehme Pflicht, zum Abschluß der Arbeit Dank abzustatten. Zunächst den Mitarbeitern des Bischöflichen Museums für ihre Gastfreundschaft bei dem Kolloquium, dann den studentischen Hilfskräften, die mit wenig Geld und viel Elan für eine angenehme Tagungsatmosphäre gesorgt haben, weiter den Referenten und Autoren für ihre Mitarbeit, die engagierten Diskussionsbeiträge, die große Kooperationsbereitschaft und Geduld. Wilhelm Maier hat sehr viel Arbeit darauf verwandt, den Beitrag von Romuald Kaczmarek in die vorliegende Form zu bringen. Für die redaktionelle Bearbeitung des Aufsatzes von Valentino Pace ist Eva Waldmann und Martina Witzel zu danken. An der Endredaktion haben Martin Fuchs, Stefan Heinz und Barbara Rothbrust mitgearbeitet. Rolf Häfele sorgte in gewohnter Professionalität für den Satz, und Michael Grün bearbeitete den Abbildungsteil, in den er weitaus mehr Geduld und Mühe investierte, als es die fertigen Abbildungen erahnen lassen. Das Titelblatt – es zeigt das Grabdenkmal des Erzbischofs Johann von Metzenhausen († 1540) im Trierer Dom – entwarf Martin Lutz auf einer Grundlage, die Jana Lisa Buhrow zur Verfügung gestellt hat. Ihnen allen ein herzliches Dankeschön!

Trier, im April 2000 Wolfgang Schmid

Wolfgang SCHMID

Grabmalforschung im Rhein-Maas-Mosel-Raum Konzepte und Ergebnisse

I. Die Signatur des Nicolaus Gerhaert am Sierck-Epitaph

Zu den Meisterwerken der spätgotischen Skulptur im westdeutschen Raum gehört das Grabmonument des Trierer Erzbischofs Jakob von Sierck († 1456), genauer gesagt: das, was von ihm übrigblieb. Nachdem das Denkmal in der Liebfrauenkirche 1771 zerstört worden war, wurde die obere Platte zunächst in einer Seitenkapelle des Domes aufbewahrt; seit 1904 befindet sie sich im Bischöflichen Dom- und Diözesanmuseum[1]. Es handelt sich um eine rechtekkige Steinplatte, 120 × 250 cm groß, auf der annähernd vollplastisch ein steinernes Bild des Erzbischofs liegt. Seine liturgische Gewandung ist vollständig und detailliert wiedergegeben. Er trägt eine Mitra, der Bischofsstab liegt in der linken Armbeuge, die behandschuhten Hände sind frei und können zum Gebet gefaltet werden. Der in etwa lebensgroß dargestellte Bischof erweckt keineswegs den Eindruck eines Toten. Die Augen sind geöffnet, der Mund scheint zu lächeln. Er wirkt nicht wie ein alter, kranker Mann, als der Sierck mit ca. 58 Jahren starb. Vielleicht wollte ihn der Bildhauer im idealen Alter von 33 Jahren darstellen, in dem die Menschen vor dem Jüngsten Gericht erscheinen[2].

Bei dem Grabmal handelt es sich um ein Fragment. Das ursprüngliche Aussehen des Monuments läßt sich aus zwei alten Beschreibungen rekonstruieren. C. Brower und J. Masen berichten 1670 von *cadaveris, sive mortui hominis subtus eum jactentis miro artificio visendo*, und F. T. Müller wußte am Ende des 18. Jahrhunderts noch von einem eisernen Gitter und von dreieinhalb Fuß hohen Steinpfeilern mit einer Platte, auf welcher der Verstorbene lag. Darunter befand sich die steinerne Darstellung eines noch unverwesten zweiten Körpers, an dem Kröten und Schlangen fraßen und dessen Ohr von einer Maus benagt wurde[3].

Auf die Probleme der Rekonstruktion sowie der Interpretation der sog. »Doppeldecker-Gräber« kann hier nicht näher eingegangen werden, nur auf eine Inschrift sei aufmerksam gemacht, die auf die Fragen nach Urheberschaft und Datierung eindeutige Antworten ermöglicht: Am Fußende – unterhalb der in wesentlich größeren Buchstaben eingemeißelten Grabinschrift des Erzbischofs – ist eine weitere Inschrift zu lesen: *Nicola[us] Gerardi de Leyd[en] [ex]egit 1462* (Abb. 1). Hervorzuheben ist zunächst der Platz, an dem sie angebracht ist. Einerseits wirkt es bescheiden, sie in einer kleineren Schrift und am Fußende des Grabmals anzubringen, andererseits verrät es doch ein beachtliches Maß an Selbstbewußtsein, hierfür eine Stelle an der oberen

[1] Annette SCHOMMERS: Das Grabmal des Trierer Erzbischofs Jakob von Sierck († 1456). Deutungs- und Rekonstruktionsversuch von Inschrift und Grabaufbau. In: Trierer Zeitschrift 53/1990, S. 311–333 – Das neue Bischöfliche Dom- und Diözesanmuseum. Bildband zur Wiedereröffnung. Trier 1988, S. 52. – Zur Person vgl. Ignaz MILLER: Jakob von Sierck. 1398/99–1456. (= Quellen und Abhandlungen zur mittelrheinischen Kirchengeschichte 45) Mainz 1983.

[2] Zum idealen Alter vgl. Hildegard WESTHOFF-KRUMMACHER: Barthel Bruyn der Ältere als Bildnismaler. (= Kunstwissenschaftliche Studien 35) München 1965, S. 69–71. – Gerhard SCHMIDT: Typen und Bildmotive des spätmittelalterlichen Monumentalgrabes, in: Jörg GARMS/Angiola Maria ROMANINI (Hg.): Skulptur und Grabmal des Spätmittelalters in Rom und Italien. Wien 1990, S. 13–82, hier S. 23–33, 70–80.

[3] Zur Rekonstuktion vgl. SCHOMMERS, Grabmal (wie Anm. 1), S. 324–333.

Abb. 1: Signatur des Bildhauers Nicolaus Gerhaert am Grabmal des Erzbischofs Jakob von Sierck.

Platte auszusuchen, die ein Betrachter gut lesen konnte, die ihm sofort ins Auge fiel. Die Inschrift verdient auch deshalb unsere besondere Aufmerksamkeit, weil mittelalterliche Künstlersignaturen nicht gerade häufig überliefert sind.

Die Inschrift nennt als Urheber des Sierck-Epitaphs mit Nicolaus Gerhaert den mit Abstand bedeutendsten Bildhauer der Spätgotik im westeuropäischen Raum[4]. Seine Lehr- und Gesellenjahre dürfte Gerhaert in Utrecht, Gent, Brüssel, Tournay, Bourges, Dijon und Genf verbracht haben. Epigraphisch erstmals nachweisbar ist er 1462 durch die Signatur an unserem Grabmal. Im folgenden Jahr war er bereits in Straßburg tätig, wo er Figuren für die alte Kanzlei herstellte, 1464 das Epitaph des Kanonikers Konrad von Busnang, dann den Altar und das Chorgestühl für das Konstanzer Münster, 1467 schließlich das Baden-Badener Kruzifix. Nach wiederholter Aufforderung folgte er einer Einladung Kaiser Friedrichs III. nach Wien, wo er dessen Grabplatte herstellen sollte; 1473 ist Nicolaus Gerhaert gestorben[5]. Seine Karriere dauerte nur zehn Jahre, aber er hat in jeder Stadt, in der er arbeitete, die Bildhauerei durch die Rezeption des niederländischen Realismus nachdrücklich beeinflußt. Trier ist womöglich der Ausgangspunkt seiner großartigen Laufbahn.

Das hier nur grob skizzierte Bild kann an vielen Stellen hinterfragt werden. Für unsere Zwecke muß zunächst die Tatsache genügen, daß mit der Herstellung des außergewöhnlichen Grabmals eines Trierer Kirchenfürsten keine einheimische Werkstatt, auch keine aus Köln, Mainz, Koblenz oder Saarbrücken beauftragt wurde, sondern daß der oder die Auftraggeber – wer die postume Anfertigung des Monuments überwachte, wissen wir nicht – den besten Bildhauer heranzogen, den sie im

[4] Zu Nicolaus Gerhaert vgl. Otto WERTHEIMER: Nicolaus Gerhaert. Seine Kunst und seine Wirkung. Berlin 1929. – Roland RECHT: Nicolas de Leyde et la sculpture à Strasbourg (1460–1525). Straßburg 1987. – Michèle BEAULIEU/Victor BEYER: Dictionnaire des sculpteurs français du moyen âge. (= Bibliothèque de la Société Française d'Archéologie) Paris 1992, S. 120–123. – Kaliopi CHAMONIKOLASOVA: Nicolaus Gerhaert of Leyden in the Moravian Context. In: Wiener Jahrbuch für Kunstgeschichte 48/1995, S. 61–84. – Jörg ROSENFELD: Niclaus Gerhaert in Straßburg. In: Jahrbuch der Staatlichen Kunstsammlungen in Baden-Württemberg 32/1995, S. 13–32. – Hartmut KROHM: Zuschreibungen an Niclaus Gerhaert von Leyden. Eine noch längst nicht abgeschlossene Diskussion, in: Skulptur in Süddeutschland 1400–1770. Festschrift für Alfred Schädler. Berlin 1998, 109–128.

[5] Renate KOHN: Eine bisher unbekannte Grabinschrift des Niclas Gerhaert von Leyden († 1473), in: Wiener Geschichtsblätter 48/1993, S. 164–170. – DIES.: Die Inschriften der Stadt Wiener Neustadt. (= Die Deutschen Inschriften 48) Wiesbaden 1998, Nr. 111.

nordwesteuropäischen Raum verpflichten konnten. Eine überraschende Stütze erfahren diese Überlegungen durch die Wiederherstellung des Grabmals von Siercks Nachfolger, Erzbischof Johann von Baden († 1503); es handelt sich um ein urkundlich gesichertes Werk des Bildhauers Nikolaus Myert aus Utrecht[6]. Schlaglichtartig tritt durch diese beiden Meisternamen die bisher weitgehend unbekannte Rolle Triers in einem System kulturellen Austauschs zwischen den Kunstzentren der nördlichen und südlichen Niederlande (Brüssel, Brügge, Antwerpen, Mecheln) und den großen Konsumorten (Köln) bzw. Umschlagszentren (Frankfurt) im nieder- und mittelrheinischen Raum. Frankfurt mit seinen Messen erweist sich hier als wichtige Drehscheibe in den Verbindungen zu den Zentren der oberdeutschen Kunst- und Wirtschaftsregion, die wiederum aufgrund ihrer geographischen Lage den Städten Oberitaliens eng verbunden war. Im Norden verlief die Rezeption der Kunst der Renaissance und des Manierismus – auch in der Grabmalskunst – eher über Antwerpen mit der Floris-Werkstatt[7].

Zum zweiten ist nochmals die Künstlersignatur hervorzuheben: Selbstdarstellungen von Künstlern und Inschriften, mit denen sie ihre Werke datierten und ihre Urheberschaft festhielten, sind gerade im spätmittelalterlichen Rheinland selten. Über die Ursachen läßt sich streiten. Nachdem die Theorie vom vorrangig zur Ehre Gottes schaffenden und deshalb anonym hinter sein Werk zurücktretenden Künstler des Mittelalters ebenso in Frage gestellt wurde[8] wie auch die zweite Stufe dieses Modells, die Emanzipation des Künstlers in der Renaissance[9], muß man nach anderen Gründen suchen, etwa nach lokalen und regionalen Traditionen – Köln ist nicht Florenz, Nürnberg nicht Augsburg –, aber auch nach gattungsspezifischen Ursachen: Die Kölner Glockengießer signierten seit dem 14. Jahrhundert fast durchgängig ihre Werke, nicht aber die Maler und Glasmaler, die auch im 16. Jahrhundert noch weitgehend anonym blieben[10].

Der vorliegende Band geht im wesentlichen auf Vorträge zurück, die im Herbst 1997 in der Sektion »Künstler und Region« des Kolloquiums »Tendenzen der Grabmalforschung« im Bischöflichen Dom- und Diözesanmuseum Trier gehalten wurden. Veranstalter war das Teilprojekt »Grabdenkmäler zwischen Maas und Rhein« des Trierer Sonderforschungsbereiches 235 »Zwischen Maas und Rhein«.

---

[6] Markus GROSS-MORGEN/Wolfgang SCHMID/Michael Viktor SCHWARZ: Nikolaus Myert: ein unbekannter Utrechter Bildhauer der Spätgotik. In: Kunstchronik 51/1998, S. 334–339.

[7] Bernhard KIRCHGÄSSNER/Hans-Peter BECHT (Hg.): Stadt und Mäzenatentum. (= Stadt in der Geschichte 23) Sigmaringen 1997. – Klaus BERGDOLT/Jochen BRÜNING (Hg.): Kunst und ihre Auftraggeber im 16. Jahrhundert. Venedig und Augsburg im Vergleich. (= Institut für Europäische Kulturgeschichte der Universität Augsburg, Colloquia Augustana 5) Berlin 1997. – Bernd ROECK: Kunstpatronage in der Frühen Neuzeit. Studien zu Kunstmarkt, Künstlern und ihren Auftraggebern in Italien und im Heiligen Römischen Reich (15.–17. Jahrhundert). Göttingen 1999.

[8] Literatur (in Auswahl): Heinrich KLOTZ: Formen der Anonymität und des Individualismus in der Kunst des Mittelalters und der Renaissance. In: Gesta 15/1976, S. 303–312. – Reiner HAUSSHERR: Arte nulli secundus. Eine Notiz zum Künstlerlob im Mittelalter. In: Ars auro prior. Studia Ioanni Bialostocki sexagenario dicata. Warschau 1981, S. 43–47. – Harald KELLER: Künstlerstolz und Künstlerdemut im Mittelalter [1981]. In: DERS.: Blick vom Monte Cavo. Kleine Schriften. Frankfurt 1984, S. 439–464. – Anton LEGNER: Illustres manus. In: Ornamenta Ecclesiae. Kunst und Künstler der Romanik. Ausst. Kat. Köln 1985, Bd. 1, S. 187–230. – Albert DIETL: In arte peritus. Zur Topik mittelalterlicher Künstlerinschriften in Italien bis zur Zeit Giovanni Pisanos. In: Römische Historische Mitteilungen 26/1987, S. 75–125. – DERS.: Künstlerinschriften als Quelle für Status und Selbstverständnis von Bildhauern. In: Herbert BECK/Kerstin HENGEVOSS-DÜRKOP (Hg.): Studien zur Geschichte der europäischen Skulptur im 12./13. Jahrhundert. (= Schriften des Liebieghauses) Frankfurt 1995, S. 175–191. – Peter Cornelius CLAUSSEN: Nachrichten von den Antipoden oder der mittelalterliche Künstler über sich selbst. In: Matthias WINNER (Hg.): Der Künstler über sich in seinem Werk. Weinheim 1992, S. 19–54.

[9] Literatur (in Auswahl): Gisela LUTHER: Naturerscheinung, Bild-Erfindung und Ausführung. Zur Arbeitsweise des Künstlers im 16. und 17. Jahrhundert. In: Stilleben in Europa. Ausst. Kat. Münster/Baden-Baden 1979, S. 46–86. – Alexander PERRIG: Der Renaissancekünstler als Wissenschaftler. In: Werner BUSCH/Peter SCHMOOCK (Hg.): Kunst. Die Geschichte ihrer Funktionen. Weinheim/Berlin 1987, S. 575–603. – Gunter SCHWEIKHART: Künstler als Gelehrte: Selbstdarstellungen in der Malerei des 16. Jahrhunderts. In: Begegnungen. Festschrift für Anselm Riedl. (= Heidelberger kunstgeschichtliche Abhandlungen, N. F. 20) Worms 1993, S. 18–27. – Sebastian SCHÜTZE: Arte Liberalissima e Nobilissima. Die Künstlernobilitierung im päpstlichen Rom – Ein Beitrag zur Sozialgeschichte des Künstlers in der frühen Neuzeit. In: Zeitschrift für Kunstgeschichte 55/1992, S. 319–351. – Oskar BÄTSCHMANN/Pascal GRIENER: Holbein-Apelles. Wettbewerb und Definition des Künstlers. In: Zeitschrift für Kunstgeschichte 57/1994, S. 626–650. – Wolfgang SCHMID: Der Renaissancekünstler als Handwerker. Zur Bewertung künstlerischer Arbeit in Nürnberg um die Mitte des 16. Jahrhunderts. In: Wert und Bewertung von Arbeit im Mittelalter und in der frühen Neuzeit. Festschrift für Herwig Ebner zum 65. Geburtstag. (= Schriftenreihe des Instituts für Geschichte 7) Graz 1995, S. 61–150.

[10] Wolfgang SCHMID: Stifter und Auftraggeber im spätmittelalterlichen Köln. (= Veröffentlichungen des Kölnischen Stadtmuseums 11) Köln 1994, S. 297–306.

Die folgende Einführung wird zunächst einige Bemerkungen zum Projekt und seinen leitenden Fragestellungen vorausschicken, dann über die Tagung selbst berichten, weiter die angesprochene Sektion und davon ausgehend die Konzeption dieses Bandes erläutern, am Ende dann einige Ergebnisse skizzieren und abschließend nochmals auf die Frage der Trierer Künstlerselbstzeugnisse zurückkommen.

II. Zum Projekt »Grabdenkmäler zwischen Maas und Rhein«

Von 1994 bis 1999 förderte die Deutsche Forschungsgemeinschaft im Rahmen des Trierer Sonderforschungsbereichs 235 das von Michael V. Schwarz geleitete Teilprojekt »Grabdenkmäler zwischen Maas und Rhein (ca. 1130 – ca. 1570)«[11]. Ein von Franz Irsigler initiiertes und von der Gerda Henkel-Stiftung finanziertes Pilotprojekt hatte 1993 Sondierungen zur Grabmalskunst der Gotik, der Renaissance und des Barock im Bistum Trier ermöglicht. Ein Nachfolgeprojekt (Repräsentation und Memoria. Zur Funktion der Erzbischofsgrablegen im rheinischen Raum, ca. 1200 bis 1800) wird in den Jahren 2000 und 2001 die Arbeiten in einem zentralen Bereich zum Abschluß bringen.

Aufgrund der zahlreichen, z. T. recht qualitätsvollen Denkmäler, aber auch wegen der vorzüglichen Quellenlage und den günstigen Arbeitsbedingungen vor Ort hat sich das Grabmalprojekt von Anfang an stark auf die Bildhauerei in Stadt und Bistum Trier konzentriert. Hier konnte eine ganze Reihe methodisch aufschlußreicher Fallstudien erarbeitet werden, für welche die enge Verzahnung zwischen kunsthistorischen Analysen und der Auswertung der archivalischen Überlieferung charakteristisch war. Zum Quellenwert von Grabdenkmälern für Fragestellungen der Sozial-, Frömmigkeits- und Mentalitätsgeschichte waren dadurch detaillierte Antworten möglich, ebenso auf Fragen nach ihrem jeweiligen Standort innerhalb einer Kirche und somit auch ihrer Einbindung in die Liturgie.

Aus einer Vielzahl von Publikationen seien Untersuchungen über den Michaelsaltar in der Trierer Pfarrkirche St. Gangolf von 1467, eine Memorienstiftung der Herren von Nattenheim, und über das Epitaph der Luxemburger Herzogin Elisabeth von Görlitz († 1451) in der ehemaligen Minoritenkirche genannt[12]. Mehrere Fallstudien beschäftigten sich mit Trierer Kanoniker-Epitaphien der Renaissance[13], mit der Kunstpolitik nach dem Konzil von Trient[14] und mit dem Trierer Petrusbrunnen als politischem Herrschaftszeichen[15]. Eines der wichtigsten Ergebnisse des Projekts ist der Wiederaufbau und die wissenschaftliche Dokumentation des Grabdenkmals des Domdekans Christoph von Rheineck. Dieser ließ um 1530 in der Trierer Liebfrauenkirche einen nach römischen Vorbildern gestalteten Triumphbogen errichten, der von einem auferstehenden Christus und vier Grabwächtern bekrönt wurde. Unter diesem Bogen befanden sich eine Grablegungsgruppe und ein Altar, zu dessen Füßen der Stifter bestattet war. Das Grabmalprojekt konnte für die wissenschaftliche Dokumentation eine Edition und Übersetzung des Stiftertesta-

---

[11] Kommentierte Bibliographie. Sonderforschungsbereich 235. Trier 1999, Bd. 1, S. 13–37, 61–83.

[12] Wolfgang SCHMID: Der Michaelsaltar in der Trierer Pfarrkirche St. Gangolf. Ein spätgotisches Kunstwerk in seinem historischen Zusammenhang. In: Kurtrierisches Jahrbuch 28/1988, S. 23–98. – DERS.: Der Michaelsaltar des Peter von Wederath. Eine Memorienstiftung der Herren von Nattenheim in Trier. In: Wallraf-Richartz-Jahrbuch 56/1995, S. 127–140. – DERS./Gabriele SCHMID: Das Grabmal der Elisabeth von Görlitz († 1451) – ein Frühwerk des Nikolaus Gerhaert in Trier? In: Jean SCHROEDER (Hg.): Productions et échanges artistiques en Lotharingie médiévale. Actes des 7. Journées Lotharingiennes. (= Publications de la Section Historique de l'Institut Grand-Ducal de Luxembourg 110) Luxemburg 1995, S. 171–220.

[13] Wolfgang SCHMID: Das Grabdenkmal des Johann Blesen aus Siegen († 1568) in der Trierer Liebfrauenkirche. In: Liber amicorum necnon et amicarum für Alfred Heit. Beiträge zur mittelalterlichen Geschichte und geschichtlichen Landeskunde. (= Trierer Historische Forschungen 28) Trier 1996, S. 111–127. – DERS./Christine STOLPE: Das Grabdenkmal des Nikolaus Lant aus Zell († 1566) aus der Stiftskirche in Pfalzel. In: »Das Wichtigste ist der Mensch«. Festschrift für Klaus Gerteis. (= Trierer Historische Forschungen 41) Trier 2000, S. 631–652.

[14] Wolfgang SCHMID: Grabdenkmäler und Kunstpolitik der Erzbischöfe von Trier und Köln im Zeitalter der Gegenreformation. In: Sancta Treveris. Beiträge zu Kirchenbau und bildender Kunst im alten Erzbistum Trier. Festschrift für Franz J. Ronig zum 70. Geburtstag. Trier 1999, S. 515–552.

[15] Wolfgang SCHMID: Der Petrusbrunnen auf dem Trierer Hauptmarkt. Ein Werk Hans Ruprecht Hoffmanns von 1595. Trier 1995. – DERS./Andrea FLECK: Die Rechnung über die Herstellung des Petrusbrunnens auf dem Trierer Hauptmarkt (1594/95). Edition und Kommentar. In: Kurtrierisches Jahrbuch 36/1996, S. 123–154.

ments nebst einem ausführlichen Kommentar beisteuern, der mit weiterführenden Beiträgen zur Familien- und Besitzgeschichte wie auch zur Rheineck'schen Stiftungskonzeption eine der wichtigsten Quellen zur Kirchen- und Frömmigkeitsgeschichte der Rheinlande im konfessionellen Zeitalter erschließt[16].

Besonderes Interesse kam den Grablegen der Erzbischöfe von Trier zu. Intensiv bearbeitet wurden Monumente des 11. und 12. Jahrhunderts (Poppo von Babenberg, Albero von Montreuil)[17], und auch über die Tumba Erzbischof Balduins von Luxemburg aus dem 14. Jahrhundert konnte eine ausführliche Untersuchung vorgelegt werden[18]. Zu den Grabdenkmälern und der Kunstpolitik der Trierer Erzbischöfe der Gegenreformationszeit (Jakob von Eltz, Johann von Schönenburg) wurde ebenfalls eine eingehende Studie erarbeitet[19]. Die Monumente der Kölner und der Mainzer Kirchenfürsten traten dabei etwas in den Hintergrund, jedoch konnten zumindest eine Gruppe von Mainzer Monumenten des 15. und zwei Kölner Denkmäler aus der Mitte des 16. Jahrhunderts untersucht werden[20].

Unsere eng am Einzeldenkmal orientierte Methodik, Quellen und Fragestellungen der Sozial-, Kirchen-, Frömmigkeits- und Liturgiegeschichte ebenso wie Aspekte der Epigraphik, der Heraldik und der Kostümkunde berücksichtigende Vorgehensweise macht eine zusammenfassende Darstellung der Projektergebnisse außerordentlich problematisch. Während der Laufzeit des Projekts erschienen zwei Arbeiten, die unsere Vorbehalte gegenüber wenig in die Tiefe dringenden Gesamtdarstellungen nur noch verstärkten; zu nennen sind die Bücher von Hans Körner (Grabmonumente des Mittelalters)[21] und von Dorothea Terpitz (Figürliche Grabdenkmäler im Rheinland)[22]. Sie bieten sicherlich unverzichtbare Gesamtdarstellungen, stellen aber gegenüber nahsichtigen und quellenmäßig verankerten Fallstudien keine Alternative dar.

Dennoch konnten drei recht unterschiedliche Versuche einer Synthese der Projektarbeit vorgelegt werden: Das Hauptergebnis des Pilot-Projekts von 1993 stellt eine systematische kartographische und statistische Aufarbeitung der Grabdenkmäler des Mittelalters und der frühen Neuzeit in der Diözese Trier dar, die insbesondere bezüglich der Frage nach dem Personenkreis, an den steinerne Monumente in Kirchen erinnerten, überraschende Ergebnisse erbrachte[23]. Zum zweiten sei auf einen Beitrag zur Publikation der von Michael Borgolte – der auch zu unserer Trierer Grabmaltagung einen grundlegenden Aufsatz beigesteuert hat[24] – geleiteten Sektion »Stiftungen und Stiftungswirklichkeit« auf dem Frankfurter Historikertag von 1998 verwiesen. Hier konnte der Versuch einer breit angelegten Synthese zumindest für die stadttrierische Bildhauerei im 15./16. Jahrhundert vorgelegt werden. Dabei standen insbesondere Fragen nach unterschiedlichen Präsentationsstrategien der Erzbischöfe, der Mit-

---

[16] Vorberichte: Peter SEEWALDT: Das Grabdenkmal des Domdechanten Christoph von Rheineck († 1535). Sanierung und Wiederaufbau im Rheinischen Landesmuseum Trier. In: Funde und Ausgrabungen im Bezirk Trier 28/1996, S. 71–80. – Wolfgang SCHMID: Stiftung – Liturgie – Memorialtopographie. Das Grabmonument des Domdekans Christoph von Rheineck aus der Trierer Liebfrauenkirche. In: Arte e liturgia nel medioevo. (im Druck). – DERS./Florian GLÄSER: Das Testament des Christoph von Rheineck († 1535) – Edition und Kommentar. In: Peter SEEWALDT (Hg.): Das Grabdenkmal des Christoph von Rheineck – Ein Monument hochklerikaler Sepulkralkultur der Frührenaissance in Trier und sein Stifter. (= Trierer Zeitschrift, Beiheft) (im Druck).

[17] Michael Viktor SCHWARZ: »Flet Roma, flet undique Trevir«. Grabmalstiftungen und Grabmal des Trierer Erzbischofs Albero (1131–1152): Sepulkrale Repräsentation nach dem Investiturstreit. In: Wiener Jahrbuch für Kunstgeschichte 51/1998, S. 9–31, 161–169. – Wolfgang SCHMID: Poppo von Babenberg († 1047). Erzbischof von Trier – Förderer des hl. Simeon – Schutzpatron der Habsburger. Trier 1998.

[18] Wolfgang SCHMID/Michael Viktor SCHWARZ: Jenseits-Fürsorge und Hausmacht-Politik: Erzbischof Balduins Grabmal im Trierer Dom. In: Michael Viktor SCHWARZ (Hg.): Grabmäler der Luxemburger. Image und Memoria eines Kaiserhauses. (= Publications du Centre Luxembourgeois de Documentation et d'Etudes Médiévales 13) Luxemburg 1997, S. 97–122.

[19] S. o. Anm. 14–15.

[20] Wilhelm MAIER: Grab beim Grabe Christi: Die Memoria des Mainzer Erzbischofs Johann von Nassau. In: DERS./Wolfgang SCHMID/Michael Viktor SCHWARZ (Hg.): Grabmäler. Tendenzen der Forschung an Beispielen aus Mittelalter und früher Neuzeit. Berlin 2000 (im Druck). – Wolfgang SCHMID: Zwischen Amtsmemoria und Landesherrschaft: Die Grabdenkmäler der Mainzer Erzbischöfe in der zweiten Hälfte des 15. Jahrhunderts. In: Gutenberg. Aventur und kunst. Vom Geheimunternehmen zur ersten Medienrevolution. Ausstellungskatalog Mainz 2000, S. 466–473. – Für Köln s. o. Anm. 14.

[21] Darmstadt 1997.

[22] Leipzig 1997.

[23] Wolfgang SCHMID: Grabdenkmäler im Erzbistum Trier (1150–1650). Methoden, Probleme und Perspektiven einer Bestandsaufnahme. In: Kurtrierisches Jahrbuch 35/1995, S. 99–129.

[24] Michael BORGOLTE: Die Dauer von Grab und Grabmal als Problem der Geschichte. In: Grabmäler. Tendenzen der Forschung (wie Anm. 20).

glieder des Domkapitels, der Adeligen des Umlandes und der Bürger der Moselstadt im Mittelpunkt, aber auch Probleme der Verwurzelung von Grabdenkmälern im Rahmen individueller Memorialkonzepte, von Standorten und ihrer Einbeziehung in die Liturgie[25].

Ein weiteres Hauptergebnis des Projekts liegt in dem vom Michael V. Schwarz herausgegebenen Sammelwerk »Grabmäler der Luxemburger« vor. Unter dem Begriffspaar »Image und Memoria« konnten die Grabmonumente einer Dynastie dargestellt werden, die immerhin 130 Jahre lang – von 1308 bis 1437 – das Reich regiert hat. Neben den Informationen, die zu den nicht erhaltenen Denkmälern zusammengetragen werden konnten, galt das Hauptinteresse den Grabmonumenten der Margarethe von Brabant in Genua und ihres Gatten, Kaiser Heinrich VII., in Pisa sowie die Monumente Erzbischof Balduins im Trierer Dom und die Ausstattung des Prager Veitsdomes als Grabeskirche für Karl IV.[26]

III. Das Kolloquium »Tendenzen der Grabmalforschung«

Da unser Projekt weder eine umfassende Darstellung der Grabmalskunst im Untersuchungsgebiet noch einen Gesamtkatalog des Denkmälerbestandes anstrebte[27], konnten von Anfang an methodische Fragen einen hohen Stellenwert gewinnen. Weil die Gattung »Grabdenkmal« stets zwischen den Disziplinen angesiedelt war, erschien bei ihrer Erforschung eine fächerübergreifende Arbeitsstrategie besonders wichtig und ertragreich. Um an diesem Punkt unsere Überlegungen zu focussieren und sie der Fachwelt zur Diskussion zu stellen, veranstaltete das Projekt vom 24. bis zum 26. September 1997 ein Kolloquium mit dem Titel »Tendenzen der Grabmalforschung«. Als Gastgeber bot sich das Bischöfliche Museum geradezu an, wo zudem das auf Initiative unseres Projekts gerade erst wiedererrichtete Grabmal Erzbischof Johanns von Baden präsentiert werden konnte. Wenige Schritte trennte den Tagungsort von den Denkmälern im Dom und nur wenige Gehminuten vom Rheinischen Landesmuseum, wo die Vorarbeiten zur Wiederherstellung des Rheineck-Monuments vorgeführt werden konnten.

Die Tagung war in drei Sektionen gegliedert, von denen die erste dem Begriffspaar »Image und Memoria« gewidmet war[28]. Hier galt es, insbesondere den Stellenwert und die Funktion liturgischer *Memoria* zu untersuchen. Ihre Erforschung war in den letzten Jahrzehnten ein wichtiges Arbeitsfeld der Mittelalterforschung[29], deren Ergebnisse auch in der Kunstgeschichte fruchtbringend rezipiert wurden[30]. Auf der anderen Seite waren die Verbildlichungsstrategien der Dargestellten zu untersuchen[31]. Das Konzept, im Bildnis des Toten nicht ein wirklichkeitsgetreues Porträt, sondern ein absichtlich geschaffenes, an einen bestimmten Adressatenkreis gerichtetes 'Image' zu sehen, ist inzwischen auch auf andere Gattungen angewandt worden, etwa den Bereich der Porträtforschung[32].

Auch die zweite Sektion stieß in der Forschung auf offene Türen: Die Frage nach dem Verhältnis von Kunst und Liturgie zielt auf eine zentrale Funktion mittelalterlicher Kunst. Inzwischen fand eine ganze Serie vorwiegend liturgie-, aber auch kunsthistorischer Tagungen zu dieser Thematik statt; das Forschungskonzept »Kunst und Liturgie«

[25] Wolfgang SCHMID: Der Bischof, die Stadt und der Tod. Kunststiftungen im spätmittelalterlichen Trier. In: Michael BORGOLTE (Hg.): Stiftungen und Stiftungswirklichkeit. (= Stiftungsgeschichten 1) (im Druck).

[26] Michael Viktor SCHWARZ (Hg.): Grabmäler der Luxemburger. Image und Memoria eines Kaiserhauses. (= Publications du Centre Luxembourgeois de Documentation et d'Etudes Médiévales 13) Luxemburg 1997.

[27] Hierbei sei insbesondere auf die Schriftenreihe der Deutschen Inschriften verwiesen. – Als vorzügliche Regionalstudie vgl. Klaus KRÜGER: Corpus der mittelalterlichen Grabdenkmäler in Lübeck, Schleswig, Holstein und Lauenburg (1100–1600). (= Kieler Historische Studien 40) Stuttgart 1999.

[28] Vgl. den Tagungsbericht von Gottfried KERSCHER (Kunstchronik 51/1998, S. 340–344).

[29] Zur Einführung vgl. Otto Gerhard OEXLE: Memoria in der Gesellschaft und in der Kultur des Mittelalters. In: Joachim HEINZLE (Hg.): Modernes Mittelalter. Neue Bilder einer populären Epoche. Frankfurt/Leipzig 1994, S. 297–323.

[30] Christine SAUER: Fundatio und Memoria. Stifter und Klostergründer im Bild 1100 bis 1350. (= Veröffentlichungen des Max-Planck-Instituts für Geschichte 109) Göttingen 1993.

[31] Otto Gerhard OEXLE/Andrea von HÜLSEN-ESCH (Hg.): Die Repräsentation der Gruppe. Texte – Bilder – Objekte. (= Veröffentlichungen des Max-Planck-Instituts für Geschichte 141) Göttingen 1998.

[32] Andreas KÖSTLER/Ernst SEIDL (Hg.): Bildnis und Image. Das Portrait zwischen Intention und Rezeption. Köln/Weimar/Wien 1998.

dürfte sich in der kunsthistorischen Mittelalterforschung der nächsten Jahre neben dem sozialgeschichtlichen als eines der ertragreichsten erweisen. Publiziert sind inzwischen die Akten des Bamberger Liturgiewissenschaftlichen Forschungskolloquiums von 1995, das sich insbesondere mit dem Quellenwert der *Libri Ordinarii* beschäftigte[33]. Fast zeitgleich mit dem Trierer Kolloquium fand 1997 der breit angelegte Convegno »Arte e liturgia nel medioevo« an der Bibliotheca Hertziana statt, an dem das Trierer Grabmalprojekt mit einer Präsentation über das Rheineck-Monument beteiligt war[34]. 1998 wurde in Köln aus Anlaß des Domjubiläums ein Forschungskolloquium über »Kölnische Liturgie und ihre Geschichte« veranstaltet. Im gleichen Jahr fand in Freiburg eine Tagung über »Bildlichkeit und Bildorte von Liturgie« statt. Die Akten dieser Veranstaltungen befinden sich im Druck. Erschienen ist inzwischen die Kölner Domfestschrift (Dombau und Theologie im mittelalterlichen Köln)[35], die mehrere Beiträge zu Fragen der liturgischen Nutzung der Kathedralkirche enthält und – ebenso wie das 1999 veranstaltete Jubiläumskolloquium – die Forschung der nächsten Jahre zu kontroversen Diskussionen anregen wird[36].

Die dritte Sektion der Trierer Tagung war dem Thema »Region und Künstler« gewidmet. Ihr kam aufgrund des landesgeschichtlichen Schwerpunkts unseres Projekts und dessen Verwurzelung in einem überwiegend historisch ausgerichteten Sonderforschungsbereich ebenfalls große Bedeutung zu. Gefragt werden sollte hier insbesondere nach dem Verhältnis von Zentren und peripheren Räumen, nach der Bedeutung der lokalen Tradition und nach überregionalen Zusammenhängen. Die Vorteile der Berücksichtigung regionaler und lokaler Kontexte lag auf der Hand: Auf der einen Seite lassen sich aus diesem Blickwinkel nicht nur Werke der Grabmalskunst miteinander vergleichen, sondern auch Beziehungen zur ortsansässigen Bildhauerei herstellen; Grabmäler können so mit den Architekturformen von Portalen, Heiligenbaldachinen und Fenstern verglichen werden. Noch viel aufschlußreicher sind Konfrontationen mit figürlichen Werken der Bildhauerei. Zudem können nicht nur Einzelwerke exemplarisch bearbeitet, sondern der Gesamtbestand einer Stadt oder Region in den Mittelpunkt der Untersuchung gestellt werden. Und zum anderen können fruchtbare Verbindungen zur landesgeschichtlichen Forschung hergestellt werden, wobei recht unterschiedliche Zugänge möglich sind: zur Wirtschafts- und Sozialgeschichte, zur Kirchengeschichte, zur Geschichte der Stifter wie auch der der Ausstattung der Kirchen. Vor allem aber führt die Verbindung zur Landesgeschichte zu den Quellen, die zwar nicht zu allen erhaltenen Objekten überliefert sind und die, wenn sie denn erhalten sind, auch nicht immer die gewünschten Angaben enthalten. Dennoch konnte gerade am Beispiel Triers und Kölns in einer ganzen Reihe von Fällen nachgewiesen werden, daß die Möglichkeiten der Archivforschung für die skizzierten Fragestellungen noch lange nicht ausgelotet sind.

IV. Zur Konzeption des Bandes

Bei der Vorbereitung der Manuskripte der drei Sektionen für den Druck ergab sich aus verschiedenen Gründen die Notwendigkeit, die Beiträge neu zu ordnen und für die Publikation auf zwei Bände aufzuteilen; die Beiträge der Sektionen »Image und Memoria« sowie »Grabmal und Liturgie« erschienen beim Gebr. Mann Verlag, Berlin[37]. Gleichzeitig wurde die Möglichkeit genutzt, den vorliegenden Band mit einem neu aufgenommenen Beitrag zu ergänzen: Klaus Krüger, der uns vor vielen Jahren schon einmal mit einem Vortrag bei der methodischen Konzeption des Grabmalprojekts behilflich war[38], steuerte einen Aufsatz über die Grabdenk-

[33] Franz KOHLSCHEIN/Peter WÜNSCHE (Hg.): Heiliger Raum. Architektur, Kunst und Liturgie in mittelalterlichen Kathedralen und Stiftskirchen. (= Liturgiewissenschaftliche Quellen und Forschungen 82) Münster 1998.

[34] Die Akten sind bisher ungedruckt. – Vgl. Henk VAN OS: Arte e liturgia nel medioevo. In: Kunstchronik 51/1998, S. 265–271.

[35] (= Studien zum Kölner Dom 6) Köln 1998.

[36] In Lausanne und Fribourg findet im Frühjahr 2000 der »3e Cycle Romand des Lettres« unter dem Titel »Art et liturgie au moyen âge« statt.

[37] Grabmäler. Tendenzen der Forschung (wie Anm. 20).

[38] »Mittelalterliche Grabdenkmäler in Schleswig-Holstein. Möglichkeiten und Grenzen der quantitativen Auswertung«. Vortrag im Kolloquium Geschichtliche Landeskunde an der Universität Trier am 4. 2. 1993, gedruckt in: Uwe ALBRECHT/Jan von BONSDORFF (Hg.): Figur und Raum. Mittelalterliche Holzbildwerke im historischen und kunstgeographischen Kontext. Berlin 1994, S. 259–268.

mäler in Brügge, Lübeck und Visby bei, der den Band nicht nur geographisch, sondern auch methodisch abrundet.

Die vorliegende Publikation vereint Beiträge, die sich dem ursprünglich gewählten Rahmenthema »Künstler und Region« aus unterschiedlichen Richtungen annähern. Da sich über die Künstler, die Grabdenkmäler herstellten, zwar in einigen, nicht aber in allen Fällen Anhaltspunkte gewinnen lassen, wurde der Titel der Publikation für den Druck leicht geändert und so die Rolle regionaler Forschungsansätze stärker betont. Die sechs Beiträge reichen vom 11. bis zum 16. Jahrhundert: Drei von ihnen stammen von Historikern, wobei die methodischen Schwerpunkte recht unterschiedlich sind. In zwei Aufsätzen steht die Epigraphik im Mittelpunkt, einmal auf der Mikro-, einmal eher auf der Makroebene. In zwei Beiträgen spielen die Kirchengeschichte und nicht zuletzt auch Fragestellungen der Sozialgeschichte eine wichtige Rolle. Diese, aber auch die Untersuchungen zur Epigraphik, schlagen Brücken zu den drei kunsthistorischen Beiträgen. Zwei von diesen setzen sich intensiv mit wichtigen Einzelmonumenten auseinander, wobei sie methodisch insbesondere stilkritischen und ikonographischen Ansätzen verpflichtet sind. Gerade das Beispiel Neapel gewinnt durch die dritte, stärker am Gesamtbestand orientierte Studie besonderes Profil. Räumlich decken die Beiträge Regionen aus ganz Europa ab: Zwei Studien befassen sich mit Neapel, eine mit den Grabmälern der schlesischen Herzöge in Wrocław (Breslau) und Leubus. Der Hanseraum und die Niederlande sind mit einem weit ausgreifenden Artikel vertreten, der die Grabmäler in den Städten Brügge, Lübeck und Visby miteinander vergleicht. Zwei Aufsätze schließlich stammen aus dem Kernbereich des Grabmalprojekts, aus dem Rhein-Maas-Moselraum. Gerne hätten wir Beiträge über die erzbischöflichen Grabmonumente im Mainzer und im Kölner Dom aufgenommen und über einen Vergleich mit den Trierer Denkmälern diskutiert. Aber obwohl die Forschung über Köln[39] und Mainz[40] in den letzten Jahren gute Fortschritte erzielt hat, ist es nicht gelungen, Referenten bzw. Beiträger zu gewinnen. Der für unser Grabmalprojekt zentrale Aspekt eines Vergleichs der erzbischöflichen Grablegen in Trier, Köln und Mainz wird deshalb Gegenstand einer weiteren, derzeit in Vorbereitung befindlichen Monographie des Herausgebers sein.

Nicolas Bock untersucht Fragen der politischen Bedeutung religiöser Ikonographie am Beispiel der Anjou-Gräber in Neapel. Im Mittelpunkt seines Beitrags stehen die Monumente der drei Schwestern Johanna von Anjou-Durazzo in S. Lorenzo Maggiore sowie Agnes und Klementia in S. Chiara in Neapel. Während das erste Grab – wie auch dasjenige des Vaters Karl von Anjou-Durazzo – die Arbeit einer traditionsorientierten einheimischen Werkstatt darstellt, ist das Doppelgrab für Agnes und Klementia ein Werk des Antonio Baboccio, des 'modernsten' Künstlers seiner Zeit in Neapel. Da die Auftraggeberin Margarita von Anjou-Durazzo wenig Interesse daran hatte, die Ansprüche ihrer verstorbenen Schwestern auf den Thron zu betonen, wählte sie rein religiöse Bildprogramme, nämlich Darstellungen der *imago pietatis*. Der Verzicht auf politische und genealogische Elemente wird als Programm gedeutet; die Grabmäler sollten allein durch ihre Präsenz im Kirchenraum, ihre Größe und Pracht sowie ihre Einbindung in die Liturgie wirken. In einem zweiten Schritt wird die Frage des individuellen Spielraumes der verschiedenen Bildhauerwerkstätten untersucht, die die hohe Qualität des Werkes des Antonio Baboccio hervortreten läßt.

Der Beitrag von Valentino Pace befaßt sich ebenfalls mit Fragen der Sepulkralskulptur in Neapel.

[39] Marc Steinmann: Das Grabmal des Erzbischofs Friedrich von Saarwerden im Kölner Dom, in: Kölner Domblatt 58, 1993, S. 63–144. – Wolfgang Georgi: Die Grablegen der Erzbischöfe von Köln im Mittelalter. In: Dombau und Theologie im mittelalterlichen Köln. Festschrift zur 750-Jahrfeier der Grundsteinlegung des Kölner Domes. (= Studien zum Kölner Dom 6) Köln 1998, S. 233–265. – Klaus Hardering: Rheinische Reliquientumben. In: Kölner Domblatt 64/1999, S. 55–88.

[40] Verena Kessel: Memorialfunktionen Mainzer Erzbischofsgrabmäler von 1249 bis 1434. In: Kunst in Hessen und am Mittelrhein 34/1994, S. 13–39. – Dies.: Sepulkralpolitik. Die Krönungsgrabsteine im Mainzer Dom und die Auseinandersetzung um die Führungsposition im Reich. In: Peter Claus Hartmann (Hg.): Der Mainzer Kurfürst als Reichskanzler. Funktionen, Aktivitäten, Ansprüche und Bedeutung des zweiten Mannes im alten Reich. (= Geschichtliche Landeskunde 45) Stuttgart 1997, S. 9–21. – Nicole Beyer: Künstlerischer Ausdruck der Ansprüche und Stellung der Mainzer Erzbischöfe in der frühen Neuzeit: Das Beispiel von Grabdenkmälern. In: Peter Claus Hartmann (Hg.): Kurmainz, das Reichskanzleramt und das Reich am Ende des Mittelalters und im 16. und 17. Jahrhundert. (= Geschichtliche Landeskunde 47) Stuttgart 1998, S. 173–206. – S. o. Anm. 20.

Im Gegensatz zur bisherigen Forschung, die sich weitgehend auf die prominenten Gräber der Anjou konzentriert hat, stellt er die Grabmalskunst des neapolitanischen Adels in den Mittelpunkt. Es geht ihm dabei insbesondere um die Frage, inwieweit fürstliche Vorlagen rezipiert und Innovationen berücksichtigt wurden. PACE kommt zu dem Ergebnis, daß die genannten Monumente ikonographisch kaum von jenen der Fürsten abhängig waren, nur in wenigen Fällen lassen sich Imitationen nachweisen. Charakteristisch sind statt dessen die standesspezifische Darstellung der Verstorbenen als Ritter, die zunehmende Bedeutung der Heraldik und die Darstellung von Personifikationen der Tugenden.

Im Mittelpunkt des Beitrags von Romuald KACZMAREK stehen die Grabdenkmäler der Breslauer Fürsten Heinrich VI. († 1335) in der Klarissenkirche in Wrocław und seines Bruders Boleslaus III. († 1352) in der Zisterzienserkirche in Leubus. Eingehende Untersuchungen der beiden Tumbengräber und der Grabbilder, namentlich zur Formgenese der aus den sechziger Jahren des 14. Jahrhunderts stammenden Monumente, lassen die Auseinandersetzung mit der lokalen Tradition erkennen, zeigen aber auch die Vorbildwirkung der Skulptur des Trecento. Insbesondere die Figuren von David und Goliath an der Fassade des Palazzo Loredan in Venedig weisen enge Bezüge auf. Neben dem Nachweis italienischer Einflüsse auf die schlesische Bildhauerei des 14. Jahrhunderts enthält der Beitrag Überlegungen zur angeblichen Künstlersignatur am Grabmal des Boleslaus, die sich als Schlachtruf des Verstorbenen entpuppt.

Klaus KRÜGERS Beitrag gilt der Repräsentation bürgerlicher und kirchlicher Eliten im Hanseraum. Mit Brügge, Lübeck und Visby hat er drei bedeutende Städte ausgewählt, die neben zahlreichen Gemeinsamkeiten auch Unterschiede und Phasenverschiebungen im Bereich der Grabmalskunst erkennen lassen. Analysiert wird einleitend die Funktion der Grabplatte als steinerne Urkunde über einen Rechtsakt, als Ort der Memorie, als Prestigeobjekt und nicht zuletzt auch von ihrer praktischen Aufgabe her. Hieraus leitet KRÜGER die Parameter ab, die der Selbstdarstellung dienen können, namentlich Material, künstlerischer Aufwand sowie Sprache, Schrift und Formular der Inschrift. Insgesamt kann nachgewiesen werden, daß insbesondere die Inschrift und die Tracht der Dargestellten dazu genutzt wurden, deren Zugehörigkeit zu einem bestimmten Stand zum Ausdruck zu bringen. Stereotypen und Wiederholungen waren dabei für die Wiedererkennbarkeit wichtiger als Individualität und Innovation. Die Konkurrenz zwischen den einzelnen Ständen spielte erstaunlicherweise keine Rolle. Als weiteres wichtiges Ergebnis kann festgehalten werden, daß sich eine deutliche Phasenverschiebung von mindestens einer Generation zwischen Brügge und Lübeck bzw. Lübeck und Visby nachweisen läßt. Dieser Befund weist Parallelen zur Rezeption des altniederländischen Realismus beispielsweise in der Kölner Malerei der Spätgotik auf und ist deshalb für unsere Kenntnis von der Struktur und der Geschwindigkeit im Ablauf kultureller Transferprozesse von besonderer Bedeutung.

Rüdiger FUCHS konzentriert sich in seinem auch methodisch anregenden Beitrag auf die Perspektive des Epigraphikers: Er befaßt sich einleitend mit der Frage und der Rechtfertigung des Begräbnisses in der Kirche und darauf aufbauend mit der Bedeutung von Grabinschrift und Totenlob. Von diesen Überlegungen ausgehend, entwickelt FUCHS eine Typologie unterschiedlicher Arten der Formulierung der *merita*, wobei er zwischen allgemeinem und konkretem Lob unterscheidet. Zur ersten Kategorie rechnet er das an sittlichen und an kirchlichen Normen orientierte Lob, zur zweiten werden Inschriften gezählt, die das Verhältnis zur Kirche bezeichnen oder biographische Angaben enthalten. Die hier skizzierten Überlegungen werden danach am Beispiel der Grabinschriften der Trierer Erzbischöfe des Mittelalters näher untersucht, die hier erstmals kritisch ediert und übersetzt vorliegen. In der Analyse können Wandlungen im Selbstverständnis und im Amtsideal herausgearbeitet werden. Der Beitrag zeigt nicht zuletzt, daß in den Grabinschriften der Trierer Erzbischöfe seit der Mitte des 12. Jahrhunderts deren Rolle als Territorialherren und ihre Bedeutung für die Friedenswahrung zunehmend in den Vordergrund treten.

Den Abschluß der Untersuchung bildet ein Beitrag des Herausgebers über die Grabstätten der Erzbischöfe von Trier, Köln und Mainz im 11./12. Jahrhundert, also zu einer Zeit, die gewissermaßen noch zur Vorgeschichte des Trierer Grabmälerprojekts zählt. Ausgangspunkt ist ein Quellenfund: Als im Jahre 1517 auf Initiative Kaiser Maximilians I. das Grab des Trierer Erzbischofs Poppo von Babenberg († 1047) geöffnet wurde, verfaßte der Maximiner Mönch Johannes Scheckmann ein ausführliches Protokoll. Aus diesem läßt sich die Grabanlage rekonstruieren, insbesondere eine Grabplatte mit einer figürlichen Darstellung des Erzbischofs. Wenn die so zu erschließende Anlage aus dem Allerheiligenaltar, dem Grab des hl. Simeon und dem Grab des Stiftsgründers Poppo aus der Mitte des 11. Jahrhunderts stammt – was zumindest in hohem Maße wahrscheinlich ist –, dann haben wir das älteste überlieferte Bischofsgrab im Rheinland vor uns. In der Studie wird versucht, diesen Bericht systematisch auszuwerten. Hierzu werden Nachrichten über Trierer, Kölner (Anno) und Mainzer Bischofsgräber des 11./12. Jahrhunderts und die erhaltenen Grabmonumente dieser Zeit (Gilbert, Plectrudis) in die Analyse einbezogen. Auch wenn sich angesichts der trümmerhaften Überlieferung kein einfaches Erklärungsmodell erarbeiten läßt, so ergeben sich doch eine Reihe von Indizien für die Annahme, daß die Konkurrenz zwischen den drei rheinischen Erzbischöfen, aber auch zu Adeligen und hohen Geistlichen ihrer Diözesen, in Verbindung mit einem gewandelten Amtsideal zur Entstehung monumentaler Bischofsgrablegen in den Kathedralstädten führte.

V. Ergebnisse des Bandes

Was läßt sich als Ergebnis des Sammelbandes festhalten? Anstelle einer inhaltlichen Synthese sollen hier zwei eng miteinander verschränkte Aspekte angesprochen werden: der Raumaspekt, der gleichzeitig auch ein Schlüsselproblem der Arbeit des Trierer Sonderforschungsbereichs darstellt[41], und der methodische, bei dem neben dem regionalhistorischen vor allem der sozialgeschichtliche Ansatz von Bedeutung ist.

Zum Einstieg seien zunächst drei Grabdenkmäler herangezogen, die in unserem Band an unterschiedlichen Stellen eine Rolle spielen, das eingangs angesprochene Grabmal des Trierer Erzbischofs Jakob von Sierck von 1462 (Abb. 1) und das in dem Beitrag von Klaus Krüger erwähnte, leider nicht erhaltene Monument des Gottfried Lange, Bischof von Schwerin († 1458), sowie die überlieferte Grabplatte des Bischofs von Lübeck, Wilhelm Westval († 1509). Die Beispiele machen zunächst deutlich, daß es elementare Unterschiede im Anspruchsniveau der Auftraggeber gegeben hat: Während man in Trier ein künstlerisch wie ikonographisch exzeptionelles Monument herstellte, genügte in Lübeck zur Charakteristik des Verstorbenen ein Minimum an Informationen, nämlich eine schlichte Inschrift, Wappen und Amtstracht. Alle drei Elemente spielen auch bei dem Trierer Denkmal eine Rolle, selbst wenn die möglicherweise von Engeln gehaltenen Wappen verloren gingen. Hier finden wir Inschriften, die auf Bänder eingemeißelt sind, die wie lange Pergamentstreifen wirken, sich an den Ecken aufrollen und mit Nägeln am Rand der Grabplatte angeheftet erscheinen. Auch bei der Darstellung der liturgischen Gewänder, die für ein Bischofsgrab unverzichtbar sind, hat sich der Bildhauer große Mühe gegeben. Deutlich unterscheidet er den steifen Stoff der Kasel, die aus Brokat gearbeitet zu sein scheint und kantige Falten zeigt, von dem weich fließenden Tuch der Albe. Der ausschlaggebende Unterschied besteht jedoch darin, daß man in Lübeck einen einheimischen Meister beauftragte, nach Trier aber mit Nicolaus Gerhaert den besten Bildhauer berief, den man im nordwesteuropäischen Raum gewinnen konnte. Es läßt sich also die Hypothese formulieren, daß es hier einen engen Konnex zwischen Raumbezug, sozialem Stand des Auftraggebers und künstlerischer Qualität eines Grabmals gegeben hat.

Was den Raumbezug betrifft, zeichnet sich ein dreistufiges Modell ab. Zunächst treten die Städte selbst als Orte der Produktion von Grabmälern hervor, dann Regionen, für die sich Lieferungen von den Werkstätten der Städte in Klöster, Stifte und Pfarrkirchen nachweisen lassen, und schließlich die Ebene des überregionalen Kunstaustauschs, das Sy-

[41] Bis zum Erscheinen der Synthese-Bände des Trierer Sonderforschungsbereichs immer noch grundlegend: Franz Irsigler: Raumkonzepte in der historischen Forschung. In: Zwischen Gallia und Germania, Frankreich und Deutschland. Konstanz und Wandel raumbestimmender Kräfte. (= Trierer Historische Forschungen 12) Trier 1987, S. 11–27. – Ders.: Raumerfahrung und Raumkonzepte im späten Mittelalter und in der frühen Neuzeit. In: Gerhard Brunn (Hg.): Region und Regionsbildung in Europa: Konzeptionen der Forschung und empirische Befunde. (= Schriftenreihe des Instituts für Europäische Regionalforschung 1) Baden-Baden 1996, S. 163–174.

stem der Verbindungen und Verflechtungen zwischen den großen Kunstzentren. Zu berücksichtigen sind außerdem Kontakte und Austauschvorgänge zwischen Städten (Köln, Trier, Mainz) oder zwischen benachbarten Regionen bzw. Kunstlandschaften (Köln, Niederrhein, Westfalen)[42].

Bei der Analyse der lokalen Ebene ist zunächst festzuhalten, daß es sich bei Grabmälern um einen Massenartikel von häufig bescheidener Qualität handelte, der aber trotzdem nicht allen Kreisen der Bevölkerung gleichermaßen zugänglich war. Das Gros der Überlieferung besteht aus in etwa lebensgroßen Grabplatten der Gotik, die den Verstorbenen unter einem mehr oder minder detailliert ausgeführten Architekturrahmen darstellen; eine Inschrift hält Namen, Stand sowie das Todesjahr fest und schließt mit einer Fürbitteformel. Für die Renaissance ist das Wandepitaph charakteristisch, das den Verstorbenen selten als lebensgroße Figur, eher als Oberkörperbildnis unter einem Architekturbaldachin zeigt. Der Aufwand, der mit Dekoration, Kleidung und Inschrift getrieben wird, ist in der Regel größer als in der Gotik, auch die Zahl der überlieferten Monumente ist deutlich höher. Die Variationsbreite der beiden Haupttypen ist relativ gering, allenfalls spielen lokale Traditionen oder eine Vorliebe für bestimmte Materialien eine Rolle (roter und schwarzer Marmor, Tuff, Sandstein). Die überwiegende Mehrzahl der erhaltenen Monumente wurde von einheimischen Bildhauerwerkstätten angefertigt, die ansonsten Türstürze, Fensterrahmen oder Heiligenbilder herstellten.

Was die Zugänglichkeit des Mediums Grabmal betrifft, ist festzuhalten, daß solche Monumente im hohen Mittelalter vor allem an geistliche und weltliche Herrschaftsträger erinnerten und sich erst im späten Mittelalter breiteren Schichten der Bevölkerung öffneten. Dennoch blieb der Kundenkreis eingeschränkt, was allein schon durch die Wahl der Begräbnisstätte bedingt war: Die Mehrzahl der Bürger wurde auf den Friedhöfen ihrer Pfarreien oder der Bettelordenskirchen bestattet, nur ein kleiner Kreis erhielt ein Begräbnis innerhalb der Kirche selbst[43]. Der Kundenkreis der Grabmäler reduzierte sich im Rheinland weitgehend auf Adelige und ranghohe Geistliche; bürgerliche Grabmäler sind als Ausnahmen zu betrachten. Lediglich die Funktionsträger der kurfürstlichen Verwaltung gewannen als Kundenkreis in der frühen Neuzeit an Bedeutung[44]. Hierbei spielten sicherlich auch regionale Unterschiede eine Rolle, konnten in Schleswig-Holstein doch auch Grabmäler für reiche Bauern nachgewiesen werden[45].

Der regionale Austausch erfolgte offenbar zunächst in Form der Lieferung von Grabdenkmälern durch städtische Ateliers in die Klöster, Stifte und Residenzorte des Umlandes[46]. In der Praxis erweist sich der konkrete Nachweis der Zentralitätsfunktionen städtischer Bildhauerwerkstätten – im Gegensatz zu Untersuchungen über den Fernabsatz von Altarbildern – jedoch als ausgesprochen schwierig: Die hohen Transportkosten legten es häufig nahe, Grabplatten von einem ortsansässigen Meister anfertigen zu lassen. Von den zahlreichen Äbtissinnengräbern in dem Zisterzienserinnenkloster St. Thomas an der Kyll z. B. gibt es kaum ein Stück,

[42] Zur theoretischen Grundlegung vgl. Wolfgang SCHMID: Altäre der Hoch- und Spätgotik. (= Geschichtlicher Atlas der Rheinlande XII. 1 = Publikationen der Gesellschaft für Rheinische Geschichtskunde 12 1b N. F.) Karte mit Beiheft. Köln 1985. – DERS.: Raumprobleme in der Tafelmalerei der Gotik. Kunstgeographische und wirtschaftsgeschichtliche Untersuchungen über Köln, Nürnberg, Augsburg und Ulm. In: Kunst in Hessen und am Mittelrhein 27/1987, S. 95–109. – DERS.: Kunst und Migration. Wanderungen Kölner Maler im 15. und 16. Jahrhundert. In: Gerhard JARITZ/Albert MÜLLER (Hg.): Migration in der Feudalgesellschaft. (= Studien zur historischen Sozialwissenschaft 8) Frankfurt/New York 1988, S. 315–350. – DERS.: Kunstlandschaft – Absatzgebiet – Zentralraum. Zur Brauchbarkeit unterschiedlicher Raumkonzepte in der kunstgeographischen Forschung vornehmlich an rheinischen Beispielen. In: Uwe ALBRECHT/Jan von BONSDORFF (Hg.): Figur und Raum. Mittelalterliche Holzbildwerke in ihrem historischen und kunstgeographischen Kontext. Berlin 1994, S. 21–34. – DERS.: Zum kulturellen Austausch zwischen Köln und den niederrheinischen Städten während der Spätgotik. In: Dieter GEUENICH (Hg.): Köln und die Niederrheinlande in ihren historischen Raumbeziehungen (15.–20. Jahrhundert) (im Druck).

[43] Vgl. zu den kirchenrechtlichen Grundlagen den Beitrag von Rüdiger Fuchs in diesem Band und: Sebastian SCHOLZ: Das Grab in der Kirche – Zu seinen theologischen und rechtlichen Hintergründen in Spätantike und Frühmittelalter. In: Zeitschrift der Savigny-Stiftung für Rechtsgeschichte, Kanonistische Abteilung 84/1998, S. 270–306.

[44] SCHMID, Grabdenkmäler (wie Anm. 23), S. 121, 124.

[45] KRÜGER (wie Anm. 27), S. 93.

[46] Hans-Walter HERMANN: Residenzstädte zwischen Oberrhein und Mosel. In: Rheinische Vierteljahrsblätter 38/1974, S. 273–300. – Kurt ANDERMANN: Kirche und Grablege. Zur sakralen Dimension von Residenzen. In: DERS. (Hg.): Residenzen. Aspekte hauptstädtischer Zentralität von der Frühen Neuzeit bis zum Ende der Monarchie. (= Oberrheinische Studien 10) Sigmaringen 1992, S. 159–187.

Abb. 2: Selbstbildnis (?) des Bildhauers Hans Ruprecht Hoffmann an der Kanzel im Trierer Dom.

das aufgrund seiner Qualität eine Lieferung aus dem ca. 65 km entfernten Trier nahelegt[47]. Die bescheidene Qualität eines Massenartikels läßt zudem in den meisten Fällen die Merkmale vermissen, die es ermöglichen, eine Zuordnung zu bestimmten Kunstzentren bzw. Herstellungsorten auszusprechen. Es war zwar möglich, eine Karte der Grabmäler im Bistum Trier zu erarbeiten[48], nicht jedoch, darin die Absatzbereiche von Trier, Koblenz und anderen Städten abzugrenzen. Nur für wenige Werkstätten sind Kartierungen möglich, etwa für das Atelier des Hans Bildhauer in Trier, der sich in den Jahren 1556 bis 1579 auf die Herstellung aufwendiger Renaissance-Epitaphien, vor allem für ranghohe Geistliche, spezialisiert hatte: Von den 17 Arbeiten, die sein erhaltenes Werk zählt, sind 15 Grabdenkmäler. Sein Absatzgebiet umfaßte nahezu das ganze Kurfürstentum[49]. Hans Bildhauer fertigte Arbeiten von beachtlicher Qualität an, konnte sich aber dann gegen die Konkurrenz Hans Ruprecht Hoffmanns nicht durchsetzen. Dieser hatte sich nach Lehr- und Gesellenjahren in Mainz und Simmern 1568 in Trier niedergelassen, wo er 1570/72 die Domkanzel schuf (Abb. 2). Hoffmann belieferte das ganze Erzbistum mit Grabmälern, Brunnen und Portalen. Bis zu seinem Tod 1616 kann er als Hoflieferant der Trierer Erzbischöfe angesehen werden: Für Jakob von Eltz, Johann von Schönenburg und für Lothar von Metternich errichtete er im Dom Altäre. Außerhalb von Trier wurden seine Werke vor allem in die Kloster-, Stifts- und Amtsorte entlang der Mosel geliefert. Die Diözesangrenze bildet auch hier eine deutlich erkennbare Barriere, die nur selten überschritten wurde[50].

Die hier skizzierten Beispiele legen es nahe, die anhand der gotischen Tafelmalerei erarbeiteten Befunde zu einem Vergleich heranzuziehen. Vor allem zwei Unterschiede treten hervor: Flügelaltäre der Gotik, aber auch Glasmalereien und Stickereien, wurden in weitaus höherem Maße von spezialisierten Werkstätten in den großen Städten hergestellt und in beträchtlichem Umfang in die Kirchen des näheren und ferneren Umlandes geliefert als Grabmäler. Kölner Tafelbilder, Kölner Borten und Kölner Monstranzen z. B. wurden über Koblenz hinaus bis zur mittleren Mosel geliefert[51]. Zwar lassen sich hierfür räumlich umschreibbare Absatzgebiete und ihre Veränderungen gut erkennen, sie besaßen aber niemals die deutlichen und über längere Perioden

[47] Karl E. Becker: Die Grabplatten der Krypta von St. Thomas. In: St. Thomas an der Kyll. Zeit und Geist. Beiträge zu der Geschichte der ehemaligen Zisterzienserinnenabtei. Trier 1980, S. 235–257. – Ders.: Die Grabplatten von St. Thomas an der Kyll. In: Landeskundliche Vierteljahrsblätter 36/1990, S. 187–190.

[48] Schmid, Grabdenkmäler und Kunstpolitik (wie Anm. 14), S. 535–536.

[49] S. o. Anm. 13.

[50] S. o. Anm. 48.

[51] Margret Wensky: Die Stellung der Frau in der stadtkölnischen Wirtschaft im Spätmittelalter. (= Quellen und Darstellungen zur Hansischen Geschichte N. F. 26) Köln/Wien 1980, S. 86. – Lotte Perpeet-Frech: Die gotischen Monstranzen im Rheinland. (= Bonner Beiträge zur Kunstwissenschaft 7) Düsseldorf 1964. – Annaliese Ohm: Rheinische Goldschmiedearbeiten der Spätgotik. In: Trierer Zeitschrift für Geschichte und Kunst 22/1953, S. 176–211, Karte S. 209. – Schmid, Altäre (wie Anm. 42), S. 19–23.

konstanten Grenzen, welche die ältere kunstgeographische Forschung immer vorausgesetzt hatte[52]. Zudem wurde das Muster der regional begrenzten Absatzgebiete städtischer Kunstwerkstätten durch umfangreiche Fernlieferungen niederländischer Exportaltäre, namentlich aus Antwerpen, Brüssel und Mecheln, überlagert. Nebeneinander finden wir etwa im Norden und Westen Kölns Retabeln aus Kölner, aus niederrheinischen und aus niederländischen Ateliers[53].

Schließlich mußten bei diesen Untersuchungen erhebliche Zweifel an der inhaltlichen Konzeption der Kunstgeographie angemeldet werden, die eine auch dem Historiker verständliche Definition dessen, was kölnisch und westfälisch sei, schuldig geblieben ist[54]. Der Vorschlag, Kunstlandschaften durch ein einfaches wirtschaftsgeschichtliches Modell der Belieferung von Kirchen in Klein- und Mittelzentren durch spezialisierte Werkstätten in den Oberzentren zu ersetzen, erschien zunächst bestechend, blieb aber ebenfalls eine inhaltliche Klärung schuldig[55]: Es sind zu wenig Daten über Preise, Lieferfristen, den Publikumsgeschmack oder die Anzahl der Heiligen in einem Schrein überliefert, um diese präzise qualifizieren zu können. Vor allem aber macht die Tatsache stutzig, daß wir in unmittelbarer Nachbarschaft kölnische und niederrheinische, gemalte und geschnitzte, moderne und konventionelle Retabeln finden und daß sich die Unterschiede keineswegs über den Preis erklären lassen. Niederländische Schnitzaltäre waren kaum billiger als einheimische Produkte, sie fanden aber durch die große Zahl vergoldeter Figuren das Interesse der Kunden. Das Nebeneinander von recht verschiedenen Produkten legt es nahe, die Klärung der Frage nach dem Unterschied zwischen Köln und Westfalen bzw. Köln und dem Niederrhein mit dem Konzept lokaler bzw. regionaler Identitäten zu verbinden[56]: In Köln bevorzugte man traditionell Reihen von steifen Heiligengestalten, die viel länger als in der Malerei anderer Städte vor einem Goldgrund plaziert wurden. Mit fehlender Modernität oder künstlerischem Unvermögen hatte dies wenig zu tun, viel wichtiger erscheint dabei das Bekenntnis zur Tradition des »Heiligen Köln«[57]. In den Städten am nördlichen Niederrhein (Kalkar, Xanten, Wesel) entstanden dagegen Werkstätten, deren Markenzeichen virtuoses Schnitzwerk (Wurzel Jesse!) war und nach deren Produkten um 1500 eine außergewöhnlich große Nachfrage bestand[58].

Die hier nur kurz skizzierten Überlegungen lassen sich am Beispiel der Grabdenkmäler wesentlich erweitern und präzisieren: Zunächst einmal spielt bei diesen die lokale Produktion von Stücken bescheidener Qualität eine viel größere Rolle und das, obwohl das Medium Grabmal einem viel kleineren Kreis der Bevölkerung zugänglich war als die Gattungen Tafel- und Glasmalerei; an die reichen Kölner Bürgerfamilien des 15./16. Jahrhunderts erinnern Stifterbilder auf Retabeln und Fenstern, nicht

---

52 Vgl. z. B. Paul PIEPER: Kunstgeographie. Versuch einer Grundlegung. (= Neue deutsche Forschungen, Abt. Kunstwissenschaft und Kunstgeschichte 1) Berlin 1936. – DERS.: Westfälisches in Malerei und Plastik. Bemerkungen zum Stand der Diskussion um die Kunstlandschaft. Fortschritte der Forschung und Schlußbilanz. (= Der Raum Westfalen 6,1) Münster 1985, S. 25–43. – Reiner HAUSSHERR: Kunstgeographie – Aufgaben, Grenzen, Möglichkeiten. In: Rheinische Vierteljahrsblätter 34/ 1970, S. 158–171.

53 SCHMID, Altäre (wie Anm. 42).

54 Gerhard LANGEMEYER: »Kölnisch« und »Westfälisch« in der Tafelmalerei der Spätgotik. In: Köln-Westfalen. 1180–1980. Landesgeschichte zwischen Rhein und Weser. Kat. 2 Bde., 2. Aufl. Köln 1981, Bd. 1, S. 389–401.

55 SCHMID, Kunstlandschaft (wie Anm. 42).

56 Peter MORAW (Hg.): Regionale Identität und soziale Gruppen im deutschen Mittelalter. (= Zeitschrift für historische Forschung, Beiheft 14) Berlin 1992. – Almut BUES/Rex REXHEUSER (Hg.): Mittelalterliche nationes – neuzeitliche Nationen. Probleme der Nationenbildung in Europa (= Deutsches Historisches Institut Warschau, Quellen und Studien 2) Wiesbaden 1995. – Arnold ESCH: Viele Loyalitäten, eine Identität. Italienische Kaufmannskolonien im spätmittelalterlichen Europa. In: Historische Zeitschrift 254/1992, S. 581–608. – Volker HENN: Der *dudesche kopman* zu Brügge und seine Beziehungen zu den *nationes* der übrigen Fremden im späten Mittelalter. In: Nils JÖRN/Detlef KATTINGER/Horst WERNICKE (Hg.): »kopet uns werk by tyden«. Beiträge zur hansischen und preußischen Geschichte. Schwerin 1999, S. 131–142. – Franz IRSIGLER: Landesgeschichte als regional bestimmte multidisziplinäre Wissenschaft. In: Lieselott ENDERS/Klaus NEITMANN (Hg.): Brandenburgische Landesgeschichte heute. (= Brandenburgische Historische Studien 4) Potsdam 1999, S. 9–22.

57 Wolfgang SCHMID: Stefan Lochners 'Altar der Stadtpatrone'. Zur Geschichte eines kommunalen Denkmals im Heiligen Köln. In: Wallraf-Richartz-Jahrbuch 58/1997, S. 257–284.

58 Gegen den Strom. Meisterwerke niederrheinischer Skulptur in Zeiten der Reformation 1500–1550. Kat. Aachen 1996. – Barbara ROMMÉ: Henrick Douwerman und die niederrheinische Bildschnitzkunst an der Wende zur Neuzeit. (= Schriften der Heresbach-Stiftung Kalkar 6) Bielefeld 1997. – DIES. (Hg.): Der Niederrhein und die Alten Niederlande. Kunst und Kultur im späten Mittelalter. (= Schriften der Heresbach-Stiftung Kalkar 9) Bielefeld 1999.

aber Monumente aus Stein[59]. Zum zweiten läßt sich regionaler Absatz nachweisen, wenn auch in geringerem Umfang. Und schließlich spielen Importe und Exporte eine bedeutende Rolle, die sich freilich nicht mit dem der niederländischen Schnitzaltäre auf eine Stufe stellen lassen: Diese waren eine zeitlich begrenzte Erscheinung für einen breiten Markt, bei Grabdenkmälern treten dagegen Lieferungen von hochwertigen Einzelstücken hervor, für die man die besten Meister Europas verpflichtete.

Für die weitere Analyse sei nochmals auf die eingangs formulierte These verwiesen, wonach es einen eindeutigen Konnex zwischen sozialem Status, aufwendigen Fernlieferungen, bedeutender Größe sowie künstlerischer und materieller Qualität eines Grabmals gibt. So ragen im Untersuchungsraum die Grabmäler der Erzbischöfe von Trier hervor, mit deutlichem Abstand gefolgt von den Kölner Monumenten, die zwar im Mittelalter gewiß von hoher Qualität waren, deren Serie im 16. Jahrhundert jedoch abbricht. Wieder anders verlief die Entwicklung in Mainz: Hier reicht die Serie der Monumente zwar vom 13. Jahrhundert bis zum Ende des Alten Reichs, sie tritt jedoch bezüglich Anspruch, Qualität und Innovationspotential deutlich hinter die Grabmäler der Trierer Oberhirten zurück. Die Grabdenkmäler der Erzbischöfe von Trier, Köln und Mainz stellen die Höhepunkte der Grabmalskunst im Raum zwischen Rhein und Maas dar[60]. Weltliche Herrschaftsträger folgen erst mit einigem Abstand; genannt seien die Gräber der Herzöge von Jülich, Kleve und Berg[61], die Grablege der Grafen von Nassau-Saarbrücken in der Stiftskirche St. Arnual oder die der Herzöge von Pfalz-Simmern in der Annenkapelle der Stephanskirche in Simmern[62]. Mit deutlicher Distanz folgen die Grabmäler ranghoher Geistlicher; namentlich die der Mitglieder der Domkapitel. Einsam ragt hier das um 1530 errichtete Grabmal des Trierer Domdekans Christoph von Rheineck aus der Masse der Monumente hervor[63]. Auch wenn das Verhältnis zwischen den Grabdenkmälern der Erzbischöfe und jenen der Domherren bisher erst für Trier untersucht worden ist[64], so darf ein außergewöhnliches Beispiel wie das Rheineck-Monument nicht darüber hinwegtäuschen, daß zwischen den Grabmälern der beiden Gruppen bezüglich Größe, Qualität und Standort Welten lagen. Überhaupt haben zwei Beiträge des Sammelbandes (Pace, Krüger) deutlich gemacht, daß bei der Gestaltung von Grabmonumenten weniger die Konkurrenz zwischen den verschiedenen sozialen Gruppen der Stadt von Bedeutung war als vielmehr die Absicht, die Zugehörigkeit zum eigenen Stand eindeutig unter Beweis zu stellen[65]. Andererseits gibt es gerade bei Grabdenkmälern von Adeligen und Kanonikern Tendenzen, den Aufwand und den heraldischen Schmuck immer mehr zu steigern. Der Stellenwert von ständischer Identifikation und sozialer Konkurrenz bleibt also ein spannendes Thema, für das Grabdenkmäler ein anschauliches Quellenmaterial liefern.

Viele der Grabmalaufträge ranghoher Kunden sind quellenmäßig gut dokumentiert, so daß sich auch über die Ebenen und Wege raumübergreifenden Kunsttransfers eine Reihe von Einzelheiten in Erfahrung bringen lassen: Nicolaus Gerhaert z. B. hatte seine Werkstatt lange Zeit in Straßburg; er hat von dort aus womöglich das Trierer Sierck-Grabmal geliefert und trat nachher in den Dienst Kaiser Friedrichs III., für den er das Grabmal im Wiener Stephansdom anfertigte[66]. Die Kölner Bildhauer Arnold und Bernhard Abel erhielten 1561 den Auftrag, 24 Reliefs für das Grabmal Kaiser Maximilians I. in Innsbruck anzufertigen. Der Stücklohn betrug 240 Gulden. Die Entwürfe sollte ihr Bruder Florian Abel anfertigen, der sich als Maler in Prag

[59] Wolfgang SCHMID: Stifterbilder als historische Quelle – Köln und Nürnberg im 15. und 16. Jahrhundert. In: Anzeiger des Germanischen Nationalmuseums 1994, S. 111–128.

[60] Für Einzelnachweise s. Anm. 11.

[61] Hans Peter HILGER: Grabdenkmäler der Häuser Jülich, Kleve, Berg, Mark und Ravensberg. In: Land im Mittelpunkt der Mächte. Die Herzogtümer Jülich Kleve Berg. Kat. 2. Aufl. Kleve 1984, S. 181–208.

[62] Zu Saarbrücken vgl. Die Kunstdenkmäler der Stadt und des Landkreises Saarbrücken. Düsseldorf 1931, Ndr. Saarbrücken 1975, S. 159–180. – Marie-Luise HAUCK: Die Grabdenkmäler der Grafen von Nassau-Saarbrücken in der Stiftskirche St. Arnual und ihre Wappen. In: Zeitschrift für die Geschichte der Saargegend 19/1971, S. 293–321. – Hans Walter HERMANN (Hg.): Die Stiftskirche St. Arnual in Saarbrücken. (= Schriftenreihe des Vereins für Rheinische Kirchengeschichte 130) Köln 1998. – Die Kunstdenkmäler von Rheinland-Pfalz. Bd. 6,2, München 1977, S. 964–990. – Willi WAGNER/Gustav SCHELLACK/Hermann BRUCKER: 500 Jahre Stephanskirche Simmern (1486–1986). Simmern 1986.

[63] S. o. Anm. 16.

[64] SCHMID, Bischof (wie Anm. 25).

[65] OEXLE/HÜLSEN-ESCH (wie Anm. 31).

[66] S. o. Anm. 4.

niedergelassen hatte. Die Suche nach geeignetem Marmor bereitete erhebliche Probleme, die Brüder reisten bis nach Italien und in die Niederlande. Außerdem zogen sie nach Rom, um *allda etliche künstliche Arbeiten und Antiquiteten* zu besichtigen. Die Arbeit machte keine rechten Fortschritte, bis die Brüder auf den Gedanken kamen, sie zu einem Stücklohn von 200 Gulden an einen Subunternehmer weiterzugeben. Nachdem sie vergeblich versucht hatten, Gesellen aus der Floris-Werkstatt in Antwerpen abzuwerben, verpflichteten sie den Mechelner Bildhauer Alexander Colin, der zuvor am Heidelberger Schloß gearbeitet hatte. Colin blieb nach Abschluß der Arbeiten in Innsbruck, wo er eine große Werkstatt eröffnete[67].

Der Name des Bildhauers Cornelius Floris läßt aufhorchen: Dieser hatte in den vierziger Jahren des 16. Jahrhunderts eine mehrjährige Italienreise unternommen und dann in Antwerpen ein Bildhaueratelier eröffnet, das sich auf den Export von Grabdenkmälern für Kunden aus dem europäischen Hochadel konzentrierte. Seine Entwürfe und Zeichnungen wurden auch gedruckt und konnten so in jedem Bildhaueratelier Europas als Vorlagen benutzt werden. Floris lieferte 1568/70 das Wandgrab Herzog Albrechts von Brandenburg-Ansbach nach Königsberg, 1550 das Grabmal für König Friedrich I. von Dänemark nach Schleswig und 1568 das Grabmal des Dänenkönigs Christian II. nach Roskilde. Daneben stellte er aufwendige Tabernakel und Lettner her. Als Architekt plante Floris ab 1560 den Bau des Antwerpener Rathauses. Vor allem aber sind die Grabmonumente der Kölner Erzbischöfe Adolf († 1556) und Anton von Schauenburg († 1558) zu nennen, die Floris 1561 aus Antwerpen lieferte[68].

Ob der Trierer Bildhauer Hans Ruprecht Hoffmann, nachdem er seine Lehrjahre bei Dietrich Schro in Mainz und bei Johann von Trarbach in Simmern verbracht hatte, eine Gesellenwanderung nach Antwerpen unternommen und dort in der Floris-Werkstatt gearbeitet hat, ist nicht explizit nachweisbar, aber in hohem Maße wahrscheinlich. In jedem Fall besaß er eine umfangreiche Sammlung von Zeichnungen und Graphiken, die das Aussehen von Werken aus der Floriswerkstatt dokumentierten[69]. Anders hätte er kaum den spätmanieristischen Allerheiligenaltar, den figurenreichen Grabaltar Erzbischofs Lothar von Metternich († 1623) im Trierer Dom herstellen können, der an vielen Stellen die Vorbildwirkung des von Floris nach Königsberg gelieferten Grabmonuments für Albrecht von Brandenburg-Ansbach und verwandter Stücke erkennen läßt[70].

Es konnten hier nur wenige Beispiele vorgeführt werden, welche die Einbindung des Untersuchungsraumes in ein Netz internationaler Kunstbeziehungen deutlich machen. Sie zeigen einerseits die unterschiedlichen Wege der Kommunikation: Gesellenwanderungen, Studienreisen, Fernlieferungen, Austausch von Zeichnungen, Musterbüchern und Graphiken, aber auch die Rolle wechselnder Vororte: Paris, Prag, Rom, Florenz, Venedig und Antwerpen bildeten zu unterschiedlichen Zeiten die Vorreiter der Entwicklung. Renaissance und Manierismus wurden in Trier und Köln über Antwerpen rezipiert, freilich auf unterschiedlichen Wegen: Während man in Köln Werke der Floris-Werkstatt direkt importierte, dienten sie in Trier lediglich als Vorbilder, die über Zeichnungen und Musterbücher rezipiert wurden. In beiden Fällen waren jedoch die Erzbischöfe die Auftraggeber.

Zum Abschluß seien noch einige Überlegungen zur Binnengliederung des Rhein-Maas-Moselraumes und zur Rolle seiner Zentren skizziert: Zu-

[67] Schmid, Kunst und Migration (wie Anm. 42), S. 326–331. – Hermann Ehrenberg: Die Kunst am Hofe der Herzöge von Preußen. Leipzig/Berlin 1899. – Helga Dressler: Alexander Colin. Diss. phil Freiburg/Karlsruhe 1973. – Österreichische Kunsttopographie. Bd. 47: Die Kunstdenkmäler der Stadt Innsbruck. Die Hofbauten. Wien 1986, S. 359–425. – Jeffrey Chipps Smith: Netherlandish Artists and Art in Renaissance Nuremberg. In: Simiolus 20, 1990–1991, S. 153–157.

[68] Zu Floris vgl. Robert Hedicke: Cornelius Floris und die Florisdekoration. Studien zur niederländischen und deutschen Kunst im XVI. Jahrhundert. Text- u. Tafelbd. Berlin 1913. – Jeffrey Chipps Smith: German Sculpture of the Later Renaissance c. 1520–1580. Art in an Age of Uncertainty. Princeton 1994, S. 149–152, 192–197. – Antoinette Huysmans: De grafmonumenten van Cornelis Floris. In: Revue Belge d'Archéologie et d'Histoire de l'Art 56, 1987, S. 91–122.

[69] Franz Balke: Neue Vorlagen zu den Arbeiten H. R. Hoffmanns. In: Trierer Heimatbuch. Festschrift zur Rheinischen Jahrtausendfeier 1925. Trier 1925, S. 223–232.

[70] Franz J. Ronig: Die Ausstattung. In: Ders. (Hg.): Der Trierer Dom. (= Rheinischer Verein für Denkmalpflege und Landschaftsschutz, Jahrbuch 1978/79) Neuss 1980, S. 231–362, hier S. 265–273. – Chipps Smith, Sculpture (wie Anm. 68), S. 192–197.

nächst einmal läßt sich eine erstaunlich dauerhafte Raumgliederung erkennen, verbunden mit einer konstanten Hierarchie der Zentren: Trier, Köln und Mainz blieben über Jahrhunderte hinweg die Vororte der Grabmalskunst im Untersuchungsgebiet. Diese Position wurde von der Verlagerung der Residenzfunktionen, etwa von Trier nach Koblenz, kaum tangiert. Demgegenüber waren Residenzen bei den weltlichen Herrschaften aufgrund der territorialen Zersplitterung und der häufigen Besitzwechsel eher kurzlebige Erscheinungen. Allein schon dadurch besaßen die geistlichen gegenüber den weltlichen Herrschaftsträgern einen erheblichen Vorsprung: Am Ende des Alten Reichs konnten die Mainzer auf eine steingehauene Bischofsreihe mit einem Alter von 550 Jahren zurückblicken, die Trierer besaßen nicht nur eine ältere Gründungslegende und zahlreiche heilige Bischöfe, sondern auch eine 650 Jahre lange Grabmalreihe. Damit konnten die Fürsten in Simmern (80 Jahre) und Saarbrücken (170 Jahre) nicht konkurrieren, ebensowenig wie mit der Lage der Bischofsgräber in den Kathedralkirchen, in der Nähe der Heiligen und der heiligen Bischöfe ihrer Diözesen. Das Anspruchsniveau der Auftraggeber und die Leistungsfähigkeit der Werkstätten waren dabei stets Veränderungen unterworfen: Während Mainz in der Spätgotik und der Renaissance über ortsansässige Ateliers verfügt hat, findet sich für einen Großbetrieb wie den von Hans Ruprecht Hoffmann im ausgehenden 16. Jahrhundert weder in Mainz noch in Köln Vergleichbares. In allen Städten war die Grabmalskunst in ein raum-zeitliches Koordinatensystem eingebunden: Chronologisch prägten die großen Epochen der Kunstgeschichte das Bild, in räumlicher Hinsicht wurde die Entwicklung von den führenden, stets außerhalb des Untersuchungsgebietes liegenden Oberzentren bestimmt.

VI. Das Selbstbildnis des Hans Ruprecht Hoffmann an der Trierer Domkanzel

Bei den Untersuchungen zur Geschichte der Grabmalskunst des Rhein-Maas-Mosel-Raumes im hohen und späten Mittelalter und am Beginn der Neuzeit standen in der Regel die Auftraggeber im Vordergrund. Grabmonumente fungierten in der Regel als individuelle Denkmäler, die an Angehörige der politischen und kirchlichen Führungsschicht erinnern sollten. Die andere Seite, die des ausführenden Künstlers, erscheint in einem viel blasseren Licht. Nur in wenigen Fällen lassen sich Grabmäler mit Namen verbinden, nur selten geben Rechnungen und Verträge Auskünfte über ihre Herstellung. Ein singuläres Beispiel, das hier jedoch nicht näher untersucht werden kann, ist der 1487 geschlossene Vertrag über die Anfertigung des Grabmals für den Grafen Gerhard II. von Sayn und seiner Gattin Elisabeth von Sierck in der Kirche des Zisterzienserklosters Marienstatt im Westerwald. Der Kölner Bildhauer Tilmann erhielt hierfür ein Honorar von 50 Gulden[71]. Zeugnisse, aus denen sich das Selbstverständnis der Bildhauer, ihre Bildung und ihr Arbeitsethos erschließen lassen, sind für das Rheinland – aus welchen Gründen auch immer – kaum überliefert. Anders war es in Nürnberg, wo aus dem 16. Jahrhundert nicht nur mehrere Künstlerbildnisse erhalten sind, sondern auch ein erstes Nürnberger Künstlerlexikon entstanden ist[72].

Aus dem rheinischen Raum kennen wir eine Reihe von Bildhauernamen, denen sich mit mehr oder minder großer Sicherheit erhaltene Werke, darunter auch Grabmäler, zuordnen lassen: Aus Köln sei im 15. Jahrhundert neben dem bereits erwähnten Meister Tilmann[73] der Dombaumeister Konrad Kuene genannt, aus Mainz Hans Backoffen und Dietrich Schro[74], aus Trier im 15. Jahrhundert Peter von We-

[71] Hans Peter HILGER: Die Tumba des Grafen Gerhard II. von Sayn und seiner Gemahlin in der Abteikirche Marienstatt. In: 750 Jahre Abteikirche Marienstatt. Festschrift. (= Marienstatter Aufsätze 5) Marienstatt 1977, S. 87–103. – Doris FISCHER: Das Doppelgrabmal Sayn/Sierck. In: Die Klosterkirche Marienstatt. (= Forschungsberichte für Denkmalpflege 4) Worms 1999, S. 112–124 (und weitere einschlägige Beiträge zur Restaurierung).

[72] SCHMID, Renaissancekünstler (wie Anm. 9).

[73] Holger KEMPKENS: Meister Tilman und der Schnitzaltar von St. Kunibert in Köln. In: Wallraf-Richartz-Jahrbuch 58/1997, S. 31–72. – DERS.: Das Hochaltarretabel des Kölner Bildschnitzers »Meister Tilman« in der Weseler Heilig-Grab-Kapelle. In: Jutta PRIEUR u. a.: Jerusalem in Wesel. Die große Kalvarienbergstiftung des Kaufmanns Hermann Saelen. (= Studien und Quellen zur Geschichte von Wesel 21) Wesel 1998, S. 88–137.

[74] Wolf GOELTZER: Der »Fall Hans Backoffen«. Studien zur Bildnerei in Mainz und am Mittelrhein am Ausgang des Spätmittelalters. In: Mainzer Zeitschrift 84–85/1989–1990, S. 1–70; 86/1993, S. 1–62. – Irnfriede LÜHMANN-SCHMID: Peter Schro. Ein Mainzer Bildhauer und Backoffen-Schüler. In: Mainzer Zeitschrift 70/1975, S. 1–100.

derath, der Urheber des Michaelsaltars, Meister Steffen, der Hersteller der Steipenriesen, sowie Meister Paulus, der den Kalvarienberg bei St. Martin anfertigte. Für das 16. Jahrhundert lassen sich Hans Bildhauer und Hans Ruprecht Hoffmann benennen. In Saarbrücken können einige Werke mit Bernhard Falk verbunden werden, in Simmern mit Hans von Trarbach[75].

Vor diesem Hintergrund sei es gestattet, am Ende dieser Einführung etwas detaillierter auf ein künstlerisches Selbstzeugnis zurückzukommen, ein Selbstbildnis, das sich zwar an prominenter Stelle im Trierer Dom befindet, bisher aber kaum die Aufmerksamkeit der Forschung gefunden hat. Zu den ersten Werken, die Hans Ruprecht Hoffmann nach seiner Niederlassung in Trier geschaffen hat, zählt die Kanzel im Trierer Dom[76]. Im Jahre 1560 war eine Dompredigt der Jesuiten eingerichtet worden, um die Ausbreitung der Reformation in der Stadt Trier wirkungsvoll zu bekämpfen[77]. Aus diesem Anlaß wurde 1570/72 die Domkanzel in Auftrag gegegen. Sie befindet sich am zweiten nördlichen Pfeiler. Von der Ostseite her betritt der Prediger die Kanzel durch ein prachtvoll geschmücktes Portal, an dem die Wappen von 14 Kapitularen des Domkapitels – zwei Kapitelstellen waren zum Zeitpunkt der Stiftung vakant[78] – sowie das Wappen des Erzbistums angebracht sind; es handelt sich bei der Domkanzel also um eine Gemeinschaftsstiftung der Mitglieder des Domkapitels. Über einen Aufgang erreicht der Prediger dann den Kanzelkorb, zu dem auch ein (erneuerter) Schalldeckel gehört. Der Bildhauer hat nicht nur das Portal, sondern auch das Kanzelbecken mit beträchtlichem Aufwand geschmückt: Neben zahllosen ornamentalen und figürlichen Schmuckelementen finden wir Reliefs mit Darstellungen der sieben Werke der Barmherzigkeit sowie der Bergpredigt und des Jüngsten Gerichts. Die Reliefs gehen auf graphische Vorlagen von Marten van Heemskerck zurück. Das Kanzelbecken steht auf einem achteckigen Sockel, der wiederum auf einem quadratischen Podest ruht.

An den vier Ecken des Podests sind sitzende Statuen der Evangelisten angebracht. Vor den flach gearbeiteten Nischen am Sockel stehen fünf Frauengestalten, die durch ihre Attribute und durch Inschriften als Vertreter der Fünf Sinne ausgewiesen werden. Leider sind die Attribute, die sie kennzeichnen, zumeist beschädigt, so daß eine Beschreibung mit vielen Unsicherheitsfaktoren verbunden ist. Den Auftakt bildet das Gesicht (VISVS), welches in einen (verlorenen) Spiegel blickt, gefolgt vom Gehör (AUDITVS) mit einer Laute. Der Geschmack (GVSTVS) genießt wohl Obst oder Früchte, der Geruch (OLEACTVS) riecht an der Hand, in der sich wohl eine Blume befand, und das Gefühl (TACTVS) tastet mit einer Hand an einem nicht erhaltenen Gegenstand, mit der anderen an einer Gewandfalte. Zu den Fünf Sinnen gehören Tiere, zum Gesicht z. B. ein Adler und zum Geschmack ein an der Konsole festgebundener, an Früchten naschender Affe[79]. Die Fünf Sinne, die vor allem in der Malerei und Graphik des 16./17. Jahrhunderts eine große Rolle spielten, lassen sich in vielfacher Weise symbolisch auslegen[80]. Den Zusammenhang mit dem Programm der Domkanzel hat Franz J. Ronig wie folgt formuliert: »Die vier Evangelisten am Sockel erinnern daran, daß die Predigt auf dem einen, aber viergestaltigen Evangelium aufruht … Die Fünf Sinne am Kanzelschaft mögen auf die Sinnenhaftigkeit der Predigt hindeuten, mehr und eigentlicher jedoch darauf, daß die Predigt auf die inneren Sinne zielt, die Sinne des Herzens. Die Werke der Barmherzigkeit rufen dauernd – auch ohne aktuelle Predigt – ein Kernanliegen der Botschaft Jesu ins Gedächtnis.«[81]

---

[75] Vgl. Terpitz (wie Anm. 22), S. 123–129.

[76] Der Forschungsstand ist dürftig, vgl. Franz Balke: Über die Werke des kurtrierischen Bildhauers Hans Ruprecht Hoffmann († 1616). Bonn 1916, S. 11–24. – Ronig (wie Anm. 70), S. 257–260. – Laurin Luchner: Die Komposition der Kanzel im Dom zu Trier. In: Neues Trierisches Jahrbuch 1962, S. 28–33.

[77] Zu den historischen und kirchenpolitischen Hintergründen vgl. Für Gott und die Menschen. Die Gesellschaft Jesu und ihr Wirken im Erzbistum Trier. (= Quellen und Abhandlungen zur mittelrheinischen Kirchengeschichte 66) Kat. Mainz 1991. – Schmid, Petrusbrunnen (wie Anm. 15).

[78] Für diese Information und weitere Hinweise danke ich Rüdiger Fuchs, Mainz.

[79] Vergleichbare Affen, hier freilich als Vanitas- bzw. Lastersymbol zu deuten, finden sich am Petrusbrunnen auf dem Trierer Hauptmarkt, einem weiteren Werk Hoffmanns, am Metzenhausengrab im Trierer Dom und an Dürers Ehrenpforte, vgl. zur Ikonographie Fleck/Schmid (wie Anm. 15), S. 127–128.

[80] Hans Kauffmann: Die Fünfsinne in der niederländischen Malerei des 17. Jahrhunderts. In: Kunstgeschichtliche Studien. Breslau 1943, S. 133–157. – Louise Vinge: The Five Senses. Studies in a Literary Tradition. (= Acta regiae societatis humaniorum litterarum Ludensis 72) Lund 1975.

[81] Ronig (wie Anm. 70), S. 259.

Abb. 3: Selbstbildnis des Bildhauers Adam Kraft am Sakramentshaus in St. Lorenz in Nürnberg.

Abb. 4: Selbstbildnis des Erzgießers Peter Vischer vom Sebaldusgrab in St. Sebald in Nürnberg.

Was uns hier besonders interessiert, sind zwei Statuetten, die in der Reihe der Fünf Sinne offensichtlich fehlplaziert sind (Abb. 2): Sie stehen am Anfang und am Ende der im Osten beginnenden Figurenserie. Während die Pfeilerseite des Sockels leer ist, finden wir die beiden Figuren an den benachbarten, immerhin noch zur Hälfte den Pfeilern zugewandten Seiten. Der Bildhauer hat also zwei weniger prominente Standorte gewählt: einen nach Osten, zum Chor hin, den anderen nach Westen hin orientiert[82]. Die Nischen und die Sockel, auf denen sie stehen, sind jedoch identisch aufgebaut. Es handelt sich um zwei junge Männer, die etwas kleiner dargestellt sind als die weiblichen Personifikationen der Fünf Sinne. Sie besitzen lange, in der Mitte gescheitelte Haare, tragen beide ein antikisierendes Gewand und sind barfuß. Ihre Beschäftigung besteht darin, eine hochformatige Tafel zu präsentieren, auf der an der Ostseite folgende Inschrift zu lesen ist: *HANS RUPRICH HOFFMA[N] BILTH. 1572.* Auf der nach Westen zugewandten Seite liest man: *ANNO DOMINI 1570.* Die Inschrift besitzt also zwei Funktionen: Sie identifiziert den Meister und nennt die Entstehungszeit der Kanzel; zwei unterschiedliche Jahreszahlen findet man auch am Rheineck-Monument, zwei identische hingegen am

[82] Hierzu LUCHNER (wie Anm. 76), S. 28. – Christoph GERHARDT: Der Hund, der Eidechsen, Schlangen und Kröten verbellt. Zum Treppenaufgang der Kanzel im Wiener Stephansdom. In: Wiener Jahrbuch für Kunstgeschichte 38/1985, S. 115–132.

Greiffenklau-Grabaltar; es war in Trier also nicht ungewöhnlich, den Beginn und den Abschluß der Arbeit festzuhalten.

Größere Schwierigkeiten beinhaltet die Deutung der Figuren. In der Literatur finden sich wenig Anhaltspunkte. Balke wich der Frage einer Identifizierung aus, sah in ihnen ein Doppelporträt und Ronig vermutete eine Darstellung des Bildhauers und seines Gesellen[83]. So naheliegend ein Werkmeisterbild auf den ersten Blick auch ist, so ergeben sich doch Einwände gegen diese Deutungen: Zieht man etwa das berühmte Selbstbildnis des Nürnberger Bildhauers Adam Kraft am Sakramentshaus in St. Lorenz (Abb. 3) oder dessen bekanntes Gegenstück, das Bild des Erzgießers Peter Vischer vom Sebaldusgrab in St. Sebald heran (Abb. 4)[84], dann zeigt sich, daß beide Meister großen Wert darauf legten, als Handwerker erkannt zu werden. Nicht nur die Kleidung, sondern auch die Werkzeuge, die sie als Bildhauer oder Steinmetz identifizieren, signalisieren dies. Beide Künstlerbilder – und hier beginnen die Gemeinsamkeiten mit den Kanzelfiguren – sind jedoch Bestandteile der von Kraft bzw. Vischer geschaffenen Werke. Das kniende Bildnis des Adam Kraft steht ganz in der Tradition mittelalterlicher Baumeisterbildnisse[85]. Begleitet wird der Meister von zwei Gesellen. Dies ist selten, aber da sich hierfür noch weitere Beispiele finden lassen, etwa am Brunnen in Bad Urach, kann zumindest festgehalten werden, daß Darstellungen von Meistern und Gesellen an Kunstwerken des 15./16. Jahrhunderts nichts grundsätzlich Ungewöhnliches wären[86].

Freilich macht der Vergleich auch Unterschiede deutlich: Die beiden Figuren an der Domkanzel erscheinen beide jugendlich, eine Hierarchie ließe sich allenfalls aufgrund der Positionierung (nach Ost und West), nach der Reihe der Fünf Sinne (am Anfang und am Ende) sowie nach Umfang, Inhalt und

Abb. 5: Selbstbildnis des Malers Albrecht Dürer am Allerheiligenbild, Wien.

Sprache der Inschrift (Name bzw. nur Jahreszahl, Deutsch oder Latein) ableiten; alle drei Kriterien legen es nahe, den nach Osten gewandten als den wichtigeren, möglicherweise den Meister zu benennen. Aber sonderlich überzeugend sind diese Deutungen nicht. Vor allem stört: Die antikisierenden Gewänder und das fehlende Schuhwerk machen deutlich, daß hier kein Trierer Zeitgenosse dargestellt werden sollte.

Bei der Suche nach Vergleichsbeispielen wird man wiederum in Nürnberg fündig: In den Jahren 1506 bis 1511 hat Albrecht Dürer insgesamt vier Selbstbildnisse in Assistenz angefertigt. Den Anfang macht das 'Rosenkranzfest' von 1506, auf dem Dürer im Hintergrund steht und einen Brief mit einer Botschaft präsentiert. Ähnlich ist seine Darstellung auf der 'Marter der Zehntausend' von 1508, einem Auftrag Kurfürst Friedrichs des Weisen. Auf dem 1509 vollendeten 'Heller-Altar' steht Dürer allein und in patrizischer Kleidung im Hintergrund, er präsentiert eine große Tafel mit einer Inschrift, vergleichbar dem 'Allerheiligenbild' von 1511 (Abb. 5)[87]. Entscheidend ist, daß Dürer auf allen vier Ge-

[83] S. o. Anm. 76.

[84] Wolfgang SCHMID: Strategien künstlerischer Selbstdarstellung in Nürnberg um 1500. Zum Selbstbildnis des Adam Kraft am Sakramentshaus in St. Lorenz. In: Frank Matthias KAMMEL (Hg.): Das Adam Kraft Kolloquium (im Druck).

[85] Kurt GERSTENBERG: Die deutschen Baumeisterbildnisse des Mittelalters. Berlin 1966. – Theodor DEMMLER: Der Kanzelträger des deutschen Museums. Ein Werk des Anton Pilgram. In: Jahrbuch der Preußischen Kunstsammlungen 1938, S. 161–172.

[86] GERSTENBERG (wie Anm. 85), S. 174, 176. – Karl OETTINGER: Anton Pilgram und die Bildhauer von St. Stephan. Wien 1951, S. 22–23.

[87] Eine systematische Untersuchung fehlt, vgl. André CHASTEL: Zu vier Selbstbildnissen Albrecht Dürers aus den Jahren 1506 bis 1511. In: Ernst ULLMANN (Hg.): Albrecht Dürer. Kunst im Aufbruch. Leipzig 1973, S. 37–46. – Hugo KEHRER: Dürers Selbstbildnisse und die Dürer-Bildnisse. Berlin 1934, S. 47–66. – Fedja ANZELEWSKY: Albrecht Dürer. Das malerische Werk. 2. Aufl., 2 Bde., Berlin 1991, Kat. Nr. 93, 105, 107–115, 118. – SCHMID, Renaissancekünstler (wie Anm. 9), S. 128–134.

mälden nicht als Malermeister, sondern als vornehm gekleideter Patrizier dargestellt ist. Nicht weniger bezeichnend ist die Inschriftentafel, die einen lateinischen Text trägt, der die Urheberschaft des Künstlers deutlich macht. Dürer wollte sich also im Gegensatz zu Vischer und Kraft nicht als Handwerker, sondern als humanistisch gebildeter Bild-Erfinder präsentieren. Die Inschriftenplatte, der *cartellino*, geht auf italienische Vorbilder zurück und findet sich bereits an antiken Denkmälern[88].

Dürers Selbstinszenierung muß in ihrem Kontext gesehen werden: zum einen mit einer ebenso außergewöhnlichen Reihe von drei Selbstbildnissen der Jahre 1493 bis 1500[89], zum anderen mit zahlreichen Äußerungen der Humanisten seiner Zeit[90], die ihn als zweiten, als deutschen Apelles feierten[91]. Dieser war der berühmteste Maler der Antike; seine Vita hat der ältere Plinius überliefert; deren einzelne Elemente wurden zu zentralen Aussagen einer jeden Künstlergeschichte der Renaissance. Damit haben wir die Bausteine gesammelt, die für die Deutung der beiden Kanzelfiguren notwendig sind: Zunächst muß nochmals auf die große Bedeutung von Kleidung in der Gesellschaft des 16. Jahrhunderts hingewiesen werden, welche die Zugehörigkeit zu einem bestimmten Stand kenntlich machte. Dementsprechend fallen Regelverletzungen besonders ins Gewicht. Insofern ist die Kleidung der Kanzelfiguren als Botschaft zu verstehen, daß kein Trierer Bürger und kein Steinmetz dargestellt wird, sondern eine Figur der Antike. Zudem sind ihre Funktion als Schildträger und ihre Positionierung im Rahmen des Figurenprogramms der Domkanzel hervorzuheben. Die Figur signalisiert also dem Betrachter, daß er nicht das Werk eines Handwerkers, sondern das eines gelehrten und belesenen Erfinders und Konstrukteurs vor sich hat, eines Künstlers, der sich deutlich von seinen Trierer Zeitgenossen abzugrenzen versuchte.

Nicht unwichtig sind in diesem Zusammenhang auch Sprache und Schrift der Tafel. Der epigraphische Befund läßt die charakteristische Handschrift der Hoffmann-Werkstatt, in deren Entwicklung viel Zeit und Mühe investiert wurde[92], erkennen. Auch das Beispiel Dürers belegt, daß nicht nur der Inhalt, sondern auch Träger, Schrift und Sprache einer Inschrift als Botschaft verstanden werden müssen. Insofern erscheint nicht unwichtig, daß sich Hoffmann bei seiner Signatur für die deutsche Sprache entschieden hat. Dagegen sind die Inschriften, welche das dem Laien kaum verständliche Bildprogramm der Domkanzel erläutern, fast durchgängig in Latein abgefaßt. Insofern könnte sich die Inschriftentafel, die Hoffmanns Urheberschaft dokumentiert, an einen breiteren Rezipientenkreis wenden.

Wir haben also den Transfer einer ein halbes Jahrhundert zuvor von Albrecht Dürer in Nürnberg geschaffenen Künstlerselbstdarstellung nach Trier vor uns. Der Vorgang ist erstaunlich, aber durchaus erklärbar. Dürers Holzschnitte und Kupferstiche zählten teils als Originale, teils in Form zahlreicher Nachstiche anderer Künstler zum Grundstock einer jeden Sammlung graphischer Vorlagen im 16. Jahrhundert[93]. Dürers Leben und Werk fand seinen Niederschlag bei zahlreichen Autoren seiner Zeit[94]. Weiterhin ist Dürer als Autor dreier Lehrbücher hervorgetreten, die in mehreren Auflagen erschienen und von denen eine Ausgabe 1531 auch im benachbarten Simmern – wo Hoffmann kurz danach seine Lehrjahre verbringen sollte – gedruckt wurde[95]. Als Einwand ließe sich formulieren, daß es doch ungewöhnlich sei, wenn ein frischgebackener 27jähriger Bildhauermeister[96] einen seiner ersten Aufträge in Trier dazu nutzte, sich an ganz promi-

[88] Zygmunt Wazbinski: Le »Cartellino«. Origine et avatars d'une etiquette. In: Pantheon 21/1963, S. 278–283.

[89] Joseph Leo Koerner: The moment of self portraiture in German renaissance art. Chicago 1996.

[90] Hans Rupprich: Das literarische Bild Dürers im Schrifttum des 16. Jahrhunderts. In: Festschrift für Dietrich Kralik. Horn 1954, S. 218–239.

[91] Daniel Hess: Dürers Selbstbildnis von 1500. »Alter Deus« oder Neuer Apelles? In: Mitteilungen des Vereins für Geschichte der Stadt Nürnberg 77/1990, S. 63–90.

[92] Rüdiger Fuchs: Die Schrift der Werkstatt Hans Ruprecht Hoffmanns († 1616) in Trier. In: Sancta Treveris. Beiträge zu Kirchenbau und bildender Kunst im alten Erzbistum Trier. Festschrift für Franz J. Ronig zum 70. Geburtstag. Trier 1999, S. 147–160, hier S. 151–152.

[93] Vorbild Dürer. Kupferstiche und Holzschnitte Albrecht Dürers im Spiegel der europäischen Druckgraphik des 16. Jahrhunderts. Kat. Nürnberg 1978. – Zu Hoffmanns Vorlagensammlung siehe Balke, Vorlagen (wie Anm. 69).

[94] Rupprich (wie Anm. 90).

[95] Willi Wagner/Gustav Schellack: 650 Jahre Stadt Simmern im Hunsrück. Simmern 1980, S. 153–160.

[96] Anne-Marie Zander: Über Geburtsort und Lehrmeister des kurtrierischen Bildhauers Hans Ruprecht Hoffmann. In: Kurtrierisches Jahrbuch 16/1976, S. 38–39.

nenter Stelle ein unkonventionelles Denkmal zu setzen. Allerdings kann zum Vergleich wiederum auf Dürer verwiesen werden, dessen außergewöhnliche, nicht zuletzt durch ihre extravagante Kleidung und Haartracht aus dem Rahmen fallenden Selbstbildnisse in der Phase vor und während seiner Werkstattgründung entstanden; auch sie erweckten damals in Nürnberg einiges Befremden. Aus der Perspektive der Trierer Verhältnisse ist zu bemerken, daß dem Selbstbildnis Hoffmanns die außergewöhnliche Leistung der Domkanzel entspricht. Diese Überlegungen machen auch Bedenken wegen der Singularität der beiden Tafelhalter in Hoffmanns Werk und dem seiner Trierer Zeitgenossen hinfällig. Als Vergleichsbeispiel läßt sich immerhin das Metzenhausen-Grab von 1542 anführen, in dem sich eine Figur findet, die als Bildhauer identifiziert werden könnte, an dem zwei Gesellen eine Inschriftentafel präsentieren und an dem nicht zuletzt auch zwei Affen die Laster der Welt verkörpern[97]. Schließlich könnte noch die Existenz der zweiten Figur gegen ein Selbstbildnis angeführt werden. Aber allein schon der Vergleich mit anderen Wappen- und Schildhaltern (Engel, Wilde Männer) schließt eine andere Deutung aus. Wir haben es tatsächlich mit zwei Darstellungen des Künstlers zu tun, die sich möglicherweise nicht nur in zwei verschiedene Richtungen, sondern auch an unterschiedliche Adressatenkreise wenden: Die in mehrfacher Hinsicht wichtigere, nach Osten ausgerichtete Figur blickt zum Chor. Von hier aus – und nicht vom Westen her – fällt auch der Blick auf das reich verzierte Portal zum Kanzelaufgang. Hier sehen die Domherren, wie der Prediger durch die Tür schreitet und die Treppe emporsteigt, um seine Predigt zu beginnen.

Eine weitere Deutungsmöglichkeit ist noch zu prüfen: Wenn hinter Dürers Selbstbildnis das Vorbild des Apelles, des berühmtesten Malers der Antike steht, dann ist zu fragen, ob sich hinter dem antikisierenden Hoffmann-Bild nicht auch ein literarisches Vorbild versteckt. Hier wäre an den bedeutendsten Bildhauer Athens, den im fünften Jahrhundert lebenden Phidias zu denken, dessen Vita Lukian überliefert hat[98]. Er schuf eine zwölf Meter hohe Statue der Athene auf der Akropolis, auf deren Schild sein Selbstbildnis angebracht war, sowie die ebenso große Sitzfigur des Zeus in Olympia. Ob Hans Ruprecht Hoffmann solche Deutungsmöglichkeiten in sein Selbstbildnis einbezogen hat, läßt sich nicht explizit belegen, die Kleidung der Figuren wäre jedoch bereits ein deutlicher Hinweis darauf. Zudem sollte man die humanistische Bildung der Trierer Geistlichen im 16. Jahrhundert nicht unterschätzen[99]. Nicht nur Christoph von Rheineck besaß eine stattliche Bibliothek, auch unter den Mitgliedern des Domkapitels, welche die Domkanzel in Auftrag gaben, finden sich mehrere gelehrte Köpfe, von denen einige auch als Auftraggeber von Altären und Epitaphien aus der Hoffmann-Werkstatt in Erscheinung getreten sind[100]. Ein hoher Anspruch der Auftraggeber, dem eine hohe Qualifikation der Künstler und vor allem auch das Bewußtsein ihrer außergewöhnlichen Fähigkeiten entsprachen, bilden somit den Bogen zur Inschrift am Sierck-Epitaph, mit der Meisternennung Gerhaerts, die am Ausgang unserer Überlegungen stand.

Abbildungsnachweis: 1: Bischöfliches Dom- und Diözesanmuseum Trier. 2: Amt für Kirchliche Denkmalpflege Trier, R. Heyen. 3–5: Verfasser.

---

97 Ronig (wie Anm. 70), S. 253–255. – Jana Lisa Buhrow: Das Renaissance-Grabmal des Erzbischofs Johann III. von Metzenhausen (1492–1540) im Dom zu Trier. Mag.-Arbeit Trier 1999.

98 Ernst Kris/Otto Kurz: Die Legende vom Künstler. Ein geschichtlicher Versuch. Wien 1934, Ndr. Frankfurt 1980, S. 71, 81, 83, 125, 129. – Rudolf Preimsberger: Der zweite Phidias. Beobachtungen an van Eycks »Madonna des Kanonikus van der Paele«. In: Neue Züricher Zeitung Nr. 265 v. 13.–14.11.1993. – Christoph Höcker/Lambert Schneider: Phidias. Reinbek bei Hamburg 1993.

99 Kostbare illustrierte Bücher des sechzehnten Jahrhunderts in der Stadtbibliothek Trier. Hans Baldung Grien, Urs Graf, Ambrosius und Hans Holbein. Kat. Trier. Wiesbaden 1995.

100 Balke, Werke (wie Anm. 76), S. 12.

Nicolas Bock

Künstler, Grab und Auftraggeber Zur politischen Bedeutung religiöser Ikonographie bei Grabmälern der Anjou

Seit dem Beginn des Trecento entstand in Neapel, vornehmlich in den großen Kirchen der Bettelorden, eine Reihe aufwendiger Grabmäler für die königliche Familie der Anjou[1]. In ihren Bildprogrammen entfaltete sich eine politische Rhetorik, in der sich die Herrschaftsauffassung der Anjou als *beata stirps* öffentlich manifestierte. Seit dem Grabmal der Maria von Ungarn († 1328) wurde insbesondere die genealogische Familiendarstellung an der Sarkophagfront zum festen ikonographischen Typus, der vor allem an den Grabmälern der weiblichen Familienmitglieder zur Anwendung kam, aber nicht auf jene beschränkt blieb. Mit der Nebenlinie der Anjou-Durazzo, die seit 1381 die Herrschaft innehatte, setzte sich die Tradition des Grabmals als Träger politischer Programme ungebrochen fort[2].

Eine Ausnahme von dieser Tradition bildet scheinbar eine Reihe von Monumenten, die ein rein religiöses Grabmalsprogramm aufweisen. Unter ihnen stellen drei Grabmäler, die aufgrund testamentarischer Verfügungen für die Schwestern der Königin Margarita von Anjou-Durazzo im ersten Jahrzehnt des 15. Jahrhunderts entstanden, eine einheitliche ikonographische Gruppe dar: An allen drei Grabmälern ist auf dem Sarkophag die *imago pietatis* dargestellt. Zwei der drei Grabmäler befinden sich in S. Lorenzo Maggiore. In einem von ihnen ist die älteste Schwester Margaritas, Johanna von Anjou-Durazzo, zusammen mit ihrem Ehemann Robert von Artois bestattet, in dem anderen Grabmal ihr Vater Karl von Anjou-Durazzo (Abb. 1–2). Das dritte Monument befindet sich in S. Chiara und war als Doppelgrab für die beiden anderen Schwestern Margaritas, Agnes und Klementia, bestimmt (Abb. 9). Während die beiden Grabmäler in S. Lorenzo Maggiore von stilistisch eng verwandten, aber anonymen einheimischen Werkstätten ganz in der Tradition des Trecento gearbeitet wurden, entstand das dritte Grabmal für die Schwestern Agnes und Klementia in S. Chiara in der Werkstatt des Antonio Baboccio, dem zur damaligen Zeit modernsten Künstler Neapels[3]. Alle drei Grabmonumente entsprechen dabei dem gängigen neapolitanischen Typus mit Tugendkaryatiden, Sarkophag und Totenkammer, alle drei weisen, wie bereits gesagt, die gleiche Ikonographie der *imago pietatis* an der Sarkophagfront auf.

Diese Konstellation macht es möglich, zwei Fragekomplexen nachzugehen:

Erstens: Wie kommt es zu der Wahl einer rein religiösen Ikonographie für diese drei Grabmäler? Vor dem reichen Hintergrund dynastisch-weltlicher Themen als Sarkophagdekor für Mitglieder des königlichen Hauses, wie er in der ersten Hälfte des 14. Jahrhunderts entwickelt wurde, muß diese Wahl unüblich, ja auffällig erscheinen. Es fragt sich, wer an

---

[1] Lorenz Enderlein: Die Grablegen der Anjou in Unteritalien. Totenkult und Monumente 1266–1343. (= Römische Studien der Bibliotheca Hertziana 12) München 1997. – Tanja Michalsky: Die Repräsentation einer Beata Stirps. Darstellung und Ausdruck an den Grabmonumenten der Anjous. In: Otto Gerhard Oexle/Andrea von Hülsen-Esch (Hg.): Die Repräsentation der Gruppen. Texte – Bilder – Objekte. (= Veröffentlichungen des Max-Planck-Instituts für Geschichte 141) Göttingen 1998, S. 187–224.

[2] Nicolas Bock: Antonio Baboccio. Abt, Maler, Goldschmied, Bildhauer und Architekt. Diss. phil. Heidelberg 1997 (= Italienische Forschungen des Kunsthistorischen Institutes in Florenz 1) (im Druck).

[3] Zur Person des Künstlers, der ab 1410 auch als Abt signiert, s. Bock (wie Anm. 2).

Abb. 1: Grabmal der Johanna von Anjou-Durazzo, Neapel, S. Lorenzo Maggiore.

Abb. 2: Grabmal des Karl von Anjou-Durazzo, Neapel, S. Lorenzo Maggiore.

der Themenauswahl beteiligt war und ob es Motive der Frömmigkeit waren, die diese Wahl bestimmten. Besitzt also ein Bildmotiv wie das des Schmerzensmannes stets und unabhängig vom Medium die gleiche inhaltliche Aussage, oder gibt es im Rahmen der Sepulkralkunst spezifische ikonographische Traditionen, die sich je nach Ort und sozialer Zugehörigkeit unterscheiden?

Zweitens: Die Tatsache, daß alle drei Sarkophagreliefs das gleiche Thema aufweisen, die Verstorbenen einer einzigen Familie und damit einem einheitlichen sozialen Status angehörten, die Ausführung und Gestaltung der Sarkophagreliefs aber sehr unterschiedlich sind, erlaubt es, die Interessen des Auftraggebers und die Freiheit des Künstlers, d. h. seine gestalterischen Möglichkeiten im Kontext vergleichbarer Werke, genauer zu umreißen.

Grundlage der folgenden Ausführungen ist der außergewöhnliche Umstand, daß sich zu den drei Monumenten, deren Entstehungsgeschichte bislang ungeklärt war, mehrere Dokumente erhalten haben. Die schwierige archivalische Situation in Neapel – Zerstörung der Anjouregister und des Archivs von S. Chiara im 2. Weltkrieg – bietet ansonsten kaum noch Quellenmaterial zu den Grabmälern des späten 14. und frühen 15. Jahrhunderts.

Abb. 3: Grabmal der Johanna von Anjou-Durazzo, Sarkophag.

I. Die Grabmäler in S. Lorenzo Maggiore und die Tradition der *imago pietatis*

Heute stehen sich die Grabmäler des 1344 ermordeten Karl von Anjou-Durazzo, seiner 1393 in Gefangenschaft verstorbenen Tochter Johanna und ihres Gemahls Robert von Artois an den Wänden des nördlichen Querschiffes von S. Lorenzo Maggiore gegenüber (Abb. 1–2). Ursprünglich befanden sie sich unter einer auf zwei Pfeilern ruhenden Arkatur an der Stirnwand des Querhauses, der sog. 'Cappella della Regina' (s. Lageskizze S. 40)[4]. Die Zusammengehörigkeit beider Grabmäler ist auch heute noch auf den ersten Blick evident. Beide Monumente sind in Größe und Form genau aufeinander abgestimmt. Ihnen liegt ein einheitlicher Entwurf zu Grunde, der allein in der Auswahl der Tugendkaryatiden variiert. Auch die Sarkophagplatten weisen den gleichen Dekor auf (Abb. 3–4): Gerahmt von der umlaufenden Inschriftleiste sind in drei Medaillons die Halbfiguren des toten Christus, der trauernden Maria und Johannes des Täufers eingeschrieben. Klagende Engel stehen zu Seiten des Heilands auf den gekrümmten Leisten, die aus der Rahmung der Medaillons hervorwachsen und diese miteinander verbinden. Der gesamte Reliefgrund der Frontplatten ist mit heraldischen Motiven ge-

[4] Über der dahinterliegenden Gewölbezone befanden sich Laufgänge, die den Zugang auf die Terrassen über den Umgangskapellen gewährten. – Jürgen Krüger: S. Lorenzo Maggiore in Neapel. Eine Franziskanerkirche zwischen Ordensideal und Herrschaftsarchitektur. (= Franziskanische Forschungen 31) Werl i. Westf. 1985, S. 100 f., Taf. XVII, Abb. 35 f. – Vgl. auch Lorenz Enderlein: Zur Entstehung der Ludwigstafel des Simone Martini in Neapel. In: Römisches Jahrbuch der Bibliotheca Hertziana 30/1995, S. 142, Abb. 5.

Abb. 4: Grabmal des Karl von Durazzo, Neapel, S. Lorenzo Maggiore, Sarkophag.

schmückt: Lilien, ergänzt vom Rechen der Anjou innerhalb der Medaillons. Die vier inneren Ecken der Rahmung zwischen Medaillons und Inschriftenleiste sind mit Blattlaub besetzt. Die starke Präsenz der wohl ursprünglich farbig gefaßten heraldischen Dekorationselemente an Front und Seiten der Sarkophage wie auf den Dächern der Totenkammern betont die Gleichheit beider Gräber noch zusätzlich und hebt den königlichen Charakter der Kapelle hervor.

Allein kleine Unterschiede lassen erkennen, daß die beiden Grabmäler von der Hand verschiedener Meister stammen. Dies zeigt sich nicht so sehr in der leichten Variation der Gestik der Halbfiguren und Engel, sondern vielmehr in stilistischen Details wie Gesichtsschnitt und Haargestaltung sowie in der Faltengebung der Karyatiden (Abb. 1–2). Stand der Meister des Johanna- und Robertgrabmals noch stärker in der Tradition des neapolitanischen Trecento, so tendiert der Stil des Karlsgrabes bereits zu einer moderneren Formensprache. So werden beispielsweise die Gesichter rundlicher und lassen das prononcierte Kinn vermissen, das seit Tino di Camaino zum formalen Stereotyp neapolitanischer Werkstätten geworden war. Dies bedeutet jedoch keinen grundsätzlichen Unterschied in der Qualität oder Ausdrucksfähigkeit beider Meister (Abb. 5). Schmerz und Trauer werden durch die üblichen Formeln gekennzeichnet, sei es durch einige Linien auf der Stirn, sei es durch verhaltene Gestik. Der

Abb. 5: Grabmal des Karl von Durazzo, Neapel, S. Lorenzo Maggiore, Sarkophag, Detail.

Griff zur Brust, der sich jeweils beim rechten Engel sowie beim Johannes des Johanna- und Robertgrabmals findet (Abb. 3), ist jedoch alles andere als überzeugend und deutet das Zerreißen des Gewandes nur höchst unvollkommen an.

Das Schema des Sarkophagdekors mit Medaillons, in welche die Büsten des von Maria und Johannes flankierten Schmerzensmannes eingeschrieben sind, hat in Neapel eine lange Tradition. Sie reicht bis zum Grabmal der Katharina von Österreich († 1323) in S. Lorenzo Maggiore zurück[5]. An der Entstehung dieses ersten monumentalen Grabmals der königlichen Familie hatte der aus Pisa nach Neapel gekommene Tino da Camaino wesentlichen Anteil. Ihm läßt sich auch der Import des aus der Toskana und Mittelitalien stammenden Bildformulars zuschreiben, das sich in den folgenden Jahrzehnten in Neapel ungebrochener Beliebtheit erfreuen sollte. Dieses neapolitanisch-kampanische Schema grenzt sich deutlich gegenüber der Tradition Latiums ab, die eine rechtwinklige Dreiteilung der Sarkophagfront bevorzugte[6]. Die Variabilität dieses dekorativen Schemas war wohl wesentlich an seinem Erfolg beteiligt, konnten doch die runden Medaillons durch Vierpässe ersetzt oder ergänzt und statt mit dem Schmerzensmann mit anderen Heiligen oder Wappen gefüllt werden. Neben der *imago pietatis* erscheint auf den Sarkophagen des neapolitanischen Adels vor allem die von Heiligen flankierte Gottesmutter mit dem Kind[7].

Abgesehen von dem Monument für Katharina von Österreich wurde diese Art des Sarkophagdekors nicht mehr für Grabmäler der Anjou verwandt. Die großen Reliefs der Sarkophage boten sich als Ort politisch bedeutsamer Darstellungen an, und so überrascht es nicht, wenn in der Folge bei den Grabmälern der Anjou fast ausschließlich weltliche Themen dominieren – Heiligendarstellungen, wie sie sich auf den Grabmälern des Adels üblicherweise finden, sind bei Monumenten der königlichen Familie von den Sarkophagfronten auf andere Bereiche des Grabmals verdrängt. Schon das auf das Grabmal der Katharina von Österreich zeitlich folgende Monument der Maria von Ungarn in S. Maria Donna Regina weist mit der Darstellung ihrer Söhne auf der Sarkophagfront in eine gänzlich andere Richtung[8].

Eine Ausnahme unter den Grabmälern der königlichen Familie bildet das Grabmal der Maria von Anjou-Durazzo († 1367), das zur Linken des Robertgrabes im Chor von S. Chiara steht (Abb. 6). Statt dynastischer oder politischer Inhalte treffen wir hier auf ein rein religiöses Grabmalsprogramm: religiöse Tugenden als Karyatiden, auf dem Sarkophag die Gottesmutter flankiert von Heiligen, die Kreuzigung auf dem Dach der Totenkammer und im Tympanon des Baldachingiebels der segnende Gottvater. Den einzigen Hinweis auf ihren weltlichen Status als Kaiserin von Konstantinopel enthält die Grabinschrift. Die Gründe, warum hier aus-

---

5 Enderlein (wie Anm. 1), S. 76–88. – Francesco Aceto: Tino da Camaino a Napoli. Una proposta per il sepolcro di Caterina d'Austria e altri fatti angioini. In: Dialoghi di storia dell'arte 1/1995, S. 10–41.

6 Im Gegensatz zu Neapel und Kampanien, wo der Sarkophagdekor vornehmlich durch religiöse Darstellungen bestimmt wird, werden in Rom und Latium die Frontplatten der Sarkophage traditionell zur heraldischen Präsentation genutzt. Das Material hierzu bei Jörg Garms/Andrea Sommerlechner/Werner Telesko (Hg.): Die mittelalterlichen Grabmäler in Rom und in Latium vom 13. bis zum 15. Jahrhundert. Bd. 2. Die Monumentalgräber. (= Publikationen des Historischen Instituts beim Österreichischen Kulturinstitut in Rom, II. Abteilung, Quellen, 5. Reihe) Wien 1994.

7 Als Beispiel seien folgende Grabmäler genannt: Bertrand und Johannes de Lautrec († 1335), Montevergine. Drugo de Merloto († 1339), S. Chiara. Letizia Caracciolo († 1340), S. Domenico Maggiore. Bolectus de Planca († 1341), S. Eligio Maggiore. Ludovicus de Tocco († 1360), Dom. Thomasius de Santomango († 1382), Dom. Johannes de Prothoiudice de Salerno († 1385), S. Domenico Maggiore.

8 Enderlein (wie Anm. 1), S. 89–98.

Abb. 6: Grabmal der Maria von Anjou-Durazzo, Neapel, S. Chiara.

Abb. 7: Grabmal Roberts des Weisen, Neapel, S. Chiara.

nahmsweise ein rein religiöses Programm gewählt wurde, sind auf den ersten Blick nicht ersichtlich, und es liegt nahe, eine besonders christliche Einstellung der Verstorbenen dahinter zu vermuten. Das Programm des nebenstehenden Grabmals Roberts des Weisen († 1346) läßt jedoch die problematische dynastische Stellung Marias in Hinblick auf ihre Schwester, die regierende Königin Johanna I., erkennen (Abb. 7–8). Der frühzeitige Tod Karls von Kalabrien, Roberts einzigem Sohn am 9. November 1328 hatte nämlich den König vor das schwierige Problem der Nachfolgeregelung gestellt (s. Stammtafel S. 39). Seine Wahl fiel schließlich auf Johanna, die älteste Tochter Karls; im Falle ihres Todes sollte ihre jüngere Schwester Maria den Thron erben. Damit durchbrach Robert der Weise das Prinzip der männlichen Erbfolge und schloß die Söhne seiner Brüder von der Krone aus. Probleme und Intrigen waren die Folge. Schon kurz nach dem Tod des Königs und entgegen seiner Verfügungen heiratete Maria den Sohn eines der Brüder des verstorbenen Königs, Karl von Durazzo. Nominell hatte sie zwar auf etwaige Ansprüche verzichtet, doch real verminderte sich damit ihre für Johanna bedrohliche Stellung nicht.

Entsprechend der politischen Situation erscheint Marias Stellung innerhalb des dynastischen Sarkophagprogramms des Robertgrabes (Abb. 8). Während rechts neben dem mittig thronenden König Robert seine erste Frau Violante von Aragon, ihr gemeinsamer Sohn Karl von Kalabrien und dessen Gattin Maria von Valois erscheinen, folgen links auf Sancia, also die zweite Frau Roberts, gleich die als Nachfolgerin ausersehene und deshalb von ihren Großeltern noch zusätzlich adoptierte Enkelin Johanna. Statt ihrer Schwester Maria aber folgt als

Abb. 8: Grabmal Roberts des Weisen, Neapel, S. Chiara, Sarkophag.

nächster ein nur unsicher überlieferter Sohn Sancias. Johannas Schwester Maria ist, kaum noch zu erkennen, an die Schmalseite des Sarkophages gedrängt, ohne jegliche Würdezeichen und ohne das Wappen ihres Mannes (Abb. 8)[9]. Das Bild Marias, die noch auf dem dynastischen Grabprogramm am Grabmal ihrer Mutter neben ihrer Schwester Johanna als potentielle Königin figurierte[10], wird nunmehr nach Möglichkeit verdrängt[11].

Die Gründe, die zur Wahl eines rein religiösen Bildprogrammes am Grabmal der Maria von Anjou-Durazzo führten, scheinen also weniger in einer ausgeprägten Religiosität der Verstorbenen zu liegen als in ihrer familiären Stellung. Der Verzicht auf die sonst übliche Darstellung der dynastischen oder politischen Stellung für ihre Person läßt sich bis zum Robertgrabmal zurückverfolgen und mit den historischen Umständen begründen. Die allgemeine religöse Aussage des Bildprogramms kann damit als bewußter Verzicht auf ein sonst für Mitglieder der königlichen Familie übliches politisches Programm gewertet werden. Es fragt sich also, ob bei der Wahl der Ikonographie für die drei Grabmäler der Schwestern der Köngin Margarita von Anjou-Durazzo nicht ähnliche Umstände eine Rolle spielten. Hinweise auf die Interessen, die hinter der Errichtung der drei Grabmäler standen, geben dabei die überlieferten Testamente und Stiftungen. Sie lassen zugleich die divergierenden finanz- und machtpolitischen Bestrebungen innerhalb der königlichen Familie deutlich werden.

II. Die Königin und ihre Kapelle in S. Lorenzo Maggiore

Der Zeitpunkt, zu welchem die Kapelle der Königin in S. Lorenzo Maggiore eingerichtet und mit Gräbern versehen wurde, ist bislang nicht bekannt. Als terminus ante quem kann eine Stiftung der Königin Margarita vom 17. Mai 1409 dienen, in der die Grabmäler ihres Vaters sowie ihrer Schwester mit deren Gemahl erwähnt werden. Aus dem Dokument geht ferner hervor, daß die Kapelle der Geburt Mariens geweiht war und daß Margarita dort bereits zu Lebzeiten Seelenmessen für sich abhalten ließ. Im Vordergrund der Kapellengründung stand jedoch nicht das Seelenheil der Königinmutter, wie es die Verfügungen zu ihren Anniversarfeiern glauben machen könnten. Die Errichtung der Grabmäler geht vielmehr auf eine testamentarische Verfügung ihrer zuvor verstorbenen Schwester Johanna zurück. Diese hatte mit den Fratres von S. Lorenzo Maggiore bereits zu Lebzeiten alle Abmachungen bezüglich der Kapelle getroffen, ihre Ausschmükkung und die Ausführung der Grabmäler aber ihren Testamentsvollstreckern überlassen.

In zwei durch Abschriften überlieferten Zusätzen zu ihrem Testament definierte Johanna zunehmend deutlicher ihre Wünsche bezüglich ihrer Bestattung in S. Lorenzo Maggiore[12]. Im ersten erhaltenen Ko-

[9] »Ihr bleibt zwar die Zugehörigkeit zur Familie, daraus ableitbare Rechte aber werden nicht mehr dargestellt.« ENDERLEIN (wie Anm. 1), S. 181.

[10] ENDERLEIN (wie Anm. 1), S. 115–124, bes. 122.

[11] »Keiner der an der Errichtung des Grabmals Beteiligten, am wenigsten die junge Königin, konnte ein Interesse an einer fortgesetzten Propagierung von Roberts Regelung haben, die sie (Johanna, Anm. d. Verf.) nur als erste von zwei Möglichkeiten der Thronfolge vorsah.« ENDERLEIN (wie Anm. 1), ibid. – Entsprechend ist Maria von Anjou-Durazzo auch auf dem kurz nach Johannas Regierungsantritt entstandenen Refektoriumsfresko, das zu Seiten des thronenden Christus den verstorbenen König Robert und seine Frau Sancia sowie Karl von Kalabrien und Johanna zeigt, nicht (mehr) dargestellt.

[12] *Copia codicilli domine Iohanne ducisse Duracii*, Archivio di

dizill vom 2. April 1383 gibt sie die Grundzüge der Vermögensverteilung an. Erst im folgenden Zusatz vom 10. Juli 1383 finden sich detaillierte Bestimmungen zu Johannas Bestattung. Gleich in der ersten Verfügung nennt sie S. Lorenzo Maggiore als Ort ihrer Grablege *in quadam cappella sua fundata in dicta ecclesia per ipsam*[13]. Sodann verfügt sie, daß in eben dieser Kapelle drei Grabmäler – *sepulture honorabiles decentes regalibus personis* – errichtet werden sollen, nämlich für sich selbst, ihren zweiten Mann Robert von Artois und ihren Vater Karl. Die der Maria della Misericordia zu weihende Kapelle solle, so fährt sie fort, mit Malereien und Ornamenten – *picture et ornamenta necessaria decentia regali capelle* – ausgestaltet werden. Hierfür stellt sie einen zwar nicht näher bezeichneten, doch wohl erheblichen Betrag zu Verfügung: den gesamten Erlös aus ihrem Schmuck, ihren Samt- und Seidenstoffen sowie den Ertrag zweier Ländereien, mit dem auch die sechs Seelenmessen in der Kapelle finanziert werden sollen[14]. Der Wortlaut *capella sua fundata per ipsam* macht deutlich, daß Johanna schon alle Abmachungen mit dem Konvent von S. Lorenzo getroffen haben muß. Konkrete Schritte waren aber wohl noch unterblieben. Der Altar beispielsweise scheint noch nicht geweiht worden zu sein. Ebensowenig begonnen sind die gesamte Ausgestaltung der Kapelle, die Anlage von Grabmälern oder die finanzielle Ausstattung zum Unterhalt der Meßfeiern. Die Ausführung ist gänzlich ihren Testamentsvollstreckern – darunter zwei Franziskanern – angetragen.

Ihre Schwester Margarita aber, der in der Forschung stets Anteil an der Einrichtung der Kapelle zuerkannt wird, erscheint in beiden Dokumenten weder als Erbin noch als Testamentsvollstreckerin. Unklar ist auch, warum der Altar der Kapelle nicht, wie von Johanna gewünscht, der Madonna della Misericordia, sondern der Geburt Mariens geweiht ist und warum Margarita gerade dort Messen und Anniversarfeiern für sich, ihre Schwester und weitere Familienangehörige abhalten ließ. Dieser Umstand verblüfft nämlich angesichts des gespannten Verhältnisses der beiden Schwestern zueinander, die Rivalinnen in ihren Ansprüchen auf den neapolitanischen Thron waren.

Die bereits oben angesprochene Entscheidung Roberts des Weisen, seine Enkelin Johanna für die Nachfolge auf den neapolitanischen Thron auszuersehen, hatte weitreichende Konsequenzen. So akzeptierte der in männlicher Linie von einem Bruder Roberts abstammende Karl von Durazzo die weibliche Erbfolge nicht und setzte 1381 Johanna I. ab, um selber als Karl III. den Thron zu besteigen. Nach dem baldigen Tod der ehemaligen Königin aber waren die vier Töchter ihrer Schwester Maria von Anjou-Durazzo (von der oben schon die Rede war) die nächsten Verwandten und damit Anwärterinnen auf den Thron. Die jüngste von ihnen, Margarita, wurde als Frau Karls III. Königin, ihre drei älteren Schwestern aber blieben potentielle und, wie sich bald zeigen sollte, gefährliche Rivalinnen. So hatte die älteste, Johanna, zwar Karl III. als neuem König gehuldigt, sich aber gleichzeitig mit ihrem Mann Robert von Artois zum Mord an ihm verschworen[15]. Nach der Entdeckung dieses Komplotts wurde das Paar ins Gefängnis geworfen, wo beide schließlich starben[16]. Vorher allerdings traf Johanna Vorsorge für ihre *memoria*.

Stato di Napoli, Monasteri Soppressi 1197, fol. 76v–80v, im folgenden als 'Codicillus' zitiert. Vollständiger Abdruck der Quellen bei Bock (wie Anm. 2).

[13] Ibid. fol. 77v.

[14] Ibid. fol. 78r.

[15] Robert von Artois hatte zunächst gegen Karl III. gekämpft, nach seiner Gefangennahme ihm den Huldigungseid geleistet und war freigelassen worden. Josephus de Blasiis (Hg.): Cronicon Siculum de incertis autoris ab anno 340 ad annum 1396. Neapel 1887, S. 39. Den genauesten Einblick in die folgenden Geschehnisse gibt ein Bericht des Mantuanischen Gesandten am päpstlichen Hof, Cristoforo da Piacenza, an Ludovico II. Gonzaga vom 4. Januar 1382: *Circa facta autem regis Caruli sic loquor. Nam pridie dominus Robertus de Arthoso de stipite domus Francie, cognatus dicti domini regis Caruli, fecerat coniurationem contra dictum dominum regem Carolum et ordinaverat ipsum interficere, dum esset in balneis de Puteolo, ad que ire debeat cum dicto domino Roberto. Sed, sicut Deo placuit, dux Andrie huiusmodi coniurationem revelabit, propter quod rex Carolus dictum dominum Robertum una cum comite sancti Valentinj et comite de Cereto capti sunt. Ex qua captione veritas adhuc clare scivi non poterat, nisi fuisset quidem cancellarius dicti domini Roberti, quem ipse mictebat ad ducem Andegavensem una cum litteris seriore narrantibus coniurationem factam contra dictum regem Carolum, filios et uxorem, et quod preparet se ad venendum, si volebat regnum iuxta pacta alias facta per dominam Iohannam sibi.* – Arturo Segre: I dispacci di Cristoforo da Piacenza procuratore Mantovano alla Corte Pontificia 1371–1383. In: Archivio Storico Italiano 44/1909, S. 313 f. – Diese zweite und endgültige Gefangennahme scheint zum Ende des Jahres 1381 erfolgt zu sein.

[16] A. Valente: Margarita di Durazzo, vicaria di Carlo III e tutrice di Re Ladislao. In: Archivio Storico per le Provincie Napoletane 40 (N. F. 1)/1915, S. 279. – Der Tod Roberts wird unterschiedlich angesetzt: Laut De Blasiis (wie Anm. 15), S. 46,

Aufmerksamkeit erregt in diesem Zusammenhang ein Passus des Testamentzusatzes, in welchem Johanna ein verlorenes zweites Testament widerruft[17], das am 28. Juni 1383, also in der Zeit zwischen den beiden erhaltenen Kodizillen entstand[18]. Beide Zusätze beziehen sich gleichermaßen auf das ebenfalls verlorene erste Testament, dessen Gültigkeit sie auch beide bekräftigen. Die Änderungen der zweiten Nachlaßregelung müssen also nicht nur von den Bestimmungen des ersten Testaments, sondern auch von den darauf aufbauenden Präzisierungen in beiden Zusätzen erheblich abgewichen sein oder ihnen gar widersprochen haben. Im Gegensatz zu der sehr summarischen Fassung des ersten der beiden erhaltenen Kodizille ist die zweite ausführlicher gehalten. Statt eines kurzen Verweises auf das ursprüngliche Testament werden hier sämtliche Zuwendungen an einzelne Personen, an Mitglieder des Haushaltes wie an Außenstehende genauestens aufgelistet. Der Zweck dieser Aufzählung, die sich in ähnlicher Form auch schon im ursprünglichen Testament fand, scheint nicht allein darin zu liegen, die früheren Angaben zu ergänzen, sondern auch sie nochmals festzuschreiben[19].

Wie der ständig wiederkehrende Rekurs auf eine fortwährende Geltung des ersten Testaments belegt, meinte Johanna, begründete Furcht haben zu müssen, daß man ihrem Willen zuwider handeln könnte[20]. Ihr großes Vermögen und ihre ansehnliche Mitgift von 20.000 Dukaten boten für derartige Versuche ein lohnendes Ziel[21]. Vor allem aber berührten die Verfügungen, die Johanna über diejenigen Güter und Liegenschaften traf, die ihr und ihrem Manne durch die Gefangenschaft entzogen worden waren, politisch wie finanziell heikle Punkte. Diese betrafen als Verursacher sowie als höchste juristische Instanz besonders die Königin, ihre Schwester. Seit dem Jahre 1384 hatte Margarita nämlich systematisch die wegen Rebellion eingezogenen Ländereien ihrer Schwester weiterverteilt und veräußert. Der Königin konnte nichts daran gelegen haben, die Güter ihrer Schwester wieder herauszugeben oder Umverteilungen unter den jetzigen Besitzern vorzunehmen. Ob sie daher etwas mit der Abfassung des zweiten Testaments zu tun hatte, das von Johanna kurz darauf heftig und sogar mit der Begründung geistiger Unzurechnungsfähigkeit widerrufen wurde[22], läßt sich nur mutmaßen.

Bereits im Juni 1393 zeigte sich, daß Johannas Befürchtungen nicht unbegründet waren. Margarita, die in keinem der beiden Testamentszusätze als Erbin oder Vollstreckerin genannt wird, richtete nämlich nicht nur prächtige Leichenfeiern für ihre Schwester aus[23], sondern sie ließ sich von ihrem Sohn, König Ladislaus, auch als Generalerbin ein-

stirbt er am 19. Juni 1383, wohingegen Niccoló Federigo FARAGLIA (Hg.): Diurnali del Duca di Monteleone. (= Monumenti Storici, Società Napoletana di Storia Patria, Ser. I., Cronache) Neapel 1895, S. 21 den 17. April 1382 angibt. – Theodoricus de NEYM: De scismate libri tres. Neapel 1890, S. 47 nennt kein Datum. SEGRE (wie Anm. 15), S. 314, n. 1. – Johanna blieb bis zu ihrem Tode im Juni 1393 in Gefangenschaft.

[17] CODICILLUS (wie Anm. 12), fol. 77v.

[18] In den Angaben Johannas fehlt die Jahreszahl im Datum des zweiten Testamentes. Laut Indiktionsangabe (VI.), die auch mit derjenigen des ersten Zusatzes übereinstimmt, muß es sich um das Jahr 1383 handeln.

[19] *Item dicta domina voluit et dixit legasse certe pecunie quantitatem inter familiares suos, qui non specificantur et in praesenti codicillo specificantur aliqui et quibus sufficere voluit, quod legavit sicque voluit ipsa domina, quod plus percipiant de illa quantitate nominata in testamento* ... CODICILLUS (wie Anm. 12), fol. 80r. – Es ist kaum abzuschätzen, in welchen Proportionen diese Zuwendungen im Vergleich zu anderen zeitgenössischen Testamenten stehen, da Untersuchungen für Neapel fehlen, wie sie Samuel K. COHN Jr.: Death and property in Siena 1205–1800. Strategies for the Afterlife. Baltimore/London 1988, S. 37–57 für Siena vornahm. – Zu Florenz vgl. John HENDERSON: Penitence and Charity in 15th century Florence. In: DERS./T. VERDON (Hg.): Christianity and Renaissance. Syracuse 1990, S. 163–195.

[20] VALENTE (wie Anm. 16), S. 280.

[21] Bereits kurz nach ihrer Gefangennahme beginnt sich Johanna um die Sicherheit ihrer Mitgift in Florenz zu sorgen. Hiervon gibt der nur noch teilweise erhaltene, aber in den 'Spogli' des 18. Jahrhunderts im Florentiner Staatsarchiv dokumentierte Briefwechsel Auskunft. Archivio di Stato di Firenze: Diplomatico, Spogli, Riformagioni, Atti Pubblici (Mikrofilm II.): Briefe Johannas vom 30. April 1382 (fol. 152r, Alte Nr. XXX); vom 10. Mai 1382 (fol. 152r, Alte Nr. XXXI); 30. April 1383 (fol. 155v, Alte Nr. XXXVII); und vom 27. Mai 1393 (fol. 154, Alte Nr. XXXVIII).

[22] *Ipsa testatrix non erat in suo recto sensu et sana loquela*, CODICILLUS (wie Anm. 12), fol. 77v.

[23] Die Umstände, wie der Leichnam Johannas nach Gaeta kam, sind nicht bekannt. Als Margarita und Ladislaus am 28. August 1387 aus dem Castello dell'Ovo ins Exil flohen, ließen sie die inhaftierte Johanna zunächst zurück. Die Leichenfeiern aber wurden in Gaeta abgehalten, wie ein Passus eines Diploms vom 7. Juni 1393 bezeugt: *cum mortua diebus proximis sicut domino placuit, et nos* [i. e. Ladislaus] *exinde qui celebrationi suorum funerarium interfuimus, eamque mortuam videmus* ... Reg. Ang. 1392/1393, Vol. 363, fol. 27, 28. – In: De BLASIIS (wie Anm. 15), S. 49 f., n. 2. – Alessandro CUTOLO: Re Ladislao d'Angio Durazzo. 2 Bde. Mailand 1936/44, Bd. 1, S. 176; Bd. 2, S. 70, n. 21. – Die Rücküberführung nach Neapel geschah daher wohl erst, als die Grabmäler in S. Lorenzo Maggiore vollendet waren.

setzen[24]. Durch diesen Schritt sicherte sie sich endgültig die eingezogenen Ländereien und erlangte weitreichende Möglichkeiten, auf die Ausführung der testamentarischen Bestimmungen Einfluß zu nehmen.

Die Vermutung liegt nahe, Margarita habe als Königin, nächste Verwandte und Generalerbin die von Johanna eingeleiteten Maßnahmen zur Einrichtung einer Kapelle als Gelegenheit angesehen, für ihr eigenes Seelenheil mitzusorgen und damit die Stiftung ihrer Schwester als Monument ihrer eigenen *pietas* erscheinen zu lassen. Die verwickelte politische Lage der neunziger Jahre sowie das Exil der Anjou-Durazzo seit 1386 machten eine sofortige Umsetzung der testamentarischen Bestimmungen gleich nach Johannas Tod 1393 unmöglich. Die Bemühungen der Königin müssen bald nach ihrer Rückkehr aus dem Exil im Jahre 1400 eingesetzt haben. Bereits für 1405 sind Grundstückskäufe belegt[25], die den Grundstock ihrer folgenden Stiftungen bilden, die sie 1409 und nochmals vor ihrem Tod 1412 dem Konvent zueignete[26]. Da in der Stiftungsurkunde von 1409 die Grabmäler bereits genannt werden und auch die Kapelle schon den gegenüber den Abmachungen Johannas geänderten Titel *S. Maria in festa nativitatis* trägt, müssen die ersten Maßnahmen der Königin zu diesem Zeitpunkt schon erfolgt sein. Doch worauf bezogen sie sich?

Veränderungen von Johannas Dispositionen bezüglich ihrer Ländereien und Geldwerte lassen sich aufgund der schwierigen archivalischen Lage heute kaum noch nachvollziehen oder überprüfen. Der Wechsel aber des im Testament erwähnten Kapellentitels, die Einbeziehung Margaritas in die Meßdienste und schließlich die kostensparende Ausstattung der Kapelle mit nur zwei statt wie gefordert drei Monumenten deuten auf einen direkten Einfluß der Königin. Ähnlich wie Johanna I. kein Interesse an einer Propagierung der dynastisch-rechtlichen Stellung ihrer Schwester Maria von Anjou-Durazzo gehabt hatte, konnte auch Margarita nicht daran gelegen sein, die für sie problematische Position ihrer älteren Schwester Johanna hervorzuheben. An die Stelle einer personenbezogenen Aussage auf den Grabmälern tritt eine allgemeingehaltene Darstellung der königlichen Familie als Personenverband durch die Grabmäler[27]. Sie bezieht unterschiedslos Vater, Tochter und Ehemann mit ein. Entsprechend befinden sich auch die persönlichen heraldischen Elemente der Verstorbenen an den Schmalseiten der Sarkophage, während auf den Frontplatten, die das optische Zusammenspiel der beiden Grabmäler wesentlich bestimmen, die allen gemeinsamen heraldischen Elemente der Anjou-Durazzo hervortreten. Die Wahl einer rein religiösen Ikonographie beider Grabmäler geht daher in eine vergleichbare Richtung wie beim Grabmal der Maria von Anjou-Durazzo in S. Chiara, stellt sie doch, wie gezeigt, eine Alternative zu den für Angehörige der königlichen Familie sonst üblichen und möglichen Bildprogrammen dar.

III. Das Grab in S. Chiara

Nur kurze Zeit nach den beiden Grabmälern in S. Lorenzo Maggiore entstand die Grablege der königlichen Schwestern Klementia und Agnes von

[24] Diplom vom 7. Juni 1393. – VALENTE (wie Anm. 16), S. 282, n. 1.

[25] *Instrumentum emptionis facte per dominam reginam Margaritam*, 13. August 1405. Archivio di Stato di Napoli, Monasteri Soppressi 1197, fol. 5v. – Weitere Nennungen in Monasteri Soppressi 1184, fol. 75r.; 1194, 1r.; 1247, fol. 77r.

[26] *Instrumentum donacionis domorum et apotecarum facte per dominam reginam Margaritam de duracio*, 17. Mai 1409. – Archivio di Stato di Napoli, Monasteri Soppressi 1197, fol. 4v. – Weitere Erwähnungen: Monasteri Soppressi 1184, fol. 67r. und v.; 1194, fol. 1r., 3r., 5r., 7r.; 1247, fol 78r. und v., 79r. und v.; 1256, fol. 360r.; 1296, s. v. Regina Margarita. – *Instrumentum procurationis facte per dominam margaritam antonello grillo suo familiario*. 5. Juni 1412. Archivio di Stato di Napoli, Monasteri Soppressi 1197, fol. 4v, 5r. Weitere Belege: Monasteri Soppressi 1184, fol. 138r.; 1194, fol. 54r., 55r., 56r., 57r., 58r.; 1247, fol. 80r. und v.; 1296, s. v. Regina Margarita. – Die Stiftung eines Grundstücks bei Capua wird von Ladislaus am 1. August 1412 zunächst bestätigt, am 26. August 1412 aber gegen Steuereinnahmen zurückgetauscht, Archivio di Stato di Napoli, Monasteri Soppressi 1197, fol. 4r.; 1184, fol. 4r., 96r. (mit abweichender Datierung auf den 27. August 1412).

[27] Die Vermeidung jedweder Individualisierung läßt sich bis in die Grabinschrift verfolgen, wo nicht nur auf charakterisierende Adjektive verzichtet wurde, sondern sogar die Todesdaten der Ehegatten zu einem einzigen erfundenen zusammengezogen wurden. Das angegebene Todesdatum ist der 20. Juli 1387. Robert von Artois starb wahrscheinlich schon am 19. Juni 1383, Johanna hingegen erst im Juni 1393. – Raffaele MORMONE: Sculture trecentesche in San Lorenzo Maggiore a Napoli. Neapel 1973, S. 43.

Abb. 9: Antonio Baboccio, Grabmal der Agnes und Klementia von Anjou-Durazzo, Neapel, S. Chiara.

Abb. 10: Antonio Baboccio, Grabmal der Agnes und Klementia von Anjou-Durazzo, Neapel, S. Chiara, Sarkophag.

Anjou-Durazzo in S. Chiara (Abb. 9)[28]. Wie schon in S. Lorenzo Maggiore wurde auch hier die Form eines Doppelgrabmals gewählt, auf dessen Sarkophagfront gleichfalls die *imago pietatis* erscheint (Abb. 10). Wieder war, so läßt sich zeigen, die dynastische Stellung der Verstorbenen für die Wahl der Grabmalsikonographie ausschlaggebend.

Wenngleich weder Agnes noch Klementia ein annähernd so großes politisches Gewicht besaßen wie ihre ältere Schwester Johanna, so ähneln sich doch die Umstände, unter denen sie ihre letzten Jahre verbrachten. Dies betrifft weniger die früh und unverheiratet verstorbene Klementia von Anjou-Durazzo, als Agnes, die nach der Thronbesteigung ihres Schwagers Karls III. mit einem seiner mächtigsten Parteigänger, Giacomo del Balzo, verheiratet wurde[29]. Sei es aus mangelndem politischen Ehrgeiz[30], sei es aus Gründen der Klugheit hatte Agnes schon in ihrer Jugend auf jegliche Thronfolgerechte verzichtet und der nachrückenden jüngsten Schwester Margarita dadurch keinen Anlaß zu Rivalität geboten[31]. Andererseits aber stellte ihre hohe Mitgift aus erster Ehe mit Cansignore della Scala für das Königspaar, das sich in ständigen Geldnöten befand, ein begehrenswertes Ziel dar.

Agnes, die aus der Rendite einer ebenfalls bei Florentiner Banken angelegten Summe von 38.000 Florin einen Großteil ihres Lebensunterhaltes bestritt[32], versuchte eine 'Anleihe' ihres Schwagers möglichst zu verhindern. Angesichts des Schicksals ihrer inhaftierten Schwester Johanna hatte sie allen Grund, Repressionen des Königs zu fürchten[33]. Voller Voraussicht ordnete sie daher noch am 3. März 1382 an[34], die Florentiner mögen das Geld auf keinen Fall herausgeben, auch dann nicht, wenn sie selber in einem authentischen Brief den Befehl dazu erteilen sollte[35]. Doch schon vier Monate später, am 8. Juli, gab sie dem Begehren Karls III. statt und setzte einen offiziellen Leihvertrag auf[36]. Nachdem ihr Bisceglie in Apulien als Sicherheit überschrieben worden war[37], schickte sie am 10. August

[28] Klementia starb laut Cesare D'ENGENIO CARACCIOLO: Napoli Sacra. Neapel 1624, S. 243 im Jahre 1371.

[29] Seit dem Tod ihres ersten Ehemannes Cansignore della Scala im Jahre 1375 weilte Agnes wieder in Neapel. – VALENTE (wie Anm. 16), S. 270; zur Heirat mit Giacomo del Balzo S. 283.

[30] VALENTE (wie Anm. 16), S. 282 f.

[31] Durch den Tod des nur einjährigen ältesten Bruders im Jahre 1344 hatte die Thronfolge zunächst Johanna von Durazzo zugestanden. Nachdem diese durch ihre im Jahre 1366 gegen den Willen der Kirche geschlossene Heirat mit Ludwig von Evreux hiervon ausgenommen wurde, kam die Reihe an Agnes. Sie allerdings verzichtete, so daß nach dem Tode Klementias die jüngste Schwester, Margarita, das Recht der Thronfolge für sich beanspruchen konnte. VALENTE (wie Anm. 16), S. 267. – Leopold OVÁRY: Negoziati tra il Re d'Ungheria ed il re di Francia per la successione di Giovanna I d'Angiò (1374–1376). In: Archivio storico per le provincie napoletane 2/1877, S. 151.

[32] VALENTE (wie Anm. 16), S. 283 f. – Zur Anlage des Geldes vgl. den Brief Johannas I. an die Kommune von Florenz. Capitoli del Comune di Firenze. Inventario e Regesto. Florenz 1893, Bd. 2, S. 337, Nr. XIV.

[33] Zu diesem Zeitpunkt befand sich ihre Schwester Johanna wegen der Verschwörung gegen den König bereits in Haft. Agnes sah also deutlich, wohin eine Opposition gegen Karl III. führen konnte. Hinzu kommt, daß sich schon bald nach der Heirat zu Beginn dieses Jahres das Verhältnis Giacomo del Balzos zum König stark verschlechtert hatte. Grund dafür könnten neben den Bemühungen Karls III. um die 38.000 Florin auch die noch nicht erfolgte Anerkennung der Besitzrechte Giacomos auf die Herrschaft von Korfu gewesen sein. Salvatore FODALE: Giacomo del Balzo. In: Dizionario Biografico degli Italiani. Bd. 36, Rom 1988, S. 314.

[34] Archivio di Stato di Firenze. Riformagioni, Signioria, Missive, XIX. – Giuseppe MÜLLER (Hg.): Documenti sulle relazioni delle citta Toscane coll'Oriente Cristiano e coi Turchi. Florenz 1879, Ndr. Rom 1966, S. 126.

[35] VALENTE (wie Anm. 16), S. 284, n. 4. – Alessandro GHERARDI (Hg.): Diario d'anonimo Fiorentino dell'anno 1358 al 1389. In: Documenti per la storia d'Italia pubblicata dalla Società di Storia Patria per le Province di Toscana e dell'Umbria e delle Marche. Bd. 4, Florenz 1876, S. 450, n. 8.

[36] Auf diesen wird im Kodizill zum Testament verwiesen: Testament und Kodizill zum Testament der Agnes von Anjou-Durazzo befinden sich beide im Archivio di Stato di Firenze. Diplomatico, Riformagioni, Atti pubblici, 9. Februar 1383. – VALENTE (wie Anm. 16), S. 284, n. 2.

[37] Am 15. Juli 1382. Reg. Ang. 359, fol. 302v. – Nicola BA-

1382 die Anordnung zur Geldübergabe nach Florenz[38]. Im Gegenzug gestattete ihr Karl III. am 11. September 1382, Neapel zu verlassen und sich zu ihrem Mann nach Tarent zu begeben[39].

Doch Agnes war nicht mehr in der Verfassung für weite Reisen. Einen Tag vor ihrem Tod verfaßte sie am 9. Februar 1383 ihr Testament, in dem die immer noch in Florenz befindlichen 38.000 Florin wiederum eine wichtige Rolle spielten. Zunächst beabsichtigte Agnes, dem König nur 20.000 Florin zu hinterlassen[40]. Als dieser davon erfuhr, sandte er noch am gleichen Tag Matteo Crispano, einen seiner besten Männer, zu ihr[41], damit dieser sie überrede, daß *omnimodo dicta pecunia trigintaoctomilia florenorum assignetur mutui nomine ipsi domino regi et suis heredibus in omnem casum per Florentinos predictos et comune et officiales Florencie et quod Florentini Comune vel officiales non possint nec compensationem nec retentionem nec exceptionem quamvis opponere*[42].

Nach ihrem Tode am 10. Februar 1383 wurde Agnes, wie sie es in ihrem Testament bestimmt hatte, in S. Chiara bestattet[43]: *Sepoltura in dicta ecclesia Sancte Clare cum cantaro et figuris marmoreis ut prefertur honorabiliter et decenter secundum condicionem et condecentiam status sui ad providentiam et arbitrium dictorum executorum suorum*[44]. Die Errichtung des Grabmonuments ließ jedoch auf sich warten, denn die politischen Entwicklungen der folgenden Jahre verhinderten zunächst jegliche Aktivitäten. Ihr Ehemann Giacomo del Balzo war so schnell wie möglich wieder nach Tarent zurückgekehrt, wo er noch im gleichen Jahr als Parteigänger des mit Karl III. um die Herrschaft rivalisierenden Ludwig von Anjou starb[45]. Karl III. hingegen wurde wenig später in Ungarn ermordet. Nach seinem Tode war es Margarita nicht mehr möglich, sich in der Stadt am Golf zu halten, so daß sie von 1387 bis 1400 im Exil in Gaeta weilte. Während Margaritas Abwesenheit, in der teils Ludwig von Anjou, teils ein eigenständiges Stadtregiment die Herrschaft in den Händen hielt[46], konnte in Neapel kein Interesse bestehen, einer verstorbenen Schwester der exilierten Königin ein Grabmal zu errichten. Nach ihrer Rückkehr schien sich Margarita zunächst um die Errichtung der Grabmäler in S. Lorenzo Maggiore gekümmert zu haben, bevor sie daran ging, auch in S. Chiara eine familiäre *memoria* einzurichten. Wie schon für die Kapelle der Königin, so stiftete sie am 14. Mai 1409 auch für S. Chiara die notwendigen Mittel für acht tägliche Messen. Der Wortlaut – der Altar wird noch als *construendo* bezeichnet, das Grabmal Baboccios nicht erwähnt – ebenso wie der stilistische Befund legen eine Entstehung des Grabmals der beiden Prinzessinnen unmittelbar nach 1409 nahe.

Die Entstehungsgeschichte der drei Grabmäler macht deutlich, daß die Wahl der *imago pietatis* als Sarkophagdekor einen bewußten Verzicht auf Möglichkeiten politischer Ikonographie darstellt, wie sie an den Grablegen der königlichen Familie seit Beginn des Trecento entwickelt worden waren. Die Monumente wirken durch ihre Präsenz, repräsentieren durch ihre Größe und Pracht, unterstützt durch die liturgische *memoria*. Die politisch unspezifische religiöse Ikonographie der *imago pietatis* nivelliert die individuellen Ansprüche der Verstorbenen, die mit denen der Königin, Schwester und Auftraggeberin rivalisierten.

RONE: Notizie storiche tratte dai registri di cancelleria di Carlo III di Durazzo. In: Archivio storico per le province napoletane 1/1887, S. 23, n. 5. – VALENTE (wie Anm. 16), S. 284.

[38] Archivio di Stato di Firenze. Diplomatico, Riformagioni, Atti pubblici, 10. August 1382 über 38.000 Florin. – Vgl. GHERARDI (wie Anm. 35), S. 449 f., n. 8 zur Authentizität. – VALENTE (wie Anm. 16), S. 284, nn. 2 f.

[39] Reg. Ang. 359, fol. 279r. Zusammengefaßt bei Louis BARTHÉLEMY: Inventaire chronologique et analytique des chartres de la maison de Beaux. Marseille 1882, S. 452, Nr. 1577. – VALENTE (wie Anm. 16), S. 285.

[40] *Florenorum de auro viginti milia ponderis generalis deducenda ac habenda sibi et retinenda per eum libere et integre de summa predictorum florenorum de auro triginta octo milium debendorum per eundem dominum Regem dicte domine testatrici ex causa cuiusdam mutui olim per ipsam dominam Imperatricem promissi fieri certo modo dicto domino Regi, ut continetur et declaratur in quodam Instrumento pubblico … Reliquis vero florenorum decem octo milibus de auro siquidem assignabuntur dicto domino regi vel aliis eius nomine solvendis, restitutendis et assignandis per eum eisdem executoribus convertendis et liberandis in et pro executione dicti testamenti presentis et pro solvendis legatis dispositis et ordinatis in eodem testamento presenti,* Testament der Agnes von Anjou-Durazzo (wie Anm. 36).

[41] VALENTE (wie Anm. 16), S. 286, n. 4. – Crispano war *milite, maestro razionale della R. Curia, luogotenente del Gran Camerario, collaterale del regno e cosigliere del re.*

[42] Kodizill zum Testament der Agnes von Anjou-Durazzo (wie Anm. 36). – VALENTE (wie Anm. 16).

[43] VALENTE (wie Anm. 16), S. 289, n. 1.

[44] Testament der Agnes von Anjou-Durazzo (wie Anm. 36). – VALENTE (wie Anm. 16), S. 289, n. 2.

[45] FODALE (wie Anm. 33), S. 315.

[46] Georges PEYRONNET: I Durazzo e Renato d'Angiò 1384–1442. In: Storia di Napoli. Bd. 3, Neapel 1969, S. 362–380.

IV. Der Künstler und die Tradition

In seinem Aufbau unterscheidet sich das Grabmal in S. Chiara (Abb. 9) kaum von den beiden in S. Lorenzo Maggiore (Abb. 1–2). Hier wie dort tragen Tugendkaryatiden den mit der *imago pietatis* geschmückten Sarkophag, dessen Seiten die bekrönten Wappen des königlichen Hauses zieren. Über dem Sockel mit der Grabinschrift erhebt sich die Totenkammer, deren Vorhänge Engel beiseite ziehen und so den Blick auf die aufgebahrten Prinzessinnen freigeben[47]. Auf dem Dach der Kammer stand vor der Zerstörung des Monuments eine Madonna mit Kind zwischen zwei Heiligen[48]. Den Grabaufbau überwölbt schließlich ein Baldachin, in dessen Giebel ein Dreipaß mit dem segnenden Gottvater eingefügt ist.

So sehr sich die drei Gräber in ihrer Struktur ähneln, so verschieden sind sie in der Durchbildung der Einzelformen. Die Tugendkaryatiden der beiden Grabmäler in S. Lorenzo Maggiore folgen konsequent dem Formenkanon der neapolitanischen Schule, wie er etwa an Grabmälern der achtziger Jahre zu finden ist[49]. Diejenigen des dem Antonio Baboccio zuschreibbaren Grabmals der Agnes und Klementia in S. Chiara entsprechen hingegen moderneren Tendenzen, denen auch das ca. 1405/06 entstandene Grabmal des Kardinals Francesco Carbone verpflichtet ist. Statt der groben, fast nur geritzten Knospenkapitelle der beiden Gräber der königlichen Familie in S. Lorenzo Maggiore finden sich am Grabmal in S. Chiara allseitig durchgearbeitete Blattkapitelle. Weitere Unterschiede bestehen in der Feinheit der Bearbeitung der Seitenteile. So erscheint am Monument der Agnes und Klementia das Wappenschild der Anjou-Durazzo umgeben von plastisch modelliertem Blattwerk in einem profilierten Rahmen, während an den beiden Grabmälern von S. Lorenzo nur ein einfaches gerades Wappenschild in einen schlichten Tondo gesetzt wurde, dessen einzige Verzierung aus flach gearbeitetem Blattwerk in den Zwickeln besteht. Sorgfalt und Aufwand der Baboccio-Werkstatt machen sich schließlich auch in den beiden reich profilierten Gesimsplatten bemerkbar, die den Sarkophag horizontal einfassen. In all diesen dekorativen Details entspricht das Grabmal der Agnes und Klementia von Anjou-Durazzo dem hohen Standard der übrigen Anjou-Grabmäler im Chor der Kirche, in deren Reigen es seinen Platz haben sollte.

Die Ähnlichkeit in vielen Details mit den anderen königlichen Grabmälern erschöpft sich jedoch nicht in einer rein formalen Übernahme architektonischer Schmuckformen. Dies zeigt sich am Motiv der Verkündigung, deren Figuren an den Grabmälern der Maria von Valois und der Maria von Anjou-Durazzo auf vorkragenden Wangen die Sarkophagplatten rahmen. Entsprechend dem Thema der *imago pietatis* sind es am Grabmal der Agnes und Klementia trauernde Engel, die durch ihre Position vor dem Rahmen des Reliefs eine zusätzliche Raumebene schaffen (Abb. 10). Mit dieser inhaltlichen Adaption gelang es Baboccio, Rahmenfiguren und Sarkophagrelief erstmals inhaltlich aufeinander zu beziehen und die additive Kompositionsweise früherer Grabmäler in diesem Bereich zu überwinden. Dies betrifft auch die illusionistische Gestaltung der gesamten Sarkophagfront. Wesentlich hierfür ist vor allem die glatte, nach innen abgeschrägte Rahmung des Sarkophagreliefs. Abweichend von der neapolitanischen Tradition betrifft dies auch die untere Rahmenleiste, so daß der Eindruck eines illusionistisch verkürzten Kastenraumes mit Bühnenwirkung entsteht[50]. Die fast lebensgroßen Halbfiguren der Trauerszene erscheinen darin als überzeugende Akteure einer Handlung, deren Realität in Bezug zu der räumlichen Wahrnehmungsweise des Betrachters steht.

Der bedeutendste Unterschied zu den Grabmälern der königlichen Familie in S. Lorenzo Maggiore liegt jedoch nicht in der größeren Qualität dekorativer Einzelformen, sondern in der Gestaltung der Sarkophagfront, die Baboccio unter Beibehal-

[47] Bei der Errichtung des Monuments bediente man sich älterer Marmortafeln. So wurde für einen Teil des Vorhangs der Totenkammer ein Relief mit einer Kreuzigungsszene verwandt. – Ottavio MORISANI: Tino da Camaino a Napoli. Neapel 1945, S. 75. – P. GAUDENZIO DELL'AJA: Il restauro della basilica di Santa Chiara in Napoli. Neapel 1980, S. 218 f., Abb. 111.

[48] Ottavio MORISANI: Studi sul Baboccio. In: Cronache di archeologia e di Storia dell'arte 5/1966, Abb. XXI.

[49] Man vergleiche etwa die Grabmäler der Isabella d'Apia und ihres Mannes, Raimund del Balzo, in S. Chiara.

[50] Vorläufer hierzu könnten neben Goldschmiedearbeiten auch toskanische Werke gewesen sein, so z. B. die Maria mit Kind und Engeln des Giovanni di Agostino im Oratorio di S. Bernardino, Siena, aus der Zeit um 1336. – Bernhard DEGENHART/Annegrit SCHMITT: Corpus der italienischen Zeichnungen 1300–1450, Bd. 1,1, Berlin 1968, S. 101, Abb. 148.

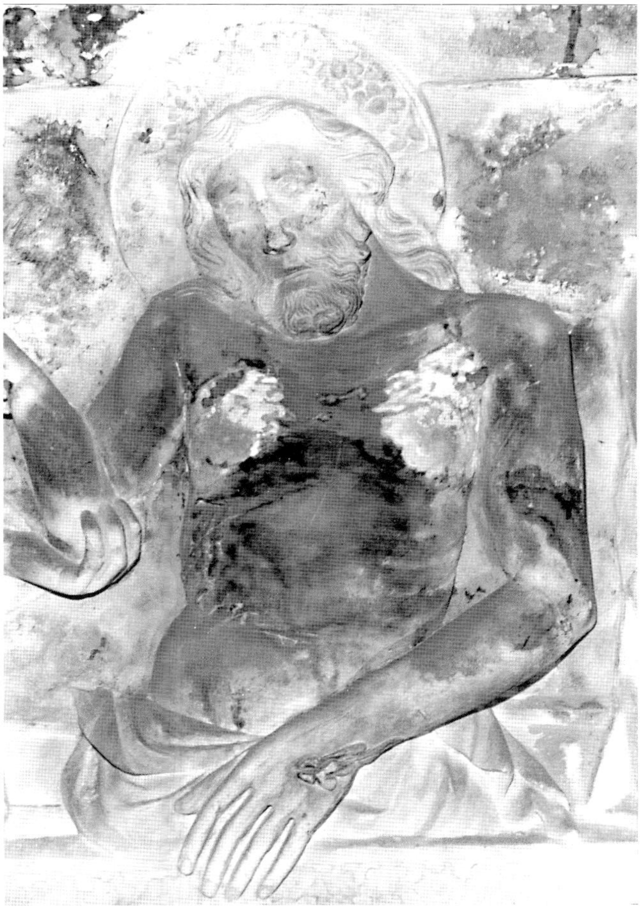

Abb. 11: Antonio Baboccio, Grabmal der Agnes und Klementia von Anjou-Durazzo, Neapel, S. Chiara, Sarkophag, Detail.

tung des Themas zu einem einheitlichen, durchgehenden Relieffeld zusammenfaßte (Abb. 10). Statt in einer polyptychonähnlichen Aufsplitterung durch Medaillons oder Arkaden inszenierte er hier die gesamte Handlung auf einem einzigen 'Bildfeld'. Damit vollzog Baboccio einen Entwicklungsschritt, der beispielsweise in der Malerei des 14. Jahrhunderts durchaus schon seine Parallelen hatte: Erinnert sei nur an die Vereinheitlichung der Bildfläche bei dem für den Sieneser Dom bestimmten Polyptychon der Verkündigung Simone Martinis in den Uffizien[51]. Die nunmehr freigewordene große Fläche des Sarkophagreliefs nutzte er, indem er der Gruppe des Schmerzensmannes, flankiert von Maria und Johannes, noch zwei weitere Assistenzfiguren – Maria Magdalena und Joseph von Arimathia – hinzufügte. Die Steigerung von Gestik und Mimik verleihen dem Geschehen einen äußerst expressiven Charakter, ganz im Gegensatz zu der sonst eher statisch-kontemplativen Trauerszene der *imago pietatis*, wie wir sie von den Gräbern in der Kapelle der Königin kennen[52].

Durch die Art der Inszenierung veränderte Baboccio das starre Schema früherer Sarkophagdekorationen gleichen Themas grundlegend. Mit ihren stark narrativen Zügen erinnert die Szene am Sarkophag der Agnes und Klementia an eine Beweinungsszene[53]. Beispiele in der Malerei des späten Trecento zeigen, daß umgekehrt auch Darstellungen der Beweinung Christi sich dem ikonographischen Bildformular der *imago pietatis* annähern konnten und sich so beide Bildtraditionen gegenseitig beeinflußten[54]. Die Zunahme an expressiver Gestik und Mimik, wie sie sich am Relief Baboccios beob-

[51] Vgl. Andrew MARTINDALE: Simone Martini. Oxford 1988, S. 41 f., Kat. Nr. 12, S. 187–190, fig. 12, Pl. 95 f. – Ähnlich wie Baboccio auch später bei Jacopo della Quercia in der Predella des Trenta-Altares in S. Frediano, Lucca (1422).

[52] Versuche, die visuelle Dramatik der *imago pietatis* zu erhöhen, hatte es an Grabmälern zudem schon früher gegeben: So z. B. von Maso di Banco (?) am Grabmal des Tedice Aliotti in S. Maria Novella, Florenz, wo zwar das Drei-Rahmen-Schema beibehalten ist, die Bewegung der Figuren aber deutlich gesteigert wurde. – Helen Ann RONAN: The Tuscan wall tomb 1250–1400. Diss. Indiana University 1982, Ann Arbor 1982, S. 95–98, Kat. Nr. 25. – Gert KREYTENBERG: Or San Michele und die florentinische Architektur um 1300. In: Mitteilungen des Kunsthistorischen Institutes Florenz 27/1983, S. 171–192, Abb. 14. – Zur expressiven Anteilnahme Mariens vgl. Donna Spivey ELLINGTON: Impassioned mother or passive icon: The Virgins role in Late Medieval and early Modern passion sermons. In: Renaissance Quarterly 48/1995, S. 240 f.

[53] »In the Trecento more and more elements belonging to the narrative versions of the 'Descent from the cross', the 'Lamentation' and the 'Deposition' are attracted by the 'Man of Sorrows' around which the lamenting figures are grouped in a way corresponding to the respective contexts from which they stem.« Sixten Ringbom: Icon to narrative. The rise of the dramatic close-up in fifteenth century devotional painting. (= Acta Academiae Aboensis, Ser. A, Humaniora 31,2) Doornspijk 1965, 2. Aufl. 1984, S. 68.

[54] RINGBOM (wie Anm. 53), S. 69. – Ein gutes Beispiel sind die Darstellungen des toten Christus mit den Arma, so etwa von Lorenzo Monaco im Chiostro delle Oblate in Florenz. – Raymond van MARLE: The development of the Italian schools of painting. Bd. 9, 1927, S. 123, Abb. 79. – Miklos BOSKOVITS: Pittura Fiorentina alla vigilia del Rinascimento 1370–1400. (= Collana di Studi 3) Florenz 1975, S. 393. – Marvin EISENBERG: Lorenzo Monaco. Princeton 1989, S. 192. – Vgl. auch Hans BELTING: Das Bild und sein Publikum im Mittelalter. Form und Funktion früher Bildtafeln der Passion. Berlin 1981, S. 100–102.

achten lassen, entsprechen darüber hinaus einer allgemeineren Entwicklung, die zumindest seit dem letzten Viertel des 14. Jahrhunderts auch in anderen Kunstgattungen feststellbar ist[55]. Starken Einfluß hatten hier, wie Belting gezeigt hat, besonders die Literatur und Spiele zur Passion Christi[56].

Baboccio überwindet, so läßt sich zusammenfassen, die traditionellen Darstellungsweisen, wie sie in Neapel noch wenige Jahre zuvor an den Grabmälern der königlichen Familie in S. Lorenzo Maggiore zu beobachten waren. Die Mittel seiner Inszenierung – Vereinheitlichung des Bildfeldes, Steigerung der Dramatik – waren jedoch nicht neu, sondern in anderen Gattungen bereits vorbereitet. In der Skulptur waren ungeteilte Bildfelder z. B. für allegorische und symbolische Szenen ebenfalls üblich. Die *imago pietatis* jedoch scheint in Bezug auf die Dekoration von Sarkophagen bis dato nicht als *historia*, d. h. nicht als erzählendes, handlungsorientiertes Bildthema betrachtet worden zu sein. Indem Antonio Baboccio die *imago pietatis* für das Sarkophagrelief neu inszenierte und die in anderen Bereichen erprobten künstlerischen Mittel auf die Skulptur übertrug, brach er mit einer traditionellen, gattungsspezifischen Darstellungsweise.

Den Auftraggeber, das ergab der Vergleich zu den Monumenten in S. Lorenzo Maggiore, interessierte vor allem wohl das generelle Thema, weniger seine spezifische künstlerische Ausgestaltung. Bestimmte ikonographische Details, wie die Verkündigung auf den Rahmenleisten beim Grabmal in S. Chiara oder die Form des heraldischen Dekors bei den Grabmälern in S. Lorenzo Maggiore, lassen sich jeweils auf den Künstler zurückführen, wenngleich sie sicher mit dem Auftraggeber abgestimmt wurden. Der Künstler konnte also, selbst bei Auftraggebern wie den Anjou-Durazzo, mit klaren Vorstellungen und eindeutigen, ikonographisch traditionellen Bildthemen sehr selbständig über die Erscheinung seines Werkes bestimmen.

Das Grabmal der beiden Anjou-Prinzessinnen von der Hand des Antonio Baboccio in S. Chiara steht im neapolitanischen Kontext für einen abrupten Stilwechsel im Bereich der Grabmalskunst. Dem seit ca. 1405 in Neapel nachweisbaren Künstler war es in kürzester Zeit gelungen, die wichtigsten Aufträge Neapels an sich zu ziehen und das künstlerische Geschehen in der Hauptstadt des Regnums zu bestimmen. Seine Auftraggeber waren der Hof, der hohe Klerus, königliche Ratgeber und Sekretäre, der Hochadel sowie der König und die Königinmutter selbst. Seine am Beispiel des Grabmals der Anjou-Prinzessinnen in S. Chiara bereits deutlich erkennbare Fähigkeit zu neuen Bildinszenierungen prädestinierte ihn, die vom Hof gewünschten, häufig ikonographisch neuartigen und komplizierten Aufträge bildnerisch umzusetzen. Hierzu trugen sicherlich auch seine inschriftlich attestierten Fähigkeiten als Maler und Goldschmied bei, zu denen sich noch die Tätigkeit als Architekt gesellte.

Für die Realisierung seiner Aufträge griff Antonio Baboccio auf einheimische Bildhauer zurück, doch glichen sich diese in ihrem Stil recht schnell und weitgehend dem Haupt der Werkstatt an. Je nach Anforderung verwandte er für seine Werke sehr unterschiedliche Stillagen. Dies ist sicherlich mit ein Grund, warum sich – im Gegensatz zu Tino di Camaino in der ersten Hälfte des Trecento – nach seinem Weggang nach Messina um 1422 keine dauerhafte Schule etablierte. Das importierte Grabmal des Kardinals Brancaccio von Donatello und Michelozzo (1426) sowie die Berufung toskanischer Bildhauer für das Grabmal Königs Ladislaus von Anjou-Durazzo (1428) führten daher zu einem erneuten Stilwechsel in der neapolitanischen Kunst.

Abbildungsnachweis: 1–5, 8, 10–11: Verfasser. 7, 9: Fratelli Alinari, Florenz. 6: Bibliotheca Hertziana.

55 Dies betrifft u. a. auch die Verwendung von Zeigegesten, z. B. bei den Bildern der *imago pietatis* von Lorenzo di Bicci, ehem. Slg. Sacerdoti, Mailand, ca. 1380/85 und des Maestro della Misericordia, ehem. Slg. Duveen, N. Y., ca. 1375/80. – Boskovits (wie Anm. 54), S. 335, Abb. 141 und S. 370, Abb. 222. – Für Neapel z. B. das Bild Christi mit den Arma von Roberto Oderisio im Fogg Art Museum, Cambridge, Mass., Ferdinando Bologna: I pittori alla corte angioina di Napoli 1266–1414 e un riesame dell'arte nell'età fridericiana. (= Saggi e studi di storia dell'arte 2) Roma 1969. – Belting (wie Anm. 54), S. 100–103, 138, Abb. 29. – Vgl. auch sein Kapitel über Realismus und Bildrethorik ibid., S. 105–141.

56 »In den Klagegesängen und Kultspielen der Passionstage wurden Sprachformen des psychologischen Realismus geschaffen, die noch auf lange Sicht in kaum einem anderen Bereich der mittelalterlichen Kultur in dieser Zuspitzung möglich waren.« Belting (wie Anm. 54), S. 141. – Zum Verhältnis von Bildern zum mittelalterlichem Drama und dessen Aufführungen vgl. Meg Twycross: Beyond the picture theory: image and activity in medieval drama. In: Word & Image 5/1988, S. 589–617. – Georg Satzinger/Hans-Joachim Ziegler: Marienklagen und Pietà. In: Walter Haug/Burghart Wachinger (Hg.): Die Passion Christi in Literatur und Kunst des Spätmittelalters. Tübingen 1993, S. 241–276.

Stammtafel der Anjou

(fett: Könige v. Sizilien-Neapel)

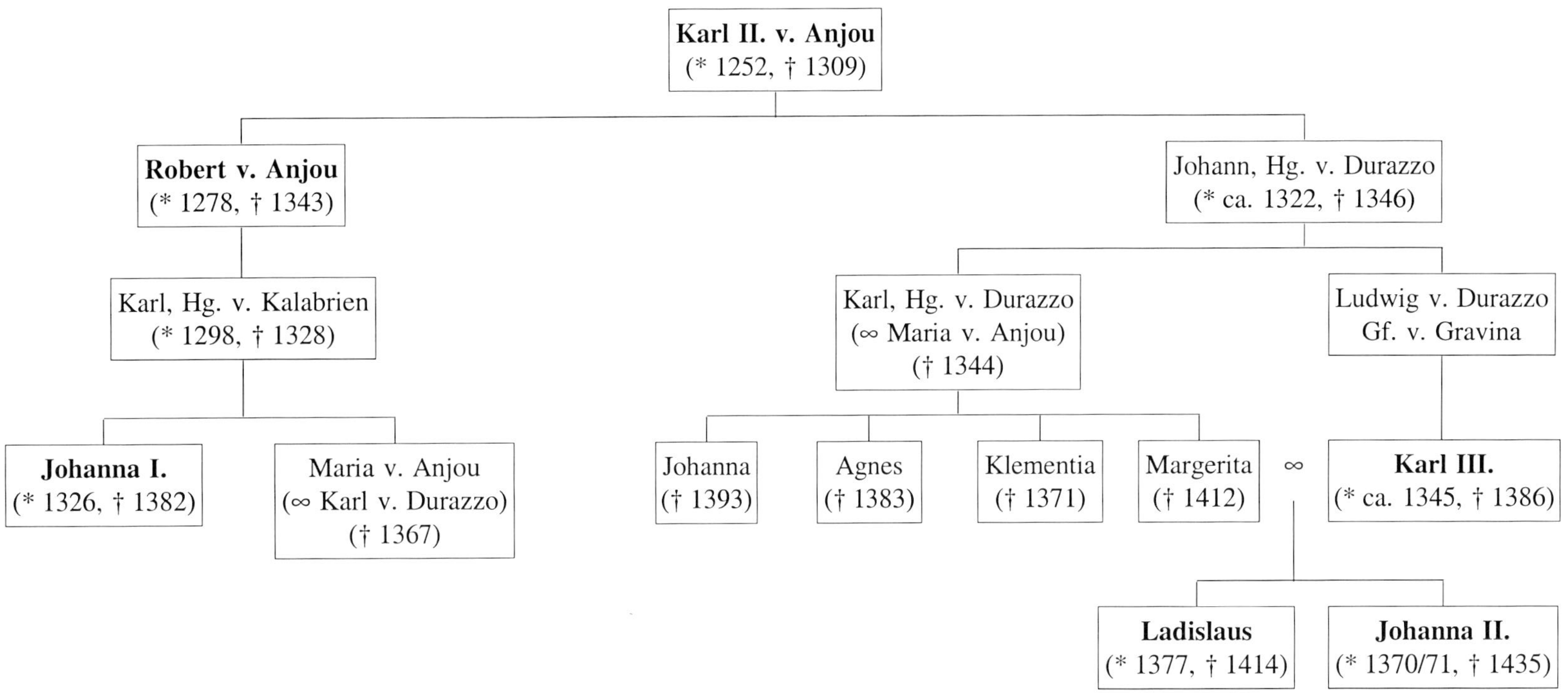

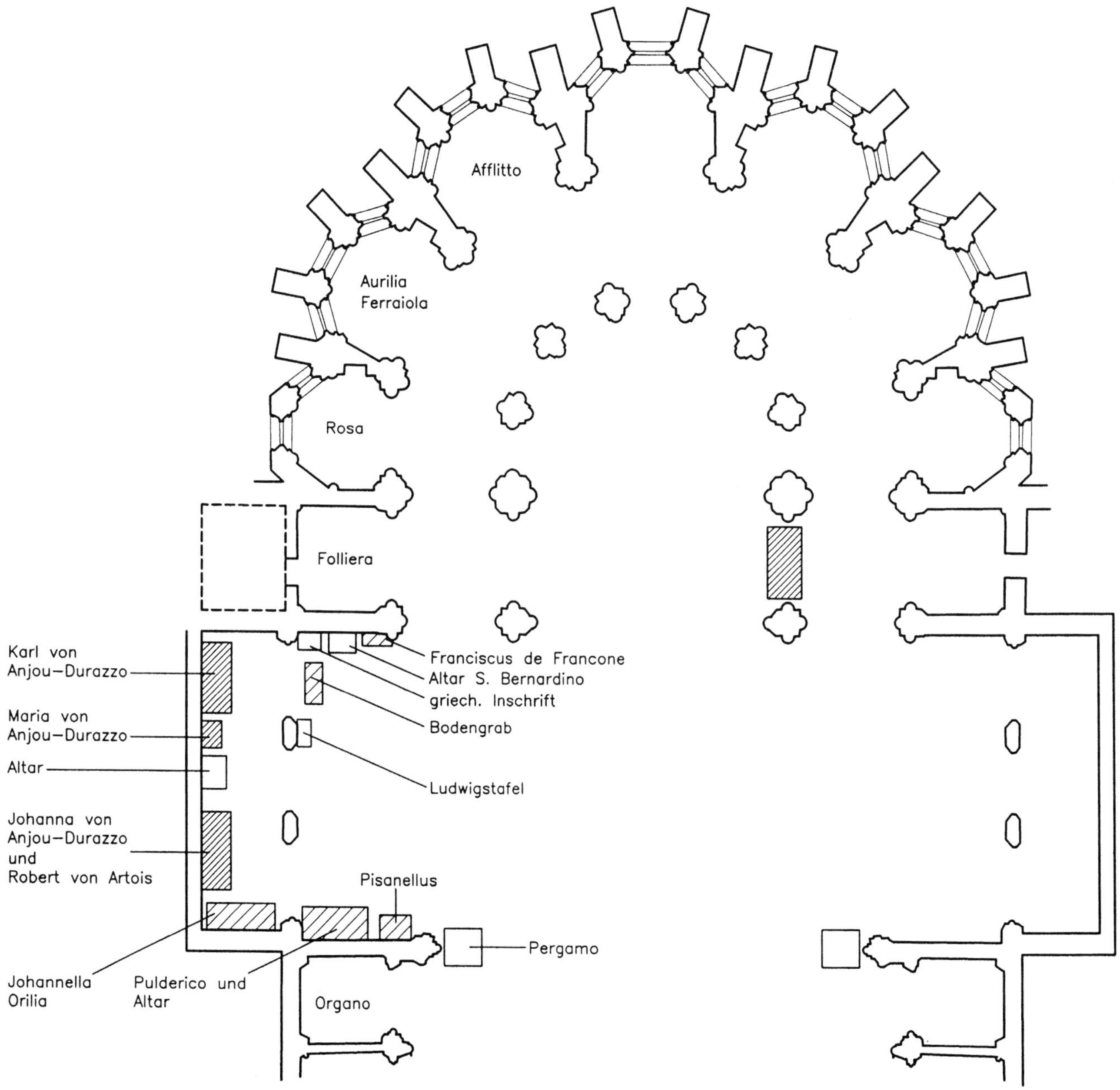
Afflitto
Aurilia
Ferraiola
Rosa
Folliera
Karl von
Anjou–Durazzo
Maria von
Anjou–Durazzo
Altar
Johanna von
Anjou–Durazzo
und
Robert von Artois
Johannella
Orilia
Pulderico und
Altar
Organo
Pisanellus
Pergamo
Francicus de Francone
Altar S. Bernardino
griech. Inschrift
Bodengrab
Ludwigstafel

Valentino PACE

Morte a Napoli
Sepolture nobiliari del trecento*

Nelle chiese napoletane del Trecento una folta schiera di personaggi si lasciò seppellire in sepolcri le cui iscrizioni, quando ancora conservate, con continuità e laconica precisione ce ne consegnano i nomi e le date di morte, auspicandosene il riposo dell'anima.

Di per sé una tale situazione non è unica, poiché queste informazioni e l'auspicio del riposo eterno ricorrono comunemente anche altrove. Tuttavia la situazione napoletana mostra interessanti specificità sulle quali vale la pena di riflettere e formulare una serie di osservazioni. Ciò vale ancor più, quando si pensi che gli studi sulla scultura funeraria napoletana hanno finora rivolto la loro attenzione soprattutto ad aspetti formali ed attributivi, in particolare all'attività dell'artista di maggior calibro, Tino da Camaino, o della bottega dei toscani che, dopo la sua morte, praticamente ne ereditò le committenze, mentre sostanzialmente inosservati sono stati quegli aspetti, pur essi 'figurativi', che ci permettono di gettar luce sui modi con cui aristocrazia e società di corte angioina espressero la loro devozione al momento della morte e vollero trasmettere la propria immagine ai posteri[1].

In un convegno come questo, dedicato program-

* Il presente saggio s'inquadra in un progetto di ricerca sulla »Committenza aristocratica tardo-medievale a Roma e nel Regno di Napoli«, in parte finanziato da un contributo della facoltà di lettere dell'Università »La Sapienza« di Roma. Debbo a Sandro Carocci, che collabora a questo progetto, alcune correzioni, precisazioni e scambi di idee sul versante della storia della nobiltà, sulla quale lui sa tanto quanto io so poco.

[1] Colse bene le lacune storiografiche il saggio di Bridges e Ward Perkins di oltre quaranta anni fa, da cui si può estrarre una citazione che vale ancora oggi: »Of all the remains of Angevin Naples that have come down to us, few have received so little attention as the large series of tombs and tomb-slabs preserved in the city's churches and museums. With the exception of certain of the royal tombs, almost none has been the object of detailed study. And yet, not only do they offer a valuable record of the persons and families commemorated, but they constitute an unrivalled repertory of the taste, costume and craftsmanship of fourteenth century Naples«. – Sembra tuttavia che la situazione storiografica dia segni di una positiva evoluzione: poco prima della mia relazione è stato pubblicato infatti l'importante libro di Lorenz Enderlein sulle sepolture reali angioine a Napoli – libro che ho potuto leggere solo in seguito, al momento della stesura del mio testo per gli Atti. Imminente è poi la pubblicazione della tesi di dottorato di Tanja MICHALSKY: Memoria und Repräsentation. Die Grabmäler des Königshauses Anjou in Italien. (= Veröffentlichungen des Max-Planck-Instituts für Geschichte 157) Göttingen 2000 (im Druck). – Fuori del circuito specialistico, per questo di tanto più meritori, si situano invece una serie di volumetti di Mario Gaglione, che collazionano e apportano una grande quantità di conoscenze d'archivio, di araldica e di informazione storica in generale. – Qui di seguito la letteratura più frequentemente citata in abbreviazione (con l'avvertenza che, per una sede specialistica come questa, si è ritenuto inutile appesantire l'apparato delle note con citazioni di opere da tutti ben conosciute, siano esse quelle sul senso della morte nel medioevo oppure sulla scultura sepolcrale di altre aree o, ancora, sulla carriera di Tino da Camaino): Shirley BRIDGES/John WARD PERKINS: Some fourteenth-century neapolitan military effigies. With notes on the families represented. In: Papers of the British School at Rome 24/1956 (»Studies in Italian Medieval History presented to Miss E. M. Jamison«, eds. Ph. GRIERSON/J. WARD PERKINS), pp. 158–173, pls. XXI-XXV. – La cultura angioina. (= Civiltà del Mezzogiorno 3) Cinisello Balsamo 1985. – Lorenz ENDERLEIN: Die Grablegen des Hauses Anjou in Unteritalien. (= Römische Studien der Bibliotheca Hertziana 12) Worms 1997. – Mario GAGLIONE: Sculture minori conservate in Santa Chiara a Napoli e altri studi. Napoli 1995. – Jürgen KRÜGER: S. Lorenzo Maggiore in Neapel. Eine Franziskanerkirche zwischen Ordensideal und Herrschaftsarchitektur. Werl/Westfalen 1985. – Ottavio MORISANI: L'arte di Napoli nell'età angioina. In: Storia di Napoli. Vol. 3, pp. 575–663. – Ottavio MORISANI: Tino da Camaino. Napoli 1945. – Heinrich Wilhelm SCHULZ: Denkmäler der Kunst in Unteritalien. 3 vol., Dresden 1860. – Sculture trecentesche in S. Lorenzo Maggiore a Napoli. A cura di R. MORMONE. Napoli 1973. – Storia di Napoli. Vol. 3, Napoli 1969. – Wilhelm Reinhold VALENTINER: Tino di Camaino. A Sienese sculptor of the fourteenth century. Paris 1935. – Arnaldo VENDITTI: Urbanistica e architettura angioina. In: Storia di Napoli. Vol. 3, Napoli 1969, pp. 665–888. – Adolfo VENTURI: Storia dell'arte italiana. Vol. 4, Milano 1906.

maticamente a esplorare le »Tendenzen der Grabforschung« su un ampio spettro di esperienze, può dunque essere utile fornire almeno una preliminare informazione in merito, pur nella consapevolezza di necessari approfondimenti (di carattere 'archeologico' e di analisi stilistica, di informazioni sull' araldica e sui dati epigrafici, di integrazione della casistica alle opere non trattate), dovendosi qui restringere l'ottica, per comprensibili limiti di spazio, soltanto a due temi: I) la topografia privilegiata delle sepolture, II) le scelte d'immagine, con attenzione ai loro aspetti più caratterizzanti.

I

In primo luogo, dunque, la condizione topografica delle sepolture della Napoli angioina[2]. In larghissima parte esse sono raggruppate in quattro edifici sacri: il duomo (con il suo annesso di Santa Restituta), le chiese francescane di San Lorenzo e di Santa Chiara, la chiesa di San Domenico maggiore. Non che ne mancassero altre, ma la percentuale delle sepolture vi appare assai meno intensa e i casi vi appaiono più isolati – si pensi a San Pietro a Majella o a Sant'Eligio. Le motivazioni di queste scelte possono essere ad alcuni note o ad altri ovvie, ma mi pare utile offrirne un quadro di sintesi, con una menzione in sequenza cronologica dei principali monumenti funebri, conservati o non, che vi si eressero[3].

* * *

Nel caso del duomo fu il suo prestigio liturgico a renderlo sede di sepolture, ovviamente sin da prima della sua ricostruzione angioina[4]. Lo dimostra la presenza della tomba di papa Innocenzo IV Fieschi (morto a Napoli nel 1254) qui traslata dal preesistente edificio. Nel suo nucleo principale (la cassa) essa deve infatti ritenersi duecentesca e non, come di frequente e ancor oggi creduto, prototrecentesca[5]. Con buona plausibilità dovette essere eseguita a ridosso della morte del pontefice, sia perché nulla ne impone una data inconsuetamente tardiva, sia pure perché in quel quarto di secolo le sono perfettamente appropriati la semplice struttura compositiva e il modesto contributo decorativo del tessellato musivo policromo.

All'inizio del nuovo secolo si situa poi la tomba dell'arcivescovo Filippo Minutolo che, dal 1288 a capo della diocesi partenopea, morì il 24 ottobre del 1301 e fu sepolto nella sua cappella di famiglia, incunabolo di quel fenomeno delle cappelle gentilizie che in Italia ha, come noto, le sue manifestazioni più antiche ad Assisi, all'Aracoeli e a Santa Croce. La sua tomba (che molti di noi conoscono se non altro per aver letto a scuola la divertentissima novella di Andreuccio da Perugia nel Decamerone, su cui Benedetto Croce seppe scrivere uno dei suoi più affascinanti saggi di storia della letteratura italiana), fu la prima delle tre che ospitarono in questa cappella altri prelati che raggiunsero la medesima dignità. Poiché erano vescovi di altre diocesi, è ovvio che per la scelta del luogo fu decisiva l'appartenenza famigliare e dunque il prestigio della propria cappella in duomo. Si tratta delle tombe di Orso Minutolo, arcivescovo di Salerno dal 1330 alla sua morte nel

[2] Per una documentata, recente sintesi storica del periodo: Carlo DE FREDE: Da Carlo I d'Angiò a Giovanna I. In: Storia di Napoli. Vol. 3, Napoli 1969, pp. 1–333.

[3] La sequenza cronologica adottata rispetta qui le date di morte e pertanto può non essere perfettamente corrispondente alla sequenza reale di esecuzione. Poiché tuttavia gli eventuali scarti di cronologia potrebbero richiedere articolate argomentazioni che qui non si avrebbe spazio di esporre e poichè, dopo tutto, non apporterebbero significative varianti storiche, si è preferito seguire il criterio anzidetto. La data è stata sempre tratta dalle epigrafi, senza controllare le eventuali e possibili incoerenze con le indizioni (per es. nel caso della tomba di Lancellotto Spina), dovendosi di ciò occupare chi ne abbia la specifica competenza. Ricordo comunque che le indizioni napoletane seguivano lo stile bizantino e iniziavano di conseguenza al I di settembre.

[4] Per il rinnovamento tardo duecentesco del duomo può essere sufficiente il rinvio a VENDITTI, Urbanistica, pp. 738–740. Una *Relazione dello stato della chiesa metropolitana* del 1741 ci fornisce importanti notizie sulle sepolture nel duomo a quella data. Essa è stata pubblicata e attentamente commentata da Mons. Franco STRAZZULLO: Saggi storici sul duomo di Napoli. Napoli 1959.

[5] La tomba fu presentata agli studiosi dallo SCHULZ (cit. nota 1), pp. 22–23 (che comunque ne ricorda la citazione del Cicognara), poi da Ludovico DE LA VILLE SUR-YLLON: La grande navata e la crociera del duomo. In: Napoli nobilissima. Vol. 5, 1896, pp. 37–41, 40–41. – Gerhardt B. LADNER: Die Papstbildnisse des Altertums und des Mittelalters. Vol. 2, Città del Vaticano 1970, pp. 122–125, tav. XXIII, la riferì al patrocinio del card. d'Ormont, capofila di un'opinione dominante ancora ai nostri giorni, secondo quanto si legge, p. e., sia nell'Enciclopedia Universale dell'Arte, s. v. »Angioini. Scultura e oreficeria« (di Francesco ACETO). Vol. 1, 1991, p. 694, sia in ENDERLEIN (cit. nota 1), p. 38.

1333, e di Enrico Minutolo, arcivescovo di Trani dal 1389, morto a Bologna nel 1412 col titolo di cardinale di Sant'Anastasia.

Poco prima almeno un altro ecclesiastico napoletano aveva scelto il duomo della propria città per la sua sepoltura: il vescovo di Sabina e penitenziere maggiore, Francesco Carbone, cistercense protettore del proprio ordine per volontà del pontefice napoletano e suo parente Bonifacio IX Tomacelli, protettore anche dei Minoriti e delle Clarisse, già vescovo di Monopoli e nunzio pontificio nel regno, morto nel 1405.

Perdute sono altre tombe di cui abbiamo solo informazioni dalle fonti o dalla storiografia napoletana: così quella dell'arcivescovo Ayglerio, con *rotae* musive a *quincunx* sul fronte, o quella dell'arcivescovo Hubert D'Ormont, nella cappella che egli stesso patrocinò[6].

Perdute sono pure le tombe reali, altro modello insigne per eventuali sepolture aristocratiche e laiche, che un ordine di re Roberto il savio e della regina Sancia del 1333 impose che adeguatamente onorassero i resti mortali del fondatore della dinastia Carlo D'Angio', di suo figlio Carlo Martello (fratello di Roberto) e di Clemenza D'Asburgo[7]. Evidentemente fin ad allora i resti mortali del capostipite dinastico (e degli altri) dovevano essere stati inumati modestamente, potendosi a buona ragione affermare che la tomba monumentale napoletana ha iniziato a esistere solo dopo l'introduzione del suo tipo a San Lorenzo, per Caterina d'Austria, dunque nell'immediato ridosso del 1323[8].

Fra le famiglie le cui sepolture restano in duomo e da cui alcune delle cappelle (malauguratamente non conservate nella loro originaria veste trecentesca) hanno preso il nome, ricordo quelle dei Caracciolo, dei Filomarino, dei Piscicelli e dei Tocco.

* * *

San Lorenzo, come ben noto, è una chiesa che Carlo d'Angiò volle eretta e che soprattutto suo figlio Carlo II »lo zoppo« fece portare alla conclusione[9]. Affidata all'ordine francescano, che i suoi frati vi fossero sepolti è nell'ordine delle cose e non sorprende dunque che tale sia stato il caso di quel Frate Donato, *viri sancti pro quo multa ostendit deus miracula in vita sua*, il cui corpo fu traslato nel coro e ivi deposto nel 1308[10]. Che lo siano stati anche membri della famiglia reale – come Raimondo Berengario, figlio di Carlo II, morto nel 1305, e come Ludovico, figlio di re Roberto, morto nel 1310[11] – non fa che sottolineare la forte predilezione della casa reale angioina verso questo edificio e l'ordine francescano, alle cui preghiere erano affidate le anime dei defunti. Vero e proprio sigillo conclusivo di questa politica funeraria fu d'altronde il monumento eretto per Caterina d'Austria, sposata nel 1316 all'erede al trono di re Roberto, il duca Carlo di Calabria, morta nel gennaio del 1323[12]. Già nell'arco

[6] ENDERLEIN (cit. nota 1), pp. 38–39. V. anche Strazzullo, Saggi (cit. nota 4) nota 19 alle pp. 171–172. In part. per la tomba di Ayglerio: Antonio DELFINO: Il monumento dell'arcivescovo Ayglerio scomparso dal duomo di Napoli. In: Scritti di storia dell'arte per il settantesimo dell'associazione napoletana per i monumenti e il paesaggio. Napoli 1991, pp. 37–41 e tav. 8.

[7] Cfr. MORISANI (cit. nota 1) alle pp. 117–118, ed ENDERLEIN (cit. nota 1), in part. pp. 36–39. – In merito al presunto Carlo Martello, fig. 3 come tale identificato dal Morisani, loc. cit. (e in altre sedi, in seguito) nulla ne conferma l'identificazione. Con il monumento sepolcrale per Carlo I ha invece collegato una bella testa frammentaria (oggi a Capodimonte) Paola GIUSTI: I resti di una sepoltura reale angioina. In: Scritti di storia dell'arte in onore di Raffaello Causa. Napoli 1988, pp. 39–46, nota 33 a p. 45, a sua volta confutando la proposta avanzata dal Morisani.

[8] Francesco ACETO: Angioini. Scultura e oreficeria (cit. nota 5), ha giustamente sottolineato »l'inspiegabile e sorprendente ritardo« della commemorazione sepolcrale dei reali.

[9] KRÜGER (cit. nota 1). – Questa monografia include un'utilissima appendice, con notizie su tutte le tombe della chiesa, anche di quelle solo documentate. Meritorio, perché pionieristico nella sua scelta tematica, ma non senza errori, è il volume Sculture trecentesche in S. Lorenzo Maggiore a Napoli.

[10] KRÜGER (cit. nota 1), p. 147 (n. 1. G 17). V. anche Sculture trecentesche (cit. nota 1), pp. 33–34, n. VIII, fig. 18. – Aggiungo che qui e altrove le epigrafi vengono eventualmente edite con la sola ed esclusiva finalità di riferirne alcune informazioni sui defunti, altre venendo invece sintetizzate o addirittura taciute. Per la maggior parte delle epigrafi funerarie napoletane cfr. Cesare D'ENGENIO CARACCIOLO: Napoli sacra. Napoli 1623 e, più di recente da p. Gioacchino D'ANDREA: Marmora, Cineres et Nihil. Napoli 1982.

[11] KRÜGER (cit. nota 1), pp. 146–149 (n. i »1. G.16« e »1. G.19«).

[12] I progetti matrimoniali che coinvolsero Caterina d'Austria furono diversissimi. Vicinissimo alla realizzazione fu quello con l'imperatore Enrico VII, morto all'improvviso nell'agosto del 1313 quando ella aveva già iniziato il suo viaggio *regali et glorioso apparatu*, per raggiungere il promesso sposo. Benché le nozze non fossero avvenute Caterina fece in seguito mostra di essere stata la sua sposa, tanto che nel viaggio nuziale verso Napoli ne utilizzò i *paramenta eius imperii* e ne fu coniata più tardi una

dei due iniziali decenni del secolo il prestigio così acquistato da questa chiesa trovava immediato ribattito nelle analoghe scelte fatte da cortigiani di primissimo rango, come Guillaume Estendard, *comestabulus regni atque marescallus*, morto nel 1308, o come Ermengaud Sabran, Giustiziere del Regno dal 1285 al 1306, marito di una de Baux (Del Balzo), morto nel 1310[13]. Conservate o non, comunque ricordate dai documenti, queste e altre tombe delle grandi famiglie (dei »de Capua«, il cui logoteta Bartolomeo aveva avuto peraltro sepoltura al duomo, o dei Barile, per non citarne che due) contribuirono a configurare la chiesa come una sorta di basilica funeraria dell'aristocrazia napoletana nell'età angioina, anche se non assurse a quel rango di »pantheon« reale, quale divenne Santa Chiara, l'altra chiesa francescana di fondazione angioina.

* * *

Iniziata nel 1310 e compiuta a una data fra il '25 e il '30, le primissime tombe di questa chiesa furono destinate a defunti già nell'anno 1325, ma di esse ignoriamo quasi tutto[14]. E' verosimile che il primo sepolcro angioino monumentale fosse proprio quello del marito di Caterina, l'»illustre« principe Carlo di Calabria, nel frattempo risposatosi con Maria di Valois e morto nel 1328. Collocato sin dall'origine sulla destra della parete di fondo dell'invaso ecclesiale, se ne deduce ovviamente che sin da allora si fosse pensato a privilegiare il sepolcro di Roberto nello spazio centrale[15]. Di conseguenza potrebbe non illecitamente avanzarsi la proposta (non smentita necessariamente dalla mancanza di fonti archivistiche in merito) che sin dalle origini si sia potuta progettare una funzione della chiesa non tanto o non solo come »setting for state ceremony«, ma anche funeraria[16].

Poco dopo la morte del padre morì la figlia Maria, il cui corpo fu anche sepolto a Santa Chiara. Il fronte del suo sarcofago recava una lunga iscrizione (perduta nel 1943) affiancata da due figure simboliche di virtù, unico caso dell'iconografia sepolcrale napoletana, che altrimenti avrebbe loro riservato sempre la collocazione di cariatidi[17]. Tre anni dopo, nel 1331, sarà la volta della vedova Maria di Valois, onorata da un monumentale sepolcro adeguato alla scelta fatta per il marito. Le successive sepolture reali saranno quella del re Roberto stesso, morto nel 1343, e di Maria, figlia di Carlo e sorella della regina Giovanna I, morta il 20 maggio 1366. Ludovico di Durazzo, il figlio da lei avuto dal primo marito, Carlo di Durazzo, a lei premorto nel 1344, trovò anch'egli riposo nella stessa chiesa, in una tomba della quale ci resta, sullo sfondo tappezzato di gigli angioini (come nella pala di s. Ludovico dipinta da Simone Martini) il bel dettaglio dell'ascesa al cielo della sua anima[18].

---

medaglia nella quale viene definita *HEINRICI VII IMPERATORIS UXOR*. – Cfr. Alphons LHOTSKY, Geschichte Österreichs seit der Mitte des 13. Jahrhunderts (1281–1358). (= Veröffentlichungen der Kommission für Geschichte Österreichs 1) Wien 1967, passim. [le citazioni dalla nota 176].

[13] KRÜGER (cit. nota 1), pp. 147–149 (n. i 1. G 18, 1.G 22).

[14] Per le vicende edilizie della chiesa è qui sufficiente rinviare a VENDITTI (cit. nota 1), pp. 759ss. – La prima tomba della famiglia reale angioina poté essere quella della piccola Aloysia, morta il 27 dicembre 1325. Nulla si sa tuttavia né del suo aspetto né della sua data. Cfr. al proposito ENDERLEIN (cit. nota 1), pp. 100–101, nota 7. – Personalmente non sarei contrario ad associarle la figuretta femminile di giacente, normalmente riferita alla piccola Maria, figlia di Carlo e di Maria di Valois (cfr. qui nel testo e alla nota 17), come ha già supposto p. Gaudenzio DELL'AJA: Il restauro della basilica di S. Chiara in Napoli. Napoli 1980, pp. 179–184. – Altro defunto del 1325, pure tumulato a Santa Chiara, è un membro della famiglia Stella, secondo quanto accertato da GAGLIONE (cit. nota 1), p. 57. Per questa, come per tutte le altre tombe di questa chiesa è utile la consultazione di Aldo DE RINALDIS: Santa Chiara. Napoli 1920, anche se viziato da non infrequenti errori, fastidiosi soprattutto in ambito agiografico.

[15] L'osservazione è anche di ENDERLEIN (cit. nota 1), p. 105.

[16] Per la citazione: Caroline BRUZELIUS: Hearing is Believing: Clarissan Architecture, ca. 1213–1340. In: Gesta 31/1992, p. 87. – Ovviamente la parete piatta di fondo svolgeva in ogni modo una duplice valenza: oltre che 'pubblica e sociale' (cerimoniale o funeraria che fosse) anche funzionale alle esigenze della vita claustrale delle suore.

[17] ENDERLEIN (cit. nota 1), pp. 124–126 (con discussione della problematica teologica sollevata dall'iscrizione), pp. 197–198, fig. 89. – Prima del bombardamento la cassa era associata a una figuretta femminile di giacente, oggi collocata sulla parete sinistra della VII cappella di destra, che per drastica diversità di dimensioni non credo che rappresenti questa Maria, ma forse la primogenita Aloysia (cfr. supra 14).

[18] Da ultimo sul tema iconografico, con discussione che non dimentica l'esempio napoletano: Johannes TRIPPS: Eine Schutzheilige für Dynastie und Reich. Giovanni Pisano und das Grabmal der Margarete von Brabant in Genua. In: Grabmäler der Luxemburger. Image und Memoria eines Kaiserhauses. Hrsg. Michael V. SCHWARZ. Luxemburg 1997, pp. 27–49, in part. pp. 38–40. – Il frammento venne per la prima volta studiato da Emile BERTAUX: Magistri Johannes et Pacius de Florentia Marmorarii fratres. Vol. 2. In: Napoli nobilissima 10/1895, pp. 147–152, 147–148. – Di conseguenza fu ricordato dal VENTURI (cit. nota 1), p. 311. La bella foto Alinari è stata pubblicata in: Giulietta CHE-

Che le numerose cappelle della chiesa francescana siano state dunque prescelte per acquisire prestigio e glorificazione di sé e della propria famiglia è più che ovvio. Ma tale scelta sembra che sia stata fatta da quegli esponenti della nobiltà o di corte che ad essa erano particolarmente legati: i *magnifici viri* Merloto, i senescalchi Raimondo e Perrotto Cabano *milites regii*, il conte di Soleto Raimondo Del Balzo, *regni camerarius* e fedelissimo di Giovanna I. Viene da chiedersi se una tale scelta non abbia anche presupposto una sorta di 'autorizzazione' reale, almeno per le tombe di defunti la cui memoria visiva non fosse affidata soltanto a semplici lastre[19].

* * *

Anche la chiesa domenicana, eretta fra il 1283 e il 1324, ricordata come *fundata in honorem beate marie magdalene* nell'atto in cui Carlo II disponeva che vi fossero conservati i suoi intestini, accolse sepolcri della famiglia reale angioina[20]. Fu quella di Isabella, la minore della progenie di Carlo I, morta nel 1303, una fra le prime sepolture, del cui aspetto tuttavia non possediamo informazioni[21]. Anche di un monumento funebre di Carlo II – il cui corpo fu traslato in Provenza – sappiamo assai poco, anche se preziosa è pur sempre la notizia di un pagamento del 30 giugno 1309 ai due tedeschi Theodericus e Gilectus de Alemania per una statua del defunto, forse un *gisant*[22]. Dopo di allora San Domenico fu prescelta da almeno due dei suoi figli come sede della propria sepoltura: da Filippo, fondatore del principato di Taranto, imperatore titolare di Costantinopoli, morto nel 1331, e da Giovanni, Duca di Durazzo, morto nel 1335. La scelta di San Domenico, piuttosto che di Santa Chiara – o di San Lorenzo – da parte di Filippo è storicamente significativa, perché coniugava con le valenze di fede (Filippo era stato un fervente sostenitore dei domenicani e della canonizzazione di s. Domenico stesso) quelle famigliari, imprescindibilmente politiche, per la stretta contiguità con il monumento di Carlo II. Non diverse, evidentemente, le motivazioni del fratello Giovanni, quasi a creare, dunque, con i monumenti funebri a San Domenico una contrapposizione alle scelte della linea regnante a Santa Chiara[23].

Le famiglie degli Aquino, dei Brancaccio, dei Caracciolo, sono quelle che ancor oggi offrono la più larga parte delle sepolture. La presenza di ecclesiastici è scarsa, come scarsa lo è a Santa Chiara e a San Lorenzo.

* * *

Quanto si riscontra da questa premessa è dunque una quasi totale prevalenza di sepolture nobiliari che furono certamente trainate dalle scelte dell'aristocrazia regale, a loro volta compiute in linea con il favore rivolto ai due grandi ordini dei francescani e domenicani e alle loro sedi, oltre che alla sede religiosa istituzionalmente prioritaria quale la cattedrale. Nelle scelte delle singole famiglie per l'una o per l'altra sede poté svolgere un ruolo, aldilà della specifica devozione all'uno o all'altro ordine, la residenza nell'area del »seggio«[24].

LAZZI DINI: Pacio e Giovanni Bertini da Firenze e la bottega napoletana di Tino di Camaino. Prato 1996, fig. 34.

[19] Cfr. le numerose iscrizioni di tombe perdute, già trascritte tutte, fuorché una, dal D'ENGENIO CARACCIOLO e utilmente ripubblicate adesso da GAGLIONE (cit. nota 1), pp. 73–77 e 113.

[20] Manca un'adeguata monografia su San Domenico e dovrà sempre ricorrersi a VENDITTI (cit. nota 1), pp. 731–738.

[21] ENDERLEIN (cit. nota 1), p. 12, in part. nota 12. Isabella morì nel 1303.

[22] In sede storico-artistica tale notizia, desunta dai registri Angioini (doc. del 30 giugno 1309) e pubblicata dal sac. Biagio CANTERA: Ricordi di fatti storici avvenuti nella cattedrale di Napoli ... Napoli 1893, p. 9, nota 1, venne utilizzata per la prima volta dal MORISANI (cit. nota 1), p. 92, nota 23, e dopo di lui dalla seguente storiografia. Cfr. ENDERLEIN (cit. nota 1), pp. 63–73, per uno scrupoloso resoconto di tutte le informazioni in nostro possesso sulle sepolture di Carlo II.

[23] Per le informazioni storiche sui due fratelli, le loro proprietà, la loro titolatura e le loro relazioni famigliari e dinastiche, v. la limpida sintesi e la ricca documentazione di ENDERLEIN (cit. nota 1), pp. 141–157.

[24] Sull'argomento sta svolgendo da anni ricerche Giuliana VITALE della quale si legga soprattutto: Uffici, militia e nobiltà. Processi di formazione delle nobiltà di seggio a Napoli: il casato dei Brancaccio fra XIV e XV secolo. In: Dimensioni e problemi della ricerca storica 1993/2, pp. 22–52. – Nobiltà napoletana della I età angioina: élite burocratica e famiglia. In: Ricerche sul Medioevo napoletano. A cura di Alfonso Leone. Napoli 1996, pp. 187–223.

II

A fronte della celebrazione funeraria della famiglia reale angioina sta una serie di tombe della nobiltà napoletana per le quali, come detto, furono largamente predilette le medesime chiese. Le »forme« in cui la pratica sepolcrale fu espressa hanno naturalmente una loro specifica importanza quale riflesso della volontà di trasmettere ai posteri la propria immagine pubblica, oltre a essere testimonianza della propria devozione[25].

Per la loro intrinseca e ovvia importanza sulla scena sociale di Napoli, per la particolare ostentazione celebrativa con cui esse sono impaginate, le tombe reali avrebbero dovuto costituire l'argomento introduttivo di questo secondo paragrafo, mostrando modi e limiti del loro ruolo di modello per le 'altre' tombe, assolutamente inattingibile nella specificità dei programmi politici da esse esposti, più facilmente imitabile nei connotati devozionali, più o meno semplificato nelle sue strutture formali. Ciò tuttavia non è possibile per una pura e pratica esigenza di spazio, che si preferisce qui riservare tutto alle tombe meno note della nobiltà (ivi comprese le pochissime del clero) potendosi rinviare per informazione critica e documentazione fotografica a quanto già esaurientemente pubblicato.

Nella misura in cui le sepolture sono a noi giunte quel che si osserva testimonia un sostanziale tradizionalismo: si continuano e si ripetono modelli che si sono affermati sin dalle prime battute della pratica funeraria monumentale, ma tali continuità e ripetizioni non ne precludono l'interesse per le singole scelte e combinazioni di immagini.

* * *

Per la specificità del loro ruolo religioso e sociale se ne indicheranno dunque in primo luogo quei pochi casi, inerenti alle sepolture vescovili, conservati oggi solo in duomo e a San Domenico.

[25] Alla prospettiva delle valenze politiche e propagandistiche delle sepolture, in area romana, ha fatto riferimento uno studio di Sandro Carocci: La celebrazione aristocratica nello stato della chiesa. In: Le forme della propaganda politica nel Due e nel Trecento. Relazioni al conv. int. (Trieste 1993). A cura di Paolo Cammarosano. Roma 1994, pp. 345–367.

Dopo l'eccezionalità, qui già ricordata, della tomba del 'vescovo' romano, cioé di papa Innocenzo IV, sepolto al duomo nell'edificio preesistente l'attuale, è quella di Filippo Minutolo († 1301) la prima a documentarci come si configurasse la tomba di un vescovo napoletano[26]. Se d'un lato è significativo e certo non casuale che essa manifesti caratteri romani, sia per le incrostazioni musive che la decorano, sia per la qualità plastica del giacente, d'altro lato la scelta dovette essere quasi ovvia a fronte dell'esperienza acquisita dalle maestranze della città papale e, per converso, della sostanziale inesperienza in merito di botteghe locali – almeno da quanto ci è dato di sapere sulla base delle informazioni in nostro possesso. In linea con l'esperienza romana, la tomba è dunque priva di un contesto figurativo, aldilà del giacente stesso, rappresentato con le vesti e gli attributi della sua dignità arcivescovile.

Perduta, come già ricordato all'inizio, la cappella fatta erigere dal vescovo d'Ormont, la tomba vescovile immediatamente successiva della quale ancor oggi possiamo valutare con esattezza l'aspetto, è quella che proprio nella stessa cappella del duomo ospita i resti di Orso Minutolo, arcivescovo salernitano dal 1330 morto nel 1333 (fig. 1). Essa arricchisce il programma figurativo con le tre immagini della Madonna col Bambino, di s. Pietro e s. Paolo, affermando dunque con questa scelta una comprensibile linea romana e papale[27]. L'orgoglio famigliare non venne tuttavia dimenticato e sui lati corti venne esposto lo stemma di famiglia. Allo stato delle nostre conoscenze sembrerebbe che l'immediato modello per la terna devozionale sia la tomba di Caterina d'Austria, mentre viene amplificata l'ostentazione araldica, lì affidata con più discrezione a piccoli vetri dipinti[28].

[26] Schulz (cit. nota 1), p. 29, la cita brevemente. Dopo la pionieristica osservazione di Stanislao Fraschetti: Il monumento di Arrigo Minutolo. In: Napoli nobilissima 11/1902, pp. 49–52, su »molte affinità con le opere di Giovanni Cosmato *civis romanus*«, il più convincente accostamento è stato effettuato con la tomba di Clemente IV a Viterbo, da parte di Francesco Negri Arnoldi: Pietro d'Oderisio, Nicola da Monteforte e la scultura campana del primo trecento. In: Commentari 23/1972, pp. 12–30, 15. – Su Filippo Minutolo v. Storia di Napoli (cit. nota 1), p. 443.

[27] Per il più recente contributo su questa tomba: Francesco Aceto: Per l'attività di Tino di Camaino a Napoli: le tombe di Giovanni di Capua e di Orso Minutolo. In: Prospettiva 53–56/1988–1989 (»Scritti in ricordo di Giovanni Previtali«), pp. 134–142 e, in part., figg. 7–10, 13–15. – Schulz (cit. nota 1), p. 29, la ricorda brevemente.

[28] I bei vetri dipinti della tomba hanno ricevuto scarsa atten-

Fig. 1: Tomba dell'arciv. Orso Minutolo, Napoli, duomo.

Ben diversa e indiscutibilmente reattiva alle nuove tendenze della tomba aristocratica è, nel quinto decennio, la tomba dell'arcivescovo di Trani Bartolomeo Brancaccio, morto il 13 novembre 1341 (fig. 2–3)[29]. Eretta nella chiesa di San Domenico essa è giunta a noi, come tutte le altre di questa chiesa, in una ricomposizione che solo parzialmente e approssimativamente ci informa della sua struttura originaria. Oggi collocata nella prima cappella di destra, aveva la figura del giacente con tutta l'evidenza della sua dignità vescovile, manifestata soprattutto dall'alta mitra, ma anche dal pallio sacro, con manipolo e guanti. Al centro della cassa,

zione dalla storiografia. Essi fiancheggiano (o fiancheggiavano, per il loro stato di conservazione) in numero di quattro l'immagine laterale del Battista. Per la più recente lett. sulla tomba: Julian GARDNER: A Princess among prelates: a fourteenth-century neapolitan tomb and some northern relations. In: Römisches Jahrbuch für Kunstgeschichte 23–24/1988, pp. 31–60. – ENDERLEIN (cit. nota 1), in part. pp. 76–89, 189–191. – Francesco ACETO: Tino di Camaino a Napoli. Una proposta per il sepolcro di Caterina d'Austria e altri fatti angioini. In: Dialoghi di Storia dell'Arte 1/1995, pp. 10–27.

[29] La tomba è stata solo menzionata dal VENTURI (cit. nota 1), p. 300 e illustrata in: La cultura angioina, p. 72. – Il Venturi l'ha posta in un gruppo di tombe riferite a scultori napoletani imitatori di Tino: dei Cabani, di Drugo di Merloto, di gentildonna francescana a Santa Chiara e altre ancora. Per l'intera epigrafe cfr. la Descrizione storica, artistica, letteraria della chiesa, del convento e de' religiosi illustri di S. Domenico maggiore di Napoli ..., incominciata dal p.m.fr. Raffaele Maria Valle ... e continuata da Benedetto Minichini. Napoli 1854, p. 107. – In quest'opera sono trascritte, fra l'altro, anche le altre epigrafi. Su Bartolomeo: VITALE (cit. nota 24), p. 49.

Fig. 2: Tomba dell'arciv. Bartolomeo Brancaccio, Napoli, San Lorenzo.

sorretta da quattro cariatidi-virtù, è replicata la sua figura benedicente, che alla mitra aggiunge adesso il pastorale; è affiancata da altre tre per parte, tutte di »cavalieri addobbati«, con l'eccezione di un tonsurato, domenicano, verosimilmente della sua famiglia. La fitta iscrizione su tre righe ne ricorda il rango istituzionale e persino accademico, oltre alla carica religiosa, definendolo *archiepiscopus tranensis et regni sicilie vicecancellarius iuris civilis prosexor* [sic!]. Con tutta evidenza l'ideologia sottesa all'impostazione figurativa è quella dell'appartenenza alla propria famiglia, di cui si celebra virtù militare e devozione, combinata coi segni del proprio prestigio vescovile[30]. Modello di riferimento poté esserne

[30] En passant ricordo che è stata ritenuta di precedente com-

Fig. 3: Frontale della tomba dell'arciv. Brancaccio.

Fig. 4: Frontale della tomba di Matteo Caracciolo e giacente anonimo, Napoli, duomo.

la tomba di Maria d'Ungheria a Santa Maria di Donnaregina[31].

Fino a tutto il secolo nessun'altra tomba vescovile è conservata e solo l'iniziale Quattrocento, aldilà dei termini cronologici qui presi in considerazione, ne vedrà erette di nuove nel duomo: quelle, come detto, per i cardinali Francesco Carbone ed Enrico Minutolo.

* * *

Deve adesso qui rivolgersi l'attenzione ai sepolcri di esponenti dell'aristocrazia e dei cortigiani eretti con forme monumentali ed esplicite pretese di celebrazione funeraria, oppure di più modesta configurazione in quanto lastre pavimentali, anche se con diversa elaborazione formale e figurativa. Per ragioni di spazio ci si occuperà qui soltanto delle prime, rinviando ad altra occasione la trattazione delle seconde[32]. Per quanto concerne la »monumentalità« essa si intende comprensiva tanto di tombe a sarcofago, quanto di più elaborate strutture architettoniche, modellate sul prestigio delle tombe reali. Alle pur interessantissime statue di giacenti, di frequente anonime e ancor più spesso decontestualizzate, si farà cenno solo sporadicamente, quando necessario.

La data di riferimento più antica per una tomba monumentale sembrerebbe essere il 24 Maggio 1314, stando all'epigrafe su una lastra frontale di sarcofago, oggi nella cappella »del crocefisso« (la seconda a destra) al duomo, che ci informa: *hic requiescit bone memorie dominus Matheus Carazolus de Neapoli quondam domini pape prothonotarius* (fig. 4)[33]. E' un opera di qualità e, significativamente, non priva di problemi, dalla data della sua esecuzione (la cui verifica trova una prima difficoltà nel'as-

mittenza Brancaccio la cappella decorata con i celebri affreschi attribuiti al Cavallini. Cfr. Ferdinando Bologna: I pittori alla corte angioina di Napoli, 1266–1414. Roma 1969, in part. pp. 115–126. – Devo tuttavia aggiungere che, in una conferenza (»I santi del re: potere politico e pratiche devozionali nella Napoli angioino-aragonese«) a un convegno tenutosi nel maggio 1998 a Napoli (»Pellegrinaggi e itinerari dei santi nel mezzogiorno tra medioevo ed età moderna«) Giuliana Vitale ha smentito che già nel Trecento la cappella fosse dei Brancaccio, poiché un testamento degli anni '80 la riferisce esplicitamente alla famiglia Gattola. – Aggiungo, in bozze, che gli Atti di quel convegno sono nel frattempo stati pubblicati, a cura di Giovanni Vitolo: L'art. della Vitale è alle pp. 93–128, di cui cfr. in part. le pp. 97–101.

31 Esplicito è l'orgoglio per la propria famiglia nella tomba di Maria, sin dalle epigrafi (per il cui testo cfr. adesso Enderlein (cit. nota 1), p. 98, note 145–146). Nel suo frontale già Ottavio Morisani: Monumenti trecenteschi degli Angioini a Napoli. In: Gli Angioini di Napoli e di Ungheria, Atti del Colloquio (Roma 1972). Roma 1974 [Acc. Naz. dei Lincei, a. CCCLXXI–1974, quad. n. 210], pp. 159–186, aveva colto l'idea del »nucleo famigliare come fondamento della società« (p. 163).

32 Va tra l'altro sottolineato che, per la loro condizione frammentaria, è talora difficile tracciare una netta differenziazione fra le due tipologie, alcune »lastre« potendosi intendere, almeno a prima vista, sia come pavimentali, sia come coperchi dei sarcofagi.

33 Come noto, in molti casi le collocazioni attuali non corrispondono alle originarie, anche se all'interno dello stesso edificio. Premetto che di questi spostamenti non darò sempre conto, essendo in questa sede irrilevanti.

Fig. 5: Tomba di Rizardo Piscicelli, Napoli, Santa Restituta (duomo).

Fig. 6: Tomba di Raimondo Cabano, Napoli, Santa Chiara.

senza di materiale analogo eventualmente sincrono) al suo originario contesto funerario. Oggi frontale di un sarcofago che sulla cassa espone quel giacente fantasiosamente ritenuto Carlo Martello, non è improbabile che tale sia stato fin dalle origini, da quanto suggeriscono sia la disposizione della scrittura sia la sua elegante spaziatura[34]. Se così fu resta da chiedersi, senza possibilità di risposta, come fosse risolta la copertura della cassa. All'eleganza dei caratteri grafici si accompagnano comunque la sottigliezza di modellato del volto e l'elegante panneggio della veste, contraddetti solo dalla caduta disegnativa nell'inabile scorcio degli avambracci. Il bel volto sembra tradire una qualche impressione ricettiva del Simone Martini napoletano, tale da favorirne una datazione di qualche anno posteriore alla data di morte, forse dello scorcio del secondo decennio[35]. Senza riscontro la scelta compositiva della mano destra che tiene in mano un cartiglio sul quale si legge *supplicat sanctitati vestre magister Matheus Carazolus*, formula notarile con la quale si intende conferire al cartiglio il carattere di attributo professionale.

[34] Morisani (cit. nota 1), p. 117, nota 10, era di diverso avviso, avendone ipotizzato una destinazione pavimentale.

[35] L'unica ad essersi occupata, aldilà della semplice menzione, della lastra di Matteo, Susanna D'Ambrosio (Di alcune sculture trecentesche napoletane. In: Atti dell'Accademia Pontaniana 1/1947–48 [ma 1949], pp. 207–215) ha anch'essa preferito datare la lastra più avanti nel tempo, ma di oltre due decenni: ai conclusivi anni '30, per confronto con la lastra di Dialta Firrao del 1338.

Di diciassette anni più tarda è la data di morte cui si aggancia l'esecuzione della successiva tomba monumentale, »a sarcofago«, quella di Rizardus Piscicellus de Neapoli, defunto il 15 gennaio del 1331, come l'epigrafe puntualmente ci informa (fig. 5)[36]. Collocata oggi nella chiesa di Santa Restituta, dunque nel complesso del duomo, essa è per più motivi interessante. Sul fronte vi appare la figura genuflessa di un milite che, ripetuto sui due lati, affianca il tondo col Cristo di passione. Che la duplicazione della figura sia avvenuta per un principio araldico di simmetria non è impossibile, ma resterà comunque un caso unico nel pur folto seguito. La messinscena – con il milite *vis à vis* del Cristo, senza intermediazione alcuna – ha d'altronde essa stessa una sua unicità che si apprezza solo al confronto (negativo) con la tradizione seguente. Sul lato breve si dispiega lo stemma di famiglia, con un'evidenza esplicita e di certo segno di orgoglio della propria casata. Il sovrastante giacente, abbigliato (»addobbato«) da cavaliere con la spada inguainata in bella evidenza, la testa dai capelli elegantemente ondulati diritta al centro del cuscino, le mani incrociate, ha ai suoi piedi due minuscoli cagnolini, noto simbolo di fedeltà. La cassa, infine, reca ancora sul retro il suo originario rilievo figurato antico, di certo invisibile nella collocazione della tomba, non solo perché è

[36] La tomba è stata analizzata nell'unico studio sulle tombe di militi napoletani: Bridges/Ward Perkins (cit. nota 1), pp. 158–173, 168–169, pls. XXI-XXV (XXIII).

Fig. 7: Tomba di Perotto Cabano, Napoli, Santa Chiara.

Fig. 8: Tomba di nobildonna anonima, Napoli, Santa Chiara.

difficile pensarla esposta a tutto tondo, ma soprattutto perché la lavorazione del giacente e della lastra di copertura (anch'essa antica, con resti di strigilatura) non fu appropriatamente rifinita. Si trattò dunque di un reimpiego di comodo, sostanzialmente indifferente a valori estetici o storici del manufatto antico[37].

Tre anni dopo Rizardo Piscicelli, il 21 ottobre 1334, morì Raimondo Cabano, che si fece seppellire a Santa Chiara, in un sepolcro oggi situato sulla parete sinistra della terza cappella di sinistra (fig. 6). *Miles regii hospicii senescallus* (dunque il più alto funzionario della casa reale), come lo dichiara l'epigrafe a rilievo che corre sul sottile bordo della lastra di chiusura, la sua immagine è tradita solo dal giacente, vestito della sua armatura da capo a piedi[38]. Sul fronte il quadrilobo col Cristo morto a mezza figura è affiancato dai dolenti, rappresentati con inusuale diversità di scala, con immagini di tre quarti, stanti, entro arcatelle trilobe, mentre sia sulle estremità laterali del frontale, sia sui lati brevi sono ostentati, come mai era avvenuto nelle tombe reali, gli stemmi di famiglia[39]. Antistante Raimondo, in un altro sarcofago *Iacet dominus perroctus de cabanis miles regius cabellanus filius dominus* [sic] *Raumundi de cabanis regii hospicii senescalli*, morto il 29 maggio del 1336 (fig. 7). Qui con proporzionata coerenza i tre clipei espongono il tema del Cristo morto fra i dolenti sul fronte, mentre sui lati brevi lo stesso stemma abbina i segni araldici del sepolcro paterno[40]. Di Perrotto non è conservato il giacente, forse sostituito da una lastra (che verrebbe di credere destinata al pavimento) la cui epigrafe la riferisce pure a *perroctus de cabanis miles regius*[41]. E'

[37] Il reimpiego di sarcofagi romani in vista per sepolture angioine fu raro. A minima distanza di questa tomba sono comunque oggi esposti altri due sarcofagi romani, uno dei quali reca nel disco centrale lo stemma Piscicelli. Ignorandone la storia, non so dire se una tale aggiunta sia medievale (e di quando, per l'esattezza) o non. Fra gli altri sarcofaghi di reimpiego ricordo quelli delle tombe dei Filomarino nello stesso duomo (per le quali cfr. oltre nel testo e la nota 56) oppure di Beatrice del Balzo, oggi nel museo di San Martino (La cultura angioina (cit. nota 1), fig. a p. 87).

[38] Su Raimondo v., s. v. »Cabanni, Raimondo de« il DBI 15/1972, pp. 672–673 (di Ingeborg Walter). – Non è certo che giacente, cassa ed epigrafe siano reciprocamente pertinenti, per la minore dimensione del primo rispetto alla seconda. La tomba è illustrata in La cultura angioina (cit. nota 1), fig. 73.

[39] Sul fronte lo stemma di sinistra è quello dei Cabano, a onde; quello di destra, con una banda orizzontale al centro, sopra la quale si dispongono tre stelle a sei punte e sotto un'altra, è stato riferito alla moglie di Raimondo, Filippa la Catanese (Mario Gaglione: Nuovi studi sulla Basilica di Santa Chiara in Napoli, Napoli 1996, p. 81, nota 65). Lo stemma di sinistra è replicato sul lato breve contiguo, mentre sul lato di destra lo stemma è oggi completamente liscio. Già Ludovico de la Ville sur-Yllon: Stemmi e corone nel sec. XIV. In: Napoli nobilissima. Vol. 5, 1896, pp. 95–96, osservò la diversa rilevanza dell'araldica nelle tombe napoletane: sugli 'sfondi' dei sepolcri reali, sugli stemmi nelle tombe delle famiglie aristocratiche.

[40] Venturi (cit. nota 1), p. 300, menziona la tomba, insieme con quella dell'arc. Brancaccio (v. supra nota 29).

[41] La lastra è collocata in verticale sulla parete vicina. Che essa fosse la copertura del sarcofago è possibile, anche se le rispettive misure divergono di qualche centimetro (per eccesso nella lastra). Se è inusuale che l'iscrizione venisse ripetuta sulla cassa e sulla lastra, non lo è di meno la presenza di un sarcofago e quella di una lastra che dovrebbe implicare un'inumazione pavimentale.

Fig. 9: Part. del frontale trecentesco usato per la tomba di Malizia Carafa, Napoli, San Domenico.

Fig. 10: Frontale dalla tomba di anonimo e lastra con giacente di anonimo (Caracciolo?), Napoli, duomo.

qui replicato lo stemma »a onde« presente sulla tomba paterna[42].

La rappresentazione del Cristo di passione (il »Cristo passo«) affiancato dai dolenti, ciascuno dei tre perlopiù entro un clipeo, costituisce la scelta d'immagine più frequente per queste tombe. L'alternativa era altrimenti un programma devozionale che, come già avvenuto per Caterina d'Austria, esponesse immagini di santi, con l'eventuale inserimento della Madonna col Bambino al centro, se non del Cristo benedicente.

Pur senza la certezza statistica offerta da un completo repertorio d'insieme, è facile dire che il santorale rimase sostanzialmente il medesimo, indifferenziatamente per uomini e donne, con le più frequenti presenze degli apostoli Pietro e Paolo, Giacomo e Giovanni, della Maddalena, delle martiri Caterina e Agnese, dei francescani Francesco, Antonio e Ludovico da Tolosa, delle francescane Chiara ed Elisabetta di Turingia, di s. Domenico. Le combinazioni fra i santi dovettero riflettere esigenze puramente devozionali: s. Francesco, per esempio, lo si ritrova tanto in compagnia di apostoli (come per esempio s. Giovanni) come in una tomba Barrese, quanto di altri esponenti del suo ordine, come s. Chiara, nella tomba di Caterina d'Austria, o s. Elisabetta, nella tomba di un'ignota nobildonna, verosimilmente della casa Artus-Acciaioli (fig. 8)[43].

In quest'ultima tomba, o ancor più in altre come quella di Raimondo Cabano, l'araldica assume una pronunciata valenza visiva. In qualche caso tuttavia essa, almeno sul frontale, è diminuita per dover far posto a un accrescimento del programma figurato, che inserisce angioletti accanto al clipeo centrale. Così, per esempio, nel caso della tomba *nobilis viri domini petri brancacii dicti imbriaci*, morto il 12 maggio 1338, *die veneris* – come puntigliosamente ricorda l'epigrafe – oggi anch'essa nella cappella di Sant'Angelo a Morfisa[44]. Gli angioletti giungono persino, in qualche raro caso, ad assumere un ruolo

GAGLIONE (cit. nota 1), p. 47, riporta l'opinione di Raffaele Mormone per cui la lastra indizierebbe una prima tomba provvisoria.

[42] A Santa Chiara stessa, nella nona cappella di sinistra, è conservato un frontale, di tradizionale iconografia (il Cristo morto fra i dolenti) e di non eccelsa qualità plastica, ma prezioso per la sua rara policromia, che espone ben quattro volte lo stemma »a onde« dei Cabano. E' stato tentativamente riferito a Francesco, morto nel 1386, o ad altri della famiglia, tutti morti nel 1384, dal GAGLIONE (cit. nota 1), pp. 54–55.

[43] Per la prima cfr. Sculture trecentesche (cit. nota 1), XX, pp. 38–39, fig. 33–35; per la seconda cfr. la lett. cit. alla nota 28; per la terza cfr. VENTURI (cit. nota 1), p. 300, fig. 218 (si tratta della tomba oggi nella quarta cappella di destra a Santa Chiara, per l'identificazione della cui defunta con Andreagia Acciajuoli d'Artus o con una sua discendente cfr. GAGLIONE (cit. nota 1), pp. 55–56; idem (cit. nota 39) 1996, p. 59).

[44] Per l'epigrafe: VALLE/MINICHINI (cit. nota 29), p. 291. – Gli stemmi vi ritornano comunque sui lati. La cassa di Pietro, ricavata da un sarcofago antico, è sovrastata da un poderoso giacente, con vesti militari, cui accennò solo VENTURI (cit. nota 1), p. 300, identificandolo con Pietro Brancaccio e apprezzandone la »grandiosa figura«. Per la sproporzione con la cassa è tuttavia difficile pensare che il giacente le sia pertinente e di conseguenza si ignora chi egli rappresenti. L'abbigliamento militare rende questo guerriero assai simile ai Minutolo dipinti nella loro celebre cappella al duomo.

Fig. 11: Lastra con giacente di anonimo (Caracciolo?), Napoli, duomo.

Fig. 12: Tomba di anonimo (Piscicelli?), Napoli, San Lorenzo.

attivo in un microcontesto scenico, come là dove uno di loro è mostrato nell'atto di presentare l'anima del defunto al gruppo divino che troneggia nel quadrilobo centrale (fig. 9)[45].

Un caso a se stante, per l'inconsueta scelta di programma, è quello di una tomba sulla parete destra della cappella »del Crocefisso« al duomo, al centro del cui frontale si staglia una croce gemmata, affiancata dal Cristo passo e dalla Vergine dolente, mentre alle due estremità è replicato uno stemma con leone rampante (fig. 10)[46]. Questa sorta di rinvio a un'immagine di sapore altomedievale (o addirittura paleocristiano) trova un sorprendente parallelismo nella rara scelta epigrafica, che parrebbe anch'essa attingere a colti modelli poetici: *qui latet hoc tumulo paradisi luce arvatur sitque sibi requies et sine nocte dies*. Il sovrastante giacente non deve esserle pertinente (malgrado l'apparente coerenza fra lastra e frontale) dal momento che reca un'iscrizione capovolta rispetto a chi si ponga di fronte ad essa. Armato di tutto punto, sulla corazza il cavaliere espone il suo simbolo araldico (una testa leonina, di vigoroso disegno) (fig. 11), scolpito a rilievo e pertanto sfuggito alla consunzione cui sono altrimenti andati incontro molti altri stemmi, eventualmente dipinti[47]. Dalla frammentaria epigrafe se ne desume una data di morte al 17 novembre 1328, mentre sia per lui sia per il defunto nella cassa sottostante può cautamente proporsi l'appartenenza alla famiglia Caracciolo[48].

[45] Si tratta di due casi, ambedue su lastre frontali reimpiegate per sepolcri quattrocenteschi nella chiesa di san Domenico: l'uno di Malizia Carafa, morto nel 1438 (fig. 9), l'altro di Nicola Tomacelli, morto nel 1473.

[46] Della tomba non ho trovato menzioni, almeno nella letteratura storico-artistica.

[47] Non molti sono gli stemmi 'a rilievo': un altro caso è quello del milite sepolto nella seconda cappella di destra di Santa Chiara, talora creduto un Del Balzo, ma di recente identificato, proprio per via araldica, con Roberto di Diano (Gaglione (cit. nota 1), pp. 15–16), che sulla corazza reca un chevron, fra due stelle a otto punte, sottostante il simbolo dell'ordine del nodo. Uno stemma appare in piena evidenza sul petto del giacente Cristoforo d'Aquino a san Domenico, ma il colore è completamente scomparso. Scomparso è ugualmente anche su questa lastra, laddove esso è ripetuto sulla sinistra in alto (come doveva esserlo, specularmente, sulla destra, ma è ora invisibile per l'incasso nel muro).

[48] L'epigrafe del giacente, scolpita con belle lettere a rilievo, reca senza ombra di dubbio le ultime cifre leggibili dell'anno di morte (XXVIII) e quelle dell'indizione (»XII«). Poiché a Napoli si seguiva il computo bizantino delle indizioni (che iniziava il I di settembre) e la data in questione cade a novembre la corrispondenza è esatta. Analogamente avviene pertanto, esattamente, per altre tombe di defunti nell'ultimo trimestre. Che i defunti possano essere dei Caracciolo è proponibile sia per via araldica (an-

Fig. 13: Tomba di anonimo cavaliere Filomarino e lastra di Loffredo Filomarino, Napoli, duomo.

Dopo essere stato scelto per Rizardo Piscicelli, il tema del milite 'esposto' sul frontale ebbe una qualche fortuna in quegli anni per poi, apparentemente, sparire e trionfalmente ritornare nella grandiosa composizione per Ludovico Aldemorisco, morto nel 1421[49]. Ne mostrerò qui qualche esempio di quel torno d'anni nelle chiese qui prese in esame: in primissimo luogo una tomba che avrebbe avuto titolo di precedenza su quella di Rizardo se se ne fosse potuta confermare la pertinenza di un'iscrizione (oggi inesistente) che l'avrebbe riferita a Marino Piscicelli, morto nel 1327[50]. La tomba consta di un sarcofago (di riuso) sul cui fronte è presentato un cavaliere »addobbato«, genuflesso di fronte a un tondo con l'immagine di Cristo a mezzo busto e benedicente, quasi presentato da un angelo alle sue spalle, appaiato con altro incensante sul lato opposto. In corrispondenza della spalla, quasi fosse parte dell'armatura, l'angelo sembra reggere una sorta di tabella rettangolare con lo stemma nobiliare (fig. 12). Se davvero si trattasse di una tomba Piscicelli si sarebbe di fronte all'interessante fenomeno di un insistito interesse da parte di questa famiglia a una specifica scelta d'immagine. Il secondo esempio è quello di una tomba Filomarino, nella cappella di famiglia al duomo (la prima di sinistra), dove un milite genuflesso al centro giunge le mani in preghiera, a esplicitare un atteggiamento di devozione che risulta tuttavia incongruo perché apparentemente rivolto verso uno dei due grandi scudi con lo stemma di famiglia (fig. 13)[51]; un terzo caso è quello della tomba di Roberto di Diano, oggi nella terza cappella di destra a Santa Chiara, nella quale si mostra la Madonna con il Bambino affiancata su ciascun lato da un milite genuflesso, e alle estremità s. Caterina e s. Pietro[52]; c'è poi il frammento con Filippo Barile del 1341 a San Lorenzo[53] e, infine, la tomba multipla dei Caracciolo pur essa a San Lorenzo, bruciante testimonianza della peste nera[54]. La sua epigrafe ci ricorda infatti ancor oggi che il 23 maggio del 1347 venne a morte il *miles* Ludovico, il giorno seguente il nipote Antonello, il 15 giugno il figlio Giannotto, l'8 luglio infine la nipote Manella (fig. 14). Padre e figlio vi sono eternati come cavalieri, a capo scoperto, in posa giacente, la discendenza di Ludovico genuflessa devotamente davanti alla Madonna col Bambino, i due cavalieri simbolicamente protetti dal gesto del santo intercessore, la piccola Manella con una corona sulla testa. Sui lati brevi le immagini di un santo francescano a destra, di s. Caterina a sinistra. Nella scelta e nella disposizione dei santi sembrerebbe che essa abbia privilegiato i due Giovanni sul fronte, riservando a s. Antonio di Padova il lato breve di destra, soltanto in parte ricercando un rapporto fra devozione e onomastica[55].

che se il leone fu simbolo di larga diffusione e i Caracciolo usarono anche altri stemmi) sia pure per la compresenza di altre sicure tombe Caracciolo, anche se di sistemazione posteriore.

[49] Su di essa cfr. Nicolas Bock: Honor et Gratia. Das Grabmal des Ludovico Aldomoresco als Beispiel familiärer Selbstdarstellung im spätmittelalterlichen Neapel. In: Marburger Jahrbuch für Kunstwissenschaft 24/1997, pp. 109–134.

[50] Il sarcofago, oggi conservato in un ambiente del convento di San Lorenzo, fu pubblicato da Bridges e Ward Perkins (cit. nota 1), pp. 167–168, pl. XXVb.

[51] Bridges/Ward Perkins (cit. nota 1), pp. 169–171, pl. XXVa, la identifica (credo erroneamente) come tomba di Loffredo Filomarino. Ma l'iscrizione che ricorda Loffredo corre sul coperchio che, molto probabilmente, non è pertinente al sarcofago. – Cfr. anche nota 56.

[52] Seguo l'identificazione proposta dal Gaglione (cit. nota 1), pp. 16–21, cui rimando anche per le notizie storiche e per la precedente storiografia. Dello stesso v. anche Nuovi studi (cit. nota 39), pp. 58–59. – Il giacente è deposto su un muretto moderno sulla parete sinistra della seconda cappella di destra. Roberto di Diano, gran ciambellano della regina Giovanna I, insignito dell'ordine del nodo, morì l'11 novembre 1354.

[53] Sculture trecentesche (cit. nota 1), XIII, pp. 35–36, fig. 23. – Bridges/Ward Perkins (cit. nota 1), p. 164 e tav. XXIVb.

[54] Sculture trecentesche (cit. nota 1), vol. 4, pp. 30–31, figg. 6–11. La cultura angioina (cit. nota 1), fig. a p. 70.

[55] La presenza della croce nella mano di s. Antonio non implica più, ovviamente, allusioni martiriali e di frequente è anche assegnata a s. Francesco.

Fig. 14: Tomba della famiglia di Ludovico Caracciolo, Napoli, San Lorenzo.

Ritornando al caso precedente, della tomba col cavaliere Filomarino, se n'è proposta l'identificazione con *Loffridus Filimarinus senescallus domini ducis calabriae*, morto il 14 aprile del 1335, poiché a questi si riferisce la soprastante lastra (fig. 13)[56]. Ma una tale identificazione è problematica per diverse ragioni: sia perché difficilmente sulla copertura si sarebbe posta una lastra a bassissimo rilievo, intorno alla quale 'gira' un'epigrafe chiaramente scritta per essere letta dall'alto (come lastra pavimentale, dunque), sia pure per le discordanze di abbigliamento militare che già hanno fatto giudicarne la rappresentazione più moderna di quella sul frontale. Degno di nota, per la sostanziale rarità del fenomeno, è comunque l'uso di un sarcofago antico, cui si deve l'inconsueta forma smussata, »a vasca«[57]. Nella stessa cappella del duomo è anche conservata un'altra lastra tombale, dal rilievo appena più pronunciato, che l'epigrafe riferisce a *domina trudella filimarina de Neapoli filia domini loffridi filimarini senescalchi domini ducis*, morta il 25 settembre 1335 (fig. 15)[58]. Se la lastra avesse destinazione pavimentale o di copertura non mi pare che allo stato

[56] Bridges/Ward Perkins (cit. nota 1), p. 170, tav. XXIIb.

[57] Al proposito ricordo il caso della tomba qui già menzionata in Santa Restituta. Si osservi anche che l'attuale sistemazione delle tombe Filomarino include anche un altro fronte di sarcofago antico, strigilato, incastrato nella parete immediatamente sovrastante: Bridges/Ward Perkins (cit. nota 1), p. 169 (c) (fig. 13, 15).

[58] La lastra venne segnalata dal de la Ville sur-Yllon (cit. nota 39), p. 96, perché la defunta è incoronata, come assai di rado avviene. Più di recente è stata ricordata da Bridges/Ward Perkins (cit. nota 1), pp. 169–170.

Fig. 15: Lastra tombale di Trudella Filomarino, Napoli, duomo.

Fig. 16: Tomba di Dialta "Firrao", Napoli, San Domenico.

attuale possa decidersi con certezza, anche perché lastre analoghe – che per l'appunto si direbbero pavimentali – vennero usate a coperture di sarcofagi. Così è, per esempio, per quella, molto bella, a San Domenico, oggi nella quinta cappella di destra, di Dialta Firrao (fig. 16–17). L'epigrafe, che ce la identifica, ci informa che essa, la *nobilis mulier domina dialta de filii: raonis de cusencia de calabria ussor viri nobilis domini Ludovici denticis militis de Neapoli* morì il 21 marzo del 1338. La figura della defunta ci offre una delle più belle immagini della celebrazione funeraria napoletana trecentesca, tale da provocarne un entusiastico commento del Venturi[59]. Lo giustificano l'inusuale sottigliezza di rilievo, la delicatezza del ritratto di tre quarti, l'eleganza di un abbigliamento, che il colore doveva ancor più sottolineare[60]. La sottostante cassa, cui la lastra si adatta perfettamente così da togliere ogni dubbio sulla reciproca pertinenza, si configura con caratteri meno sorprendenti, se non altro per l'adesione al programma d'immagine usuale, qui formulato con il gruppo centrale della Madonna Regina col Bambino di bella misura prospettica, il Battista e s. Caterina lateralmente, intervallati da scudi araldici[61]. Sul lato breve di destra non manca il titolare della chiesa stessa, s. Domenico (mentre sulla sinistra il tondo non reca traccia alcuna, di rilievo o di colore).

Le eventuali questioni sollevate dalla reciproca pertinenza fra i frontali e le lastre di copertura non vengono semplificate da quelle opere dove addirittura coesistono 'due' lastre di giacenti: l'una sopra la cassa, l'altra sul fronte, come nel caso della tomba dove *iacent corpora magnifici militis domini guillielmi de tocco magistri cabellani clare memorie domini principis tarenti*, morto il 22 settembre 1335, e *venerabilis abbatis Nicolai de Tocco filii eius*, morto il 18 aprile 1347[62]. Guglielmo, con veste militare e la spada bene in vista, i cagnolini ai piedi, sovrasta l'immagine del figlio che occupa l'intero frontale, sui cui lati brevi sono esposte l'immagine di s. Pietro e lo stemma di famiglia.

Una rarità nel panorama sepolcrale napoletano la costituisce per un altro aspetto anche la tomba *domine leticie caraczole ... quondam domini Philippi Caraczoli dicti carrafa et so[ror?] domini Bartholomei Bulchani*, oggi nella quinta cappella di sinistra a San Domenico, morta il 31 gennaio 1330 (fig. 18)[63].

[59] VENTURI (cit. nota 1), p. 300, che peraltro la definisce, a mio avviso impropriamente, »statua giacente«.

[60] Credo non possa essere escluso che le tracce di colore rossastro sul mantello siano originali.

[61] Lo stemma di sinistra presenta una banda obliqua con motivo vegetale a racemi nel suo interno; lo stemma di destra presenta nel campo basso le tre stelle a sei punte dei Dentice (come sulle lastre pavimentali), in quello alto un leone rampante fra dei piccoli dadi.

[62] Non mi risulta che la tomba, ovvero le lastre, siano mai state discusse dalla letteratura storico-artistica. L'iscrizione completa è riferita nella »Relazione« del 1741, pubblicata dallo STRAZZULLO (cit. nota 4), p. 207.

[63] Descritta da VALLE/MENICHINI (cit. nota 29), pp. 397–398, menzionata appena dallo SCHULZ (cit. nota 1), p. 51, alla tomba ha accennato, per confronti, solamente Francesco NEGRI ARNOLDI: Scultura trecentesca in Calabria: apporti esterni e attività locale. In: Bollettino d'Arte 21/1983, pp. 1–48, p. 23, fig. 40. – E' ricordata da una foto in: La cultura angioina (cit. nota 1), p. 70.

Fig. 17: Part. della lastra di copertura della tomba di Dialta.

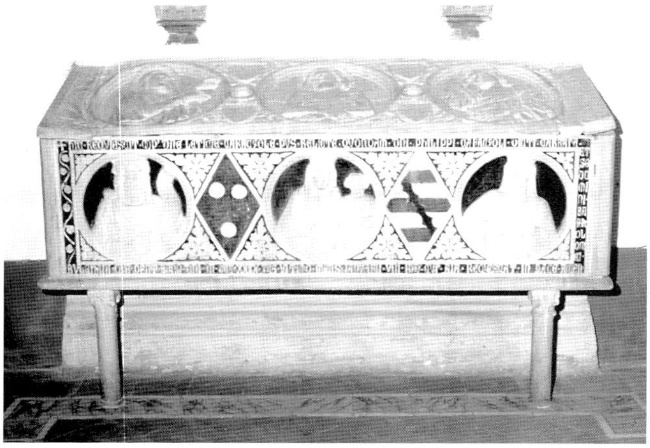

Fig. 18: Tomba di Letizia Caracciolo, Napoli, San Domenico.

Fig. 19: Tomba di Drugo di Merloto, Napoli, Santa Chiara.

Essa reca infatti un'inusuale doppia serie di immagini votive, tanto sulla lastra di copertura quanto sul frontale, dove esse risaltano ancor più per il contrasto fra il bianco del rilievo marmoreo e la pasta nera del fondo. La terna della passione è svolta nei tondi della copertura, la Madonna Regina col Bambino fra il Battista e s. Caterina su quelli del frontale. Anche qui la valenza araldica è sottolineata, vista la presenza dei due diversi stemmi famigliari entro losanghe sul frontale, dello stemma bipartito ripetuto sui lati brevi, dei quattro stemmi disposti negli spazi di risulta fra i tondi sulla copertura.

A confronto con questa (e altra) documentazione sembra comunque che il monumento funerario di prestigio, a edicola, con un articolato programma iconografico, tipico della famiglia reale, fu solo in qualche raro caso emulato dalla nobiltà. Così parrebbe che sia avvenuto per il *vir magnificus et egregius drugo de merloto miles strenuus ... de genere francorum*, che morì il 5 dicembre 1339 (fig. 19–20)[64]. Se se ne accetta la pertinenza alla tomba sottostante della scena al culmine, torna qui a essere mostrata la scena votiva della presentazione del defunto al Bambino in grembo alla Vergine, qui attuata con un diretto e significativo riscontro di gesti e di sguardi dell'Uno verso l'altro – come soltanto in quella di Maria d'Ungheria, ma non in altre[65]. Chi

[64] Appena menzionata, ma riprodotta dal Venturi (cit. nota 1), p. 300, fig. 217. L'intera, lunga epigrafe, è stata trascritta (n. 618) in D'Andrea (cit. nota 10), p. 147, n. 618. – Drugo fu il secondo marito di Isabella de Apia (Gaglione (cit. nota 1), p. 36), sulla quale cfr. oltre nel testo.

[65] La tomba Merloto ha una data che perlopiù viene ritenuta

Fig. 20: Tomba di Drugo di Merloto, Napoli, Santa Chiara.

Fig. 21: Tomba di Nicola Merloto, Napoli, Santa Chiara.

siano i santi protettori non è certo, come non lo sono, del tutto, i tre santi su un frontale (sull'altro viene data esplicita evidenza allo stemma araldico): sembrerebbero un apostolo al centro (s. Giacomo?), s. Francesco sulla sinistra e s. Ludovico da Tolosa a destra[66]. Il defunto ritorna in basso, disteso sulla cassa leggermente inclinata, a capo scoperto, le mani incrociate, con l'abito militare e il pugnale in vista. Un tendaggio pieghettato provvede sul retro a dare un congruo sfondo all'immagine.

Sulla parete opposta della stessa cappella un'altra tomba Merloto conserva anch'essa sia la cassa col frontale, sia il giacente. Vi fu inumato il corpo *magnifici merloti ... Nicolai*, figlio di Drugo e di Isabella de Apia, morto vent'anni dopo, nel 1358, ricordato anch'egli come cavaliere (fig. 21)[67]. La testa diritta al centro dell'elegante cuscino, i capelli straordinariamente lunghi, fino a lambirne le spalle, le mani incrociate, i piedi appoggiati a due cagnolini, Nicola è disteso anch'egli su un piano inclinato sopra la lastra di chiusura. Diversamente dalla precedente manca qui di qualsiasi arredo e troppo drastico è oggi il contrasto con la parete intonacata di fondo. Al centro del sottostante frontale troneggia la Madonna col Bambino, affiancata dalle ss. Caterina e Agnese, oltre che dai ss. Pietro e Paolo. Sui lati brevi sono esposti due stemmi, l'uno dei Merloto, l'altro della famiglia materna, de Apia[68]. Pur se verosimile che la tomba si componga di pezzi sin dall'origine a essa pertinenti, va comunque notato che giacente, iscrizione e cassa sono reciprocamente indipendenti. L'immagine di un s. Nicola, a dire il vero, avrebbe certo offerto maggiore certezza all'identificazione del defunto[69].

Il tema della Presentazione, svolto sulle tombe reali e su questa di Drugo, lo fu anche da una tomba degli Aquino in San Domenico, almeno posteriore al 1342 (fig. 22)[70]. Ricomposta con altra in un unico insieme, non senza sensibilità e intelligenza compositiva, ne è oggi inestricabile la pertinenza delle singole parti. A ciascun giacente fa riferimento

---

almeno posteriore a quella del sepolcro di Roberto ed è discussa stilisticamente in relazione alle tombe d'Aquino di San Domenico e alla tomba di Maria di Durazzo, coinvolta in pieno nel quesito della personalità del »maestro durazzesco«. Sono problemi sui quali qui non si vuole prendere posizione, limitandocisi al solo rinvio alle principali tappe storiografiche, peraltro mai assurte a vera e propria disamina sistematica: VENTURI (cit. nota 1), p. 300. – DE RINALDIS (cit. nota 14), pp. 161–163. – MORISANI (cit. nota 1), pp. 80–86 (in part. note 8 e 16). – NEGRI ARNOLDI (cit. nota 62), p. 5.

[66] Diverse le identificazioni proposte, riassunte da GAGLIONE (cit. nota 1), pp. 45 e 48, nota 5.

[67] VENTURI (cit. nota 1), p. 313, la riferì all'»abile maestro napoletano« del pulpito di Santa Chiara, operoso anche per la tomba di Cristoforo d'Aquino.

[68] Lo stemma presenta sei aquile in campo aperto, esposte in sequenza scalare: tre in alto, due al centro, una in basso. Lo stemma sulla tomba di Isabella presenta la variante di cinque aquile (2–1–2).

[69] Nella stessa cappella, sulla parete di fondo, è oggi murata la lastra della madre di Drugo, Ysabella de Alneto, ricordata nel l'iscrizione del figlio Drugo.

[70] Cfr. la lett. citata alla nota 70. – GAGLIONE (cit. nota 1), p. 42, nota 11.

Fig. 22: Tomba di Cristoforo e Tommaso d'Aquino (giacente di Cristoforo), Napoli, San Domenico.

Fig. 23: Tomba di Cristoforo e Tommaso d'Aquino (giacente e frontale di Tommaso), Napoli, San Domenico.

un'iscrizione, l'una indicando la sepoltura *magnifici viri Christofori de Aquino filii quondam magnifici et egregii viri domini Thomasii de Aquino comitis bellicastri*, morto il 22 novembre 1342, l'altra *viri magnifici domini Thomasii de Aquino comitis bellicastri*, morto nel novembre del 1357. Almeno una delle tombe doveva prevedere una camera sepolcrale se a uno dei due giacenti si riferiva la scena, disposta sul tetto, con la quale il defunto (che, dal taglio dei capelli, sembrerebbe essere Cristoforo) viene correttamente presentato a Cristo-giudice (non all' usuale Madonna col Bambino), con la diretta intercessione di un santo – il Battista – e l'assistenza di s. Antonio abate –, nessuno dei quali era peraltro il patrono onomastico dell'uno o dell'altro. Nemmeno il frontale collocato al centro fra i due giacenti mostra peraltro una tale relazione, apparendovi la Madonna e il Bambino in trono fra angeli, affiancati da due sante martiri incoronate (quella alla nostra destra certamente Caterina di Alessandria, per la ruota), dai ss. Pietro e Paolo. Su uno dei lati corti del sarcofago di Cristoforo, incassato per metà nella parete, appariva s. Tommaso, se in lui si deve riconoscere la figura dimezzata di santo, mentre sull'altro lato è cautamente ipotizzabile la presenza di un apostolo[71].

[71] Il frontale, riferibile per esclusione al sepolcro di Cristoforo, è confrontato da altri e da Negri Arnoldi (cit. nota 62), pp. 4–6, figg. 6–9, con opere in Calabria. – D'Ambrosio (cit. nota 35), p. 209, identifica la seconda santa, non so su che base, con s. Orsola.

Fig. 24: Tomba di Giovanna d'Aquino, Napoli, San Domenico.

L'altro frontale, con i tre tondi (Cristo di passione e dolenti) apparteneva certamente alla tomba di Tommaso, poiché ne reca l'epigrafe funeraria (fig. 23). Non manca l'usuale ostentazione araldica che la ricomposizione dei due sepolcri ha privilegiato col posizionare la triplice sequenza dello stemma Aquino direttamente sotto la scena di presentazione. Al vertice del timpano ritorna l'immagine di Cristo-giudice, come di frequente avviene nelle tombe reali, sulla cuspide una statuetta di arcangelo, verosimilmente Michele, che ostenta davanti a sé uno scudo sul quale spiccano il rilievo due chiavi incrociate. In quanto capo delle milizie celesti l'arcangelo è dun-

Fig. 25: Frontale della tomba di Cecchella Bulcano, Napoli, duomo.

que l'unico, nel programma iconografico, a permettere un'allusione alla virtù militare.

Ad essa fa invece esplicito rinvio la figura *magnifici militis domini Lodovici de Tocco iunioris senescalli hospicii Clare memorie domini Roberti imperatoris Costantinopolitani achaye et tarenti principis*, morto l'11 dicembre 1360 e sepolto nella propria capella di famiglia al duomo[72]. Tuttavia anche per lui il programma agiografico esposto sulla cassa non rivela specificità proprie del suo ruolo di corte, manifestando anzi la peculiarità della presenza di profeti – con cartigli dai testi ormai erasi – che, insieme con due apostoli collocati alle estremità laterali e altri due sui lati brevi (dove solo s. Paolo è facilmente e inequivocabilmente riconoscibile), fiancheggiano il gruppo centrale della Madonna con il Bambino.

Ancora una tomba femminile si trova oggi sulla parete opposta ai sepolcri degli Aquino. Essa ospita il corpo *generosae et deo devotae dominae Joanne de Aquino comitissae mileti et terrenovae*, morta il 6 aprile 1345 (fig. 24)[73]. Per via dell'affresco retrostante, le cui linee compositive contrastano con la scenografia sepolcrale, è certo che l'attuale posizione della tomba non rispecchia quella originaria e che dunque essa testimonia un mutamento ambientale,

---

[72] Anche questa tomba mi risulta inedita. Per l'epigrafe: STRAZZULLO (cit. nota 4).

[73] SCHULZ (cit. nota 1), p. 50, la menziona, per osservarne la dipendenza dai sepolcri reali e segnalarne una litografia. Appena nominata dal VENTURI (cit. nota 1), p. 315, per la sua esecuzione nella cerchia dello scultore attivo per la tomba Merloto (cfr. nota 72). – Drasticamente negativa la valutazione che ne diede MORISANI (cit. nota 1), pp. 85–86. – Ne accenna il NEGRI ARNOLDI, Scultura trecentesca in Calabria: il maestro di Mileto 1/1972, pp. 20–32, 22, fig. 8.

Fig. 26: Tomba di Isabella di Apia, Napoli, Santa Chiara.

Fig. 27: Tomba di Raimondo del Balzo, Napoli, Santa Chiara.

probabilmente lo stesso che diede luogo alla riunione delle tombe di Cristoforo e Tommaso in un unico sepolcro. La tomba di Giovanna è collocata oggi entro un'edicola polilobata, sulla cui cuspide s'innalza una statuina di arcangelo (senza le ali, probabilmente andate perdute), il cui scudo torna a recare lo stemma mostrato pure dal suo omologo al vertice del monumento Aquino sulla parete opposta. Lo scudo maritale dei Sanseverino, sovrastato dal cimiero bicorne, è invece esposto sul fronte alto del timpano stesso[74]. La defunta, elegante nella sua veste dalle maniche strettamente abbottonate e nel manto dall'ampio drappeggio che giunge fino a coprirle i piedi, ha i capelli entro una cuffia e l'usuale »zendado« (come talora veniva chiamato) che le fascia il mento. Sul frontale della cassa i tondi col Cristo passo e i dolenti sono qui intervallati non solo dagli stemmi, ma anche da angeli a figura intera, che enunciano con misura il loro dolore per la morte del Signore – una scelta d'immagine che sarà particolarmente prediletta ed espressa con intensa partecipazione emotiva nelle tombe di età durazzesca[75]. Sui due lati corti, pure entro tondi, sono rappresentati s. Caterina d'Alessandria e s. Tommaso.

Nè questa di Giovanna d'Aquino, tanto meno di altre donne di corte hanno imitato i modelli reali femminili. E' peraltro la lastra frontale *nobilis mu-*

[74] Lo scudo dei Sanseverino lo si ritrova su un frontale di sarcofago nell'ottava cappella di sinistra di Santa Chiara (per cui cfr. GAGLIONE (cit. nota 1), p. 53 e fig. in alto della tav. VI n. n.). Per la sua identificazione cfr. Filiberto CAMPANILE: L'armi overo insegne de' nobili. Napoli 1610, p. 39 (ne debbo la segnalazione a Mario Gaglione).

[75] Per esempio nelle tombe di Carlo di Durazzo o di Giovanna di Durazzo e Roberto di Artois: Sculture trecentesche (cit. nota 1), XXVI e XXVII, pp. 42–44, figg. 46, 48, 52 e 55. I due stemmi sono uguali e presentano bande diagonali (degli Aquino) combinate con altre orizzontali.

lieris domine Cecchelle bulcane de Neapoli uxoris nobilis et egregii viri domini Johannis Caraczuli de Neapoli militis, morta il 30 settembre 1373, sepolta in duomo, a presentare una rara messinscena 'votiva' (fig. 25), impostata come in una sequenza narrativa: nel tondo di sinistra la Madonna Regina col Bambino in braccio, la Sua mano atteggiata a benedire la defunta che, inginocchiata nel tondo centrale, mostra il volto contornato dalla cuffia, le mani giunte in preghiera. Sul tondo di destra s. Caterina[76]. Per un'altra nobildonna, morta appena due anni dopo, il 13 luglio 1375, si ripete l'eccezionalità di una scelta d'immagine senza riscontri altrove: è la tomba di Isabella di Apia, che *Speculum vite fuit ... regula morum ... casta humilis miserans cunctis mansueta modesta femina non fragilis sed verius alma virago* e che *mortua non moritur quia famam dat virtus*, come la definisce la lunga epigrafe sulla sua tomba, oggi nella settima cappella di sinistra (fig. 26)[77]. Ad evidenza modellata 'al femminile' sullo schema usato per l'antistante tomba del marito, la lastra mostra Isabella al centro, il volto marcato da un'espressione severa, le mani che accarezzano un cagnolino, attorno a lei il seguito delle sue dame, di diversa età e diversamente caratterizzate nell'abbigliamento, che sembrano offrirci uno spaccato di quella che era stata la vita nei suoi appartamenti[78].

Di fronte a lei, nella stessa cappella, riposa nel suo sepolcro il marito, Raimondo del Balzo *baucia quem genuit Clara et Generosa Propago*, morto appena venti giorni dopo, il 5 agosto, *magnanimus sapiens insignis providus ... soleti[que] comes regni camerarius* (fig. 27)[79]. Sia questa, che quella, sono, oltretutto, fra le poche rimaste che ci offrono ancora la loro versione architettonica originaria: con le virtù-cariatidi, la camera sepolcrale e il sovrastante gruppo statuario che in ambedue i casi qui presenta la Madonna con il Bambino. Il frontale della cassa ci mostra il conte, il volto barbato, la testa coperta dal manto e indosso lunghi abiti civili, nelle mani una zampetta di rapace e un falchetto – a segno del suo piacere per il nobile esercizio della caccia – contornato da un 'seguito' caratterizzato diversamente, senza dubbio a trasmettere visualmente informazioni di diverso rango e funzione: dei due più vicini quello di destra (un monaco?), visto di profilo secco, barbato, abbigliato con vesti lunghe fino a terra, un gesto di devozione espresso con la mano destra poggiata sul cuore, il braccio sinistro completamente coperto dal manto; quello di sinistra pur egli barbato, ma con veste corta sotto il manto e un falchetto nella sinistra; la coppia seguente sulla destra composta di due 'cortigiani' (o paggi?) l'uno barbato e l'altro no, ambedue con falchetto nella mano; la coppia di sinistra ugualmente abbigliata e differenziata fisiognomicamente (ma con sequenza invertita, forse per esigenza di variante compositiva) col cortigiano antistante che tiene sia un falchetto che la zampetta di volatile. Gli abiti civili Raimondo li indossa anche da giacente, con la canizie di spicco – poiché la testa non è coperta dal manto – e la lunga barba, che quasi lo rendono simile a s. Paolo. Come nella tomba di Caterina d'Austria si trasmetteva un'ideale di santità, così sembra qui celebrato l'ideale della vita cortese. E' comunque l'unico caso di un nobile che, come era avvenuto solo per i reali, indossa abiti civili, non avendo affidato il ricordo della propria personalità alla più consueta immagine di »cavaliere addobbato« – proprio lui che aveva condotto tante imprese militari dentro e fuori del Regno![80]

[76] Due gli stemmi fra i tondi: a sinistra è bipartito con leone rampante (Caracciolo) e una 'griglia' sovrastata da una zona che suggerisce una campitura monocroma; a destra è ripetuto per intero quest'ultimo stemma (Bulcano). La lastra si trova sulla parete sinistra della cappella del Crocefisso, sopra la tomba di Matteo Caracciolo e dello pseudo-Carlo Martello (fig. 3).

[77] Ancor oggi l'unica descrizione accurata della tomba resta quella dello Schulz (cit. nota 1), pp. 74–75. Su Isabella (»de Apia« nell'epigrafe, »di Eppe« o »di Appia« in altra letteratura) cfr. da ultimo Gaglione (cit. nota 1), pp. 35–43. Seconda moglie di Raimondo, essa era stata già sposata in prime nozze ad Adinolfo d'Aquino – avendone come figlio Tommaso (di cui si è qui ricordata la tomba in San Domenico) – e in seconde nozze a Drugo di Merloto, sepolto egli stesso a Santa Chiara. Sia la tomba di Isabella, sia quella del marito Raimondo, erano in origine nella seconda cappella di destra: Gaglione (cit. nota 39), pp. 56–58.

[78] Nel contesto di un preliminare inquadramento della moda angioina qualche osservazione sulla tomba di Isabella di Apia (e del marito Raimondo) è stata formulata da Adelaide Cirillo Mastrocinque: Arte e costume nelle figurazioni gotiche e tardogotiche napoletane. In: Scritti in onore di Ottavio Morisani. Catania 1982, pp. 147–166.

[79] Schulz (cit. nota 1), p. 75. – Solo marginalmente citata, la tomba venne tuttavia riprodotta dal Venturi (cit. nota 1), p. 315, fig. 227. Sulle vicende di questa e dell'altra – oltre che su Raimondo stesso – v. da ultimo la nota 3 alle pp. 38–41 di Gaglione (cit. nota 1).

[80] Raimondo Del Balzo fu figura di massimo rilievo alla corte angioina, particolarmente apprezzato per le sue virtù militari da quanto si desume dai continui incarichi ricevuti. V. DBI 36/1988, pp. 320–326 (voce di J. Göbbels).

Con queste due tombe, alle cui esplicite pretese celebrative fa riscontro la quasi totale disattenzione degli studi storico-artistici, questo preliminare panorama sui sepolcri della nobiltà napoletana trecentesca può concludersi, vicine come esse sono per cronologia a quel convenzionale spartiacque segnato dal capovolgimento politico che portò al potere il ramo durazzesco della dinastia angioina. Ma la storia delle sepolture e della celebrazione nobiliare che esse trasmettono continua con non minori aspetti d'interesse. Sarà in un'altra sede che se ne affronterà, da parte mia o di altri, questo successivo capitolo[81].

Referenze fotografiche: 1–27: Autore.

[81] Nel convegno »Napoli, il mediterraneo, l'Europa« (C.I.H.A., Napoli, marzo 1998) tre studiosi hanno discusso temi di scultura funeraria di età durazzesca: Paola Santucci (»Intorno ad Antonio Baboccio da Piperno«); Nicolas Bock (»Tardogotico e Rinascimento in San Giovanni a Carbonara: il monumento a Ladislao«) e io stesso (»Aspetti figurativi della celebrazione funeraria nella Napoli durazzesca«). Nel novembre scorso un convegno al Liebighaus è stato dedicato esclusivamente alla Napoli angioina.

Romuald Kaczmarek

Ein italienischer Bildhauer in Schlesien? Die Grabmäler Heinrichs VI. († 1335) und Boleslaus' III. († 1352)

Die schlesische Grabplastik ist keine *terra incognita* der Kunstgeschichte. Bearbeitungen einer Reihe von Fürstengrabmälern, deren bekanntestes das von Heinrich IV. genannt Probus ist, stammen sowohl aus der Feder deutscher als auch polnischer Kunsthistoriker. Was die polnische Forschung betrifft, so stellen die Arbeiten von Janusz Kębłowski aus den späten sechziger und frühen siebziger Jahren, die auch in der deutschsprachigen Forschung rezipiert werden, Standardpublikationen zu diesem Themenkreis dar[1]. Am Beispiel von zwei fürstlichen Grabmälern möchte ich im folgenden auf die Möglichkeit von Ergänzungen und Modifizierungen hinweisen. Zuvor will ich jedoch die beiden schlesischen Piastenherrscher kurz vorstellen, um deren Grabmäler es sich handelt.

I

Heinrich VI. (1294–1335) und Boleslaus III. (1291–1352), die Söhne des Breslauer Fürsten Heinrich V. (*Ventrosus*, der Dickbäuchige), kamen nach dessen Tod unter die Vormundschaft des Breslauer Bischofs. 1302 wurde der junge Boleslaus mit der sechs Jahre alten Tochter des böhmischen Königs Wenzel II. verlobt. In den folgenden vier Jahren hielten sich die beiden Fürstensöhne am Prager Hof auf. 1306 übernahmen sie schließlich die Regierungsverantwortung und teilten das ererbte Gebiet unter sich und ihrem Bruder Wladislaus auf. An Heinrich fiel das Hauptfürstentum Breslau; Boleslaus erhielt das Fürstentum Liegnitz und kurze Zeit später – aus dem Besitz des jüngsten Bruders – einen Teil des Fürstentums Brieg. Die späteren kleinen territorialen Änderungen fallen nicht weiter ins Gewicht. Wesentlich ist aber die Tatsache, daß Heinrich, der keine männlichen Nachkommen hatte, sein Breslauer Fürstentum 1327 aufgrund eines freiwilligen Vertrages Johann von Luxemburg übergab, womit er den Übergangsprozeß Schlesiens an die Herrschaft der böhmischen Könige einleitete. Boleslaus wiederum, der für seine proböhmische Orientierung bekannt war, hatte 1331 zusammen mit seinen Söhnen vor Johann von Luxemburg, der übrigens sein Schwager war, den Lehnseid abgelegt[2]. Nach dem Tode Heinrichs VI. im Jahre 1335 wurde sein Grab in der Klarissenkirche mit einer einfachen, lediglich mit seinem Wappen geschmückten Granitplatte bedeckt. Jene Platte, mit der beinahe vollplastischen Figur des Fürsten (Abb. 1), die Gegenstand meines Beitrags ist, entstand erst ungefähr 15 bis 20 Jahre später[3]. Boleslaus III. wurde

---

[1] Janusz Kębłowski: Nagrobki gotyckie na Śląsku. Poznań 1969. – Ders.: Treści ideowe gotyckich nagrobków na Śląsku. Poznań 1970. – Ders.: Pomniki Piastów Śląskich w dobie średniowiecza. Wrocław 1971.

[2] Über die politischen Ereignisse dieser Zeit vgl. u. a. Emil Schieche: Politische Geschichte von 1327–1526. In: Hermann Aubin (Hg.): Geschichte Schlesiens. Bd. 1, Von der Urzeit bis zum Jahre 1526. Breslau 1938, S. 154–163. – Włodzimierz Hołubowicz/Karol Maleczyński: Przechodzenie księstw śląskich pod władzę Luksemburgów czeskich. In: Karol Maleczyński (Hg.): Historia Śląska. Bd. 1, Do roku 1763, Tl. 1, Do połowy XIV w. Wrocław 1960, S. 553–556, 562. – Otfrid Pustejovsky: Schlesiens Übergang an die böhmische Krone. Machtpolitik Böhmens im Zeichen von Herrschaft und Frieden. Köln/Wien 1975, S. 129–133, 140 f.

[3] Kębłowski, Nagrobki (wie Anm. 1), S. 77. – Ders., Treści (wie Anm. 1), S. 88 ff., 249. – Ders., Pomniki (wie Anm. 1), S. 91–97. – Die Maße der Grabplatte mit der Figur: 200 × 86,5 × 42,5 cm (max. Höhe); barocke Fassung, die originale Tumba ist nicht erhalten.

Abb. 1: Wroclaw, ehemalige Klarissen-, jetzt Ursulinenkirche, Grabmal Heinrichs VI.

Abb. 2: Venedig, Palazzo Loredan, Figur des Goliath.

1352 in Leubus in einer von ihm gestifteten Grabkapelle bei der Zisterzienserkirche bestattet. In ihrem Zentrum errichtete man ein Tumbengrab mit seiner Figur (Abb. 3)[4]. Dabei handelt es sich um das zweite Monument, das hier behandelt werden soll.

In der Forschung sah man stets das enge stilistische Verhältnis der beiden Grabplatten; sie wurden deshalb auch in die gleiche Zeit datiert, obschon die Sterbedaten der beiden Fürsten doch einige Jahre auseinanderliegen. Die vorgeschlagenen Datierungen reichten von der Zeit nach dem Tode Heinrichs VI. im Jahre 1335 bis in die 2. Hälfte des 14. Jahrhunderts[5].

Neuerdings hat vornehmlich Kębłowski überzeugend begründen können, daß die Grabmäler in der Mitte des Jahrhunderts entstanden sein müssen, wobei er das Grabmal Heinrichs für das ältere, noch am Ende der vierziger Jahre geschaffene Werk hält[6]. Ausgehend von der Tatsache, daß die Inschrift des Grabmals die Übergabe des Fürstentums Breslau an

[4] Kębłowski, Nagrobki (wie Anm. 1), S. 28. – Ders., Treści (wie Anm. 1), S. 91–96, 149 f. – Ders., Pomniki (wie Anm. 1), S. 97–108. – Vgl. auch: Andrzej Grzybkowski: Die Grabkapelle Herzog Boleslaus' III. in Leubus. In: Jahrbuch der Schlesischen Friedrich-Wilhelms-Universität zu Breslau 34/1993, S. 33–54. – Die Grabplatte (jetzt im Muzeum Narodowe in Wrocław) während des Barocks und im 19. Jahrhundert gefaßt, 1935 renoviert, 1945 zerstört, 1978–83 wieder zusammengebaut und renoviert, die Maße: 215 × 93 × 46 cm.

[5] Kębłowski, Nagrobki (wie Anm. 1), S. 77 u. Anm. 138.

[6] Kębłowski, Nagrobki (wie Anm. 1), S. 77, 203. – Ders., Treści (wie Anm. 1), S. 90, 149. – Ders., Pomniki (wie Anm. 1), S. 91, 94. – Vielleicht machen sich hier die Erwägungen von Rita Probst bemerkbar: Der Meister des Löwenberger Doppelgrabmals und die schlesische Grabplastik der 1. Hälfte des XIV. Jahrhunderts. In: Hans Tintelnot (Hg.): Kunstgeschichtliche Studien. Breslau 1943, S. 201: Die Autorin überlegte, ob es sich hier nicht um ein Jugendwerk des sog. Meisters des Löwenberger Grabmals handeln könnte, ein Werk also aus den 30er Jahren.

Abb. 3: Wrocław, Muzeum Narodowe, Grabmal Bolesłaus’ III.

Abb. 4: Venedig, Palazzo Loredan, Figur des David.

den bömischen König deutlich hervorhebt *(... wratslew dominatum contulit extremis regnat[ori]bus iste boemis)*, vermochte Kębłowski wahrscheinlich zu machen, was andere schon erwogen hatten, nämlich daß Karl IV. von Luxemburg und der Breslauer Stadtrat die vermutlichen Stifter des neuen Grabmals für Heinrich VI. waren[7]. Als Stifter des Grabmals von Boleslaus III. gelten demgegenüber die Söhne des Verstorbenen, Wenzel I. von Liegnitz und Ludwig I. von Brieg, sowie dessen Witwe Katharina[8]. Die künstlerische Genese der beiden Grabplastiken und ihre Stilistik wurden bisher nicht eingehend untersucht. Rita Probst bettete sie in den weiten Umkreis des Meisters des Löwenberger Grabmals mit seinem angeblich mittelrheinischen Hintergrund ein[9]. Kębłowski, der zu

[7] Kębłowski, Treści (wie Anm. 1), S. 88–90. – Ders., Pomniki (wie Anm. 1), S. 94–96. – Anderer Meinung war nur Anna Ziomecka: Rzeźba i malarstwo od 2. połowy XIII do początku XVI wieku. In: Zygmunt Świechowski (Hg.): Wrocław. Jego dzieje i kultura. Warszawa 1978, S. 156: Sie vermutete, daß die Stiftung des Grabmals auf Anregung der Tochter oder der Schwestern des Herzogs erfolgte, die damals Äbtissinnen im Breslauer Klarissenkloster waren.

[8] Kębłowski, Treści (wie Anm. 1), S. 96. – Ders., Pomniki (wie Anm. 1), S. 107–108.

[9] Kębłowski, Nagrobki (wie Anm. 1), S. 69–73, nennt ihn den Meister des Sohrauer Grabmals.

Recht keinerlei Gemeinsamkeiten zwischen dem Löwenberger Werk und den Grabmälern in Breslau und Leubus sieht und im gesamteuropäischen Umfeld nach Parallelen sucht, kehrt paradoxerweise zu Beispielen aus ebenjener Region Deutschlands zurück; so sieht er Analogien in der Gewanddraperie bei der Grabmalfigur des Erzbischofs Peter von Aspelt († 1320) in Mainz oder bei der Ecros vom Steren († 1343) in Würzburg[10]. Ein wichtiges und charakteristisches Formelement, das beim Löwenberger Grabmal nicht in Erscheinung tritt, weil hier die Form entstofflicht, verflacht und verhärtet wirkt[11], sah Kębłowski in der zu dieser Zeit wachsenden Bedeutung des »anatomischen, fleischlichen« Faktors und in einer »sachlicheren, natürlichen Bildung der Körperhaltung des Menschen«[12]. Zugleich betonte er, daß der Schöpfer der beiden Grabmäler sich kaum mit einem außerschlesischen Kunstkreis in Verbindung bringen läßt, und daß seine Figuren eindeutig in der einheimischen, schlesischen Tradition verwurzelt sind. Er begründete diese Auffassung vor allem mit dem Hinweis, daß für die Auswahl und Anordnung der heraldisch-militärischen Accessoires vor allem das Breslauer Grabmal von Heinrich IV. Probus († 1290) eine wichtige Inspirationsquelle bot[13].

II

In einer Reihe von Arbeiten über die Grabmäler der Fürsten Heinrich und Boleslaus wird ein »Meister Heinrich« als der Schöpfer dieser Werke bezeichnet[14]. Die einzige Quelle, auf der diese Behauptung gründet, sind die Schlußworte einer Inschrift, welche auf dem schrägen Rand der Grabplatte von Boleslaus III. eingemeißelt ist. Der in gotischen Minuskeln ausgeführte Text besteht aus zwei Abschnitten: der erste ist in leoninischen Hexametern in lateinischer und der zweite, viel kürzere, in deutscher Sprache verfaßt. Die die ganze Platte umlaufende Inschrift beginnt und endet in der Mitte des Randes hinter dem Kopf der Figur:

+ *No[na] · kale · da / ns (sic!) · Maius (sic!)* ● *dux · vra[tislaviensis] · leg[nicensis] · brig[ensis] · boleslaus* ◆
Zelator · ueri ● *largu / s · promptus miseirri [sic!]* * /
Fit cum ● *defunctis* ● *m[illesimo] · c[entesimo] · tribus · l [=quinquagesimo] · duo iunctis* * *hi · heynrichs · h / ant · quhirt*.[15]

Der Analyse dieser Inschrift könnte man eine eigene Studie widmen. Ich möchte mich hier jedoch lediglich auf den Schluß konzentrieren. Die Geschichte seiner Interpretation reicht wahrscheinlich bis ins 16. Jahrhundert zurück. Unter den schlesischen Inschriften, die am Anfang des 17. Jahrhunderts von Simon Gruneus († 1628) zusammengetragen wurden, ist eine umfangreiche Inschrift ediert, die auf den Fürsten Boleslaus Bezug nimmt. Sie war ursprünglich in der Nähe des Grabmals in der Fürstenkapelle von Leubus angebracht und stellte die Behauptung auf, es sei ein *pastor*, ein Hirte gewesen, der des Herzogs *effigiem sculpserat*[16].

Offenbar hatte der Verfasser den deutschen Schluß der Inschrift am Grabmal als Signatur interpretiert und das sonderbare Wort »quhirt« als »Kuhhirt« (*bubulcus*) gelesen. Einem solchen, auch wenn er sich zum fürstlichen *tombier* hochgearbeitet hatte, war das merkwürdige Deutsch des letzten und das alles andere als fehlerfreie Latein des ersten

[10] Kurt BAUCH: Das mittelalterliche Grabbild. Figürliche Grabmäler des 11. bis 15. Jahrhunderts in Europa. Berlin/New York 1976, S. 139, Abb. 145, 224. Er bezeichnet den durch diese Grabmäler präsentierten Stil als »radikal und zugleich zukunftslos«.

[11] BAUCH (wie Anm. 10), S. 139.

[12] KĘBŁOWSKI, Nagrobki (wie Anm. 1), S. 78. Er führt als Beispiele die Grabmäler von Heinrich Bezer von Boppard aus dem ehemaligen Kloster Marienberg und von Johann von Falkenstein aus Arnsburg sowie das Grabmal von Gottfried von Bergheim († 1335) aus Münstereifel an.

[13] KĘBŁOWSKI, Nagrobki (wie Anm. 1), S. 77–78. – DERS., Pomniki (wie Anm. 1), S. 93.

[14] Paul KNÖTEL: Die schlesischen Inschriften des Mittelalters. In: Mitteilungen der schlesischen Gesellschaft für Volkskunde 31–32/1931, S. 234.

[15] Alle bisher in der Literatur angeführten Versionen der Grabinschrift unterscheiden sich mehr oder weniger voneinander und enthalten Unstimmigkeiten in Bezug auf das Original. Im Wort »kaledans« wurde ein Buchstabe umgestellt (= kalendas). Vgl.: Alwin SCHULTZ: Die Cisterzienser-Klosterkirche zu Leubus. In: Abhandlungen der Schlesischen Gesellschaft für Vaterländische Cultur, Philosophisch-historische Abtheilung 1870, S. 81. – Konstanty Klemens JAŻDŻEWSKI: Lubiąż. Losy i kultura umysłowa śląskiego opactwa cystersów (1163–1642). Wrocław 1993, S. 110–111.

[16] Simonis Grunaei Monumenta et Inscriptiones, Bd. 3, S. 180r, Handschrift in der Universitätsbibliothek in Wrocław, Sign. 1950/781. Die zitierte Inschrift könnte in der Regierungszeit des Abtes Johannes VI. (1539–1552) entstanden sein.

Teils der Inschrift[17] wohl zuzutrauen. Diese älteste Interpretation jener ungewöhnlichen Grabinschrift genoß hohes Ansehen, so daß sie bis heute tradiert wird[18]. Zum ersten Mal wurde sie in den im Jahre 1733 herausgegebenen »Liegnitzischen Jahrbüchern« des Liegnitzer Geschichtsschreibers Georg Thebesius († 1688) gedruckt. Er schrieb über die Boleslaus-Darstellung auf dem Grabmal: ... *imago ejus ex solido saxo â bubulco, ut ferunt, sculpta, imposita est*[19]. Auch von einem Mitglied einer Säkularisierungskommission in einem 1814–1825 abgefaßten Bericht wurde diese Lesart übernommen[20]. Eine modifizierte Version der Deutung als Signatur gab dann 1872 Hermann Luchs. Er berief sich auf die Meinung von H. Rückert und übersetzte den Abschnitt wie folgt: »hier klagt Heinrichs (des Meisters) Hand«[21]. Dem folgten auch andere Historiker[22]. In die polnische Forschung fand Luchsens Lesung durch Kębłowski Eingang, der sie mit zusätzlichen Argumenten stützte[23]. Auf diese Weise etablierte sich die Gestalt des Meisters Heinrich. Bemerkenswert sind aber die Zweifel, die Bożena Sobota in ihrer kleinen Monographie über das Boleslaus-Grabmal äußerte. Sie lehnte nämlich die Möglichkeit ab, daß die Grabfigur vom Bildhauer signiert worden sein könnte. Für wahrscheinlicher hielt sie, daß der in der Inschrift genannte Heinrich der Verfasser dieses Textes ist. Auf diese Weise habe er den Inhalt der Inschrift glaubwürdiger machen und bestätigen wollen[24]. Demgegenüber ist anzumerken, daß eine Künstlersignatur an einem Grabmal durchaus nicht ungewöhnlich ist. Beispiele aus den vierziger Jahren des 14. Jahrhunderts sind die Werke des Meisters Wölflin, der u. a. das Grabmal von Irmgard von Baden († 1260) in Lichtental signierte: DIS WERC MAHTE MESTER W[Ö]LVELIN VON STRASBVRG[25].

In Vergessenheit geriet ein sehr alter Vorschlag (1870) von Alwin Schultz, Professor der Breslauer Universität, der die erste umfassende Arbeit über die mittelalterliche Hofkultur vorlegte. Er lehnte die Deutung der Inschrift als Künstlersignatur ab und erkannte in ihr eine Devise oder einen Schlachtruf des Fürsten Boleslaus. Schultz interpretierte sie im Sinne von: »Hi Heinrichs Hand, Kuhhirt!« Als analogen Fall führte er einen bekannten Welfenruf (*hi welf* ...) an[26]. Das Wort »hant« wurde dabei in einer Bedeutung verwendet, die den Schlachtruf folgendermaßen zu verstehen erlaubte: »hier ist Heinrichs Wacht, ich bin der rechtmäßige Besitzer des Landes, der Erbe meines Vaters Hein-

[17] Vermerkt wurde dies u. a. von: Georg Thebesius Liegnitzische Jahr-Bücher. Jauer 1733, Tl. 2, S. 207. – H. GROTEFEND: Zur Genealogie und Geschichte der Breslauer Piasten. In: Abhandlungen (wie Anm. 15) 1872, S. 98. – Hermann LUCHS: Schlesische Inschriften vom XIII. bis XVI. Jahrhundert. In: Schlesiens Vorzeit in Bild und Schrift 3/1881, S. 335. – Hans LUTSCH: Verzeichnis der Kunstdenkmäler der Provinz Schlesien. Bd. 2. Die Landkreise des Regierungsbezirks Breslau. Breslau 1889, S. 611. – KNÖTEL (wie Anm. 14), S. 243: Die Schlußwendung der Grabinschrift bezeichnete der Autor als »die erste deutsche Inschrift in Schlesien überhaupt«.

[18] Jüngst zeigte sich JAŻDŻEWSKI (wie Anm. 15), S. 110, Anm. 165, mit dieser Interpretation einverstanden. Er übersetzt diesen Abschnitt in der folgenden Weise: »hier Heinrichs Hand Kuhhirt.«

[19] THEBESIUS (wie Anm. 17). Dieser Autor äußert bereits diese Überzeugung; er bemerkt: »gedachtes Hirten, so diesen Stein ausgehauen, sein Bild, ist in dem Eingange, in der Decke des Gewölbes der Capelle in Stein gehauen, mit einem rothen Mantel und ausgespannten blossen Händen und Füssen.« Eine solche Darstellung ist an den Schlußsteinen oder Konsolen in der Kapelle heute nicht zu finden.

[20] Archiwum Archidiecezjalne we Wrocławiu, Sign. Akte V A26.

[21] Hermann LUCHS: Schlesische Fürstenbilder des Mittelalters. Breslau 1872, S. 4.

[22] Kazimierz STRONCZYŃSKI: Pomniki książęce Piastów. Piotrków 1888, S. 24–. – KNÖTEL (wie Anm. 14), S. 243.

[23] KĘBŁOWSKI: Nagrobki (wie Anm. 1), S. 76. – DERS., Pomniki (wie Anm. 1), S. 98: Der Autor betonte, daß der Schlußsatz wegen der Verwendung einer anderen Sprache kein integraler Teil der Inschrift ist und den Charakter einer Glosse hat. Die nach Kębłowski angenommene Deutung in: Bożena GULDAN: Śląska rzeźba kamienna XII – XVI w. (= Zbiory Muzeum Narodowego we Wrocławiu) Wrocław 1989, S. 42. – Alicja KARŁOWSKA-KAMZOWA: Sztuka Piastów śląskich w średniowieczu. Warszawa/Wrocław 1991, S. 40. – Halina OKÓLSKA: Lubiąż, Wrocław. In: Mauzolea Piastowskie na Śląsku. Wrocław 1993, S. 67, 80, 146. – Dieser Ansicht war wahrscheinlich auch Tadeusz DOBROWOLSKI: Stan badań nad nagrobkami książąt piastowskich i innymi średniowiecznymi pomnikami Śląska. In: Roczniki Sztuki Śląskiej 10/1976, S. 166.

[24] Bożena SOBOTA: Nagrobek Bolesława III księcia legnicko-brzeskiego. (= Ze zbiorów Muzeum Narodowego we Wrocławiu, Śląska Sztuka Średniowieczna, 15) Wrocław 1991, S. 6, 8.

[25] Dieser Meister signierte auch die Grabplatte von Ulrich von Werdt († 1344) in Straßburg: MEISTER WOELVELIN VON RUFACH EIN BURGER ZU STRASSBURG DER HET DIS WERG GEMAHT, vgl. BAUCH (wie Anm. 10), S. 104–105, 137–138. – Victor BEYER: La sculpture strasbourgeoise au quatorzième siècle. Straßburg/Paris 1955, S. 65.

[26] SCHULTZ (wie Anm. 15), S. 82. Zum Thema vgl. auch J. DIELITZ: Die Wahl- und Denksprüche, Feldgeschreie, Losungen, Schlacht- und Volksrufe besonders des Mittelalters und der Neuzeit. Frankfurt a. M. 1884, S. 131. – Dietrich BRIESEMEISTER: Devise. In: Lexikon des Mittelalters. München/Zürich 1986, Bd. 3, Sp. 925 f.

rich«. Etwas naiv scheint die Deutung der Ursache, warum das als »Kuhhirt« interpretierte Wort in diesem Schlachtruf erscheint: Kuhhirten sollten laut Schultz Adressaten des Rufes sein, nämlich entweder die aus der ländlichen Untertanengemeinschaft stammenden eigenen Krieger des Fürsten, oder die Soldaten des Gegners, die in diesem Fall als Kuhdiebe verspottet würden[27].

Wie wir sehen, bereitet die Inhalts- und Bedeutungsklärung des kurzen Satzes *hi Heynrichs hant quhirt* Schwierigkeiten. Nichtsdestoweniger erlaube ich mir einen neuen Vorschlag zu präsentieren, der u. a. das Ergebnis eines Gesprächs mit Herbert Wolf in Marburg ist, das ich 1992 in dieser Angelegenheit führte[28]. Es scheint, daß die Einbindung der deutschsprachigen Wendung in die dem Boleslaus gewidmete Grabinschrift darauf hinweist, daß sie sich gleichfalls auf seine Person bezieht. Dabei könnte die Verwendung der Umgangssprache auf eine Unübersetzbarkeit oder auf die Sinnlosigkeit einer Übersetzung des Satzes hinweisen, der in gerade dieser und keiner anderen Form den Zeitgenossen bekannt war. Weiter scheint es, daß das erste Wort dieses Satzes ein Partikel ist und die Bedeutung eines Ausrufes (z. B.: »hei!«) hat.

Wenn wir das Wort »hant« als Hand verstehen, dann ist dies wohl nur in der Bedeutung von »Schwurhand«[29], »Nachfolge« oder »Nachkommenschaft«, und zwar eines Heinrich sinnvoll. Da nichts davon bekannt ist, daß in Leubus oder unter den schlesischen Piasten der hl. Heinrich geehrt oder z. B. sein Armreliquiar aufbewahrt wurde, ist es am einfachsten, diesen Namen entweder auf den Fürsten Heinrich II. (den Frommen), den Vorfahren Boleslaus' III., oder auf Heinrich V., seinen Vater, zu beziehen. Für Heinrich II. (den Frommen) spricht zweifelsohne der Ruhm des Heldentodes eines christlichen Ritters in der Mongolenschlacht zu Liegnitz (Wahlstatt) im Jahr 1241. Es ist wahrscheinlich, daß die schlesischen Piasten sogar an der Kanonisierung des Sohnes der hl. Hedwig und Heinrichs des Bärtigen interessiert waren[30]. Gegen die Möglichkeit, daß dieser Schlachtruf auf Heinrich V., den Vater von Boleslaus, bezogen ist, spricht die Tatsache, daß dieser sehr früh verstorben war. Sein Sohn, der damals keine fünf Jahre alt war, konnte sich wohl kaum an ihn erinnern.

Wenn wir aber das Wort »hant« in der Bedeutung von »Wacht, Schutz, Verteidigung«[31] verstehen wollen, sollten wir die Übersetzung von Schultz aufgreifen. Es muß allerdings betont werden, daß angesichts der in den mittelalterlichen Quellen beschriebenen und von den Historikern bestätigten Haltung Heinrichs V. seinem Land gegenüber, die von einer zweifelhaften Geschäftsmoral und Geldgier geprägt war, in der Interpretation von Schultz (»hier ist Heinrichs Wacht ...«) ein etwas zu patriotischer Unterton anklingt. Demgegenüber möchte ich eine andere Version vorschlagen. Ich deute das Schlüsselwort »hant« als »Vertretung der Person«[32]. Dadurch erhält der Satz folgende Bedeutung: »Das bin ich, der Nachkomme (Nachfolger) von Heinrich«, und zwar sowohl in Bezug auf den Vater, als auch, vielleicht sogar in höherem Maße, in Bezug auf den berühmten Urahn[33].

Zu deuten bleibt noch das letzte Wort der Inschrift, und zwar *quhirt*. Alle Versuche, seine Bedeutung durch Assoziationen mit dem ähnlich klingenden Wort »Kuhhirt« zu interpretieren, sind gescheitert. Statt dessen möchte ich das Wort als Verb auffassen. Die Wörterbücher registrieren Verben mit einer ähnlichen Schreibweise und ähnlichem Klang, z. B.: »kirren« = »einen scharfen, hohen Ton geben; schreien, quietschen« oder mundartlich als »quirren«[34]. Hier noch andere Beispiele: »quienen (quinen)« = »kränkelnd klagen, seufzen« und »quieren« = »seufzen« und weiter unter Verweis auf »kerren« (althochdeutsch »chërran«, mittelhochdeutsch »kërren«), wo der Buchstabe »k« oft wechselnd mit »qu« gebraucht wurde[35].

---

[27] SCHULTZ (wie Anm. 15), S. 81 f.

[28] Zu diesem Zeitpunkt verfügte ich noch nicht über alle bibliographischen Angaben. Vor allem war mir damals der Artikel von A. Schultz nicht bekannt. Prof. Dr. Herbert Wolf, Marburg, sei hier für seine Hilfe herzlich gedankt.

[29] Deutsches Wörterbuch von Jacob und Wilhelm GRIMM. Bd. 4. Leipzig 1877, Sp. 331.

[30] Jakub KOSTOWSKI/Jacek WITKOWSKI: Książę Henryk II Pobożny i bitwa legnicka w ikonografii (XIII-XX w.). In: Wacław KORTA (Hg.): Bitwa legnicka. Historia i tradycja. Wrocław/Warszawa 1994, S. 278–280, 303.

[31] Deutsches Wörterbuch (wie Anm. 29), Sp. 351 f. – SCHULTZ (wie Anm. 15), S. 82.

[32] Deutsches Wörterbuch (wie Anm. 29), Sp. 358. – SCHULTZ, ebd.

[33] Es stellt sich die Frage, ob Boleslaus Ansprüche auf das Breslauer Territorium erhob.

[34] Alfred GÖTZE: Frühneuhochdeutsches Glossar. Berlin 1956.

[35] Deutsches Wörterbuch (wie Anm. 29), Bd. 7, Sp. 2370, 2378 und Bd. 5, Sp. 613 f.

Auf die Bedeutung von »quhirt« hatte schon Rückert hingewiesen, worauf sich 1872 Hermann Luchs berief. Nach Rückert entsprach das Wort »quhirt« dem schlesischen »quërt«, was soviel wie »klagen« bedeutet[36]. Ich möchte hinzufügen, daß das mittellateinische Verb »quiritare« nach Du Cange unter anderem dasselbe bedeutet wie »clamare«[37]. Ungelöst bleibt noch die Frage der deutlich hinter dem Wort »quhirt« markierten Abkürzung (übrigens ist das die einzige markierte Abkürzung in der ganzen Inschrift!). Ich vermute, daß sie darauf hinweist, daß dieses Verb in der Pluralform, d. h. als eine Aufforderung zu verstehen ist.

Das Ergebnis dieser Erwägungen läßt sich folgendermaßen zusammenfassen: Nach dem den Fürsten Boleslaus rühmenden lateinischen Inschriftsabschnitt folgt eine deutschsprachige Erinnerung an den von ihm mutmaßlich verwendeten Ruf oder eine Aufforderung, den Toten zu beweinen, die für die Nachkommen bestimmt war. Letzteres kann man mit den Darstellungen von Pleurants an den Grabtumben in Verbindung bringen, wie sie z. B. beim Breslauer Grabmal von Heinrich IV. (Probus) begegnen[38], aber auch mit den sogenannten »Totenklagen«, die von den Herolden im Zusammenhang mit dem Tod ihres Herrn verfaßt wurden[39]. Ich möchte hier aber mit Alwin Schultz wiederholen: »Daß diese Erklärung nicht zweifellos ist, weiß ich recht wohl«[40] Wie es scheint, ist eines jedoch zweifellos – der Meister Heinrich, Schöpfer des Grabmals von Boleslaus III., existierte gar nicht.

Auf diese Weise haben wir den Namen des Künstlers zu Grabe getragen. Man sollte sich jetzt der klassischen Frage zuwenden, wo der nunmehr namenlose Schöpfer der Grabmäler von Heinrich VI. und Boleslaus III. die Grundelemente seiner Kunst erlernt haben könnte.

III

Für die beiden Grabfiguren fehlt es in der schlesischen Grabplastik an stilistischen Vergleichsbeispielen, obwohl es einige Grabmäler aus ungefähr derselben Zeit, d. h. aus den vierziger Jahren des 14. Jahrhunderts in diesem Raum gibt, auf denen die Verstorbenen in einem ähnlichen, für das zweite Drittel des Jahrhunderts charakteristischen Heergewäte dargestellt sind[41]. Die von Kębłowski betonten Analogien mit Werken der schlesischen Skulptur sind auf ikonographische Motive beschränkt wie auf das Schwert, das auf Heinrichs Schultern ruht, oder seinen erhobenen Schild. Bei Boleslaus III. ist auf zwei mittelgroße Wappenschilde an beiden Kopfseiten hinzuweisen. Alle diese Motive knüpfen offensichtlich an die Grabplatte von Heinrich IV. Probus an. Die auf diese Beobachtung gestützte Behauptung, daß »die Grabmäler genetisch vollständig aus schlesischen Quellen stammen«, oder daß »die künstlerische Form durch die örtliche Tradition stark beeinflußt ist«[42], scheint heute etwas überzogen. Auf Schwierigkeiten stoßen wir allerdings auch, wenn wir im breiten, mitteleuropäischen Kunstkreis nach Stilanalogien suchen. In Polen, Böhmen oder in Ungarn fehlt es aus dieser Zeit überhaupt an erhaltenen Rittergrabmälern mit einer betont plastischen Darstellung der Figur. Wenn wir die Figuren von Heinrich VI. und Boleslaus III. wiederum mit Beispielen aus dem deutschen Raum vergleichen, z. B. mit den Grabmälern Wilhelms von Bopfingen (?) in Bopfingen (ca. 1350), Günthers von Schwarzburg in Frankfurt am Main (1352) und Bertholds von Zähringen in Freiburg/Breisgau (ca. 1350)[43], fallen uns trotz ähnlicher Gewänder beträchtliche Unterschiede auf.

Obschon sie alle einen Spangenharnisch tragen, der manchmal unter einer kurzen Tunika verborgen bleibt, und ihre Knie durch stark gewölbte Knie-

[36] Luchs (wie Anm. 21).
[37] Leopold Favre (Hg.): Glossarium mediae et infimae latinitatis conditum a Carolo du Fresne Domino Du Cange (...) Editio Nova. Paris 1938, Bd. 6, S. 616.
[38] Jerzy Dowiat: Normy postępowania i wzory osobowe. In: Ders. (Red.): Kultura Polski średniowiecznej X-XIII w. Warszawa 1985, S. 308–311, 316–318.
[39] J. Siebmachers großes und allgemeines Wappenbuch. Bd. A: Geschichte der Heraldik. Nürnberg 1890, S. 39–43.
[40] Schultz (wie Anm. 15), S. 82.
[41] Die herzöglichen Grabmäler von Bolko II. von Münsterberg († 1341) in Heinrichau (Henryków), Heinrich IV. († 1342) in Sagan (Żagań) und Heinrich I. von Jauer (?) († 1346) in Löwenberg (Lwówek). – Zur Rüstung vgl. Alexander von Reitzenstein: Der Ritter im Heergewäte. Bemerkungen über einige Bildgrabsteine der Hochgotik. In: Studien zur Geschichte der europäischen Plastik. Festschrift Theodor Müller. München 1965, S. 78–86.
[42] Kębłowski, Nagrobki (wie Anm. 1), S. 77 f.
[43] Bauch (wie Anm. 10), Abb. 223, 365, 352a.

buckel geschützt sind, finden wir bei keiner Figur das für die schlesischen Fürsten charakteristische Standmotiv. Deren Bewegung und Lebendigkeit wird durch eine subtile, differenzierte Stellung der Beine und Füße, die verhältnismäßig breit weit voneinander auf die Standplatte bzw. dem Löwen aufgesetzt sind, und durch einen leichten Hüftschwung hervorgehoben (Abb. 1, 3). Das Hauptmerkmal ist aber die Beugung der Knie, so als seien diese unter dem Körpergewicht zusammengesackt. An der Figur Heinrichs VI. läßt sich dieses Motiv am besten beobachten. Zugleich weicht ihr Oberkörper zusammen mit der Schulter etwas nach hinten zurück, so daß der Bauch betont wird (Abb. 9). Trotz einer gewissen Starrheit der Figur Heinrichs VI. muß festgestellt werden, daß wir es mit einem interessanten und gelungenen Effekt zu tun haben, der wohl eine ungezwungene Haltung ausdrücken soll. Zweifellos waren die Figuren trotz der Kissen unter ihren Köpfen als stehend gedacht[44]. Eine Figur mit ähnlichen Merkmalen können wir unter den Skulpturen finden, die die westliche Vorhalle des Breslauer Domes schmücken. Sie stellt den hl. Wenzel dar (Abb. 5), der einen phantasievollen Schuppenharnisch byzantinischer Herkunft trägt, wie man ihn kaum in Schlesien, aber in Italien und insbesondere im venetobyzantinischen Kunstkreis erwarten würde. Zu den gemeinsamen Elementen mit den Fürstengrabmälern rechne ich die Art der Fußstellung, den leichten Hüftschwung und die Betonung des Bauches. Charakteristisch ist auch eine gleichmäßige Plissierung des unteren Tunikateiles mit weichen Falten. Die Figur des Heiligen wurde Ende des 19. Jahrhunderts gründlich restauriert, dabei wurden der Kopf und die Hände erneuert[45]. Das wahrscheinliche Vorbild für dieses Werk ist das Bildnis des hl. Wenzel in einer Initiale im *Liber viaticus* des Johannes von Neumarkt (Abb. 6), das in die Jahre zwischen 1355–1360 datiert wird[46]. Die Darstellung des hl. Wenzel mit einem byzantinischen Schuppenpanzer begegnet bereits auf dem 1348 entstandenen Prager Universitätssiegel[47]. Das kleine Format und vielleicht auch ein Mangel an Geschicklichkeit des Goldschmiedes mögen die Gründe sein, daß die oben bezeichneten charakteristischen Merkmale der schlesischen Fürstengrabmäler in diesem Siegel nicht recht zur Anschauung kommen. Aber sie lassen sich an einem Beispiel aus Schlesien, dem Siegel Wenzels I. von Liegnitz beobachten (Abb. 7), dessen Verwendung seit 1351 bezeugt ist[48]. Diese frühe italienisierende Darstellung des hl. Wenzel verdanken wir höchstwahrscheinlich dem damaligen Leiter der Liegnitzer Münzstätte, dem Florentiner Anastasio Venture, den übrigens Herzog Wenzel berufen hatte[49]. Die Frage ist, ob man auf Analogien zu der von uns charakterisierten Ponderierung der Grabfiguren der Fürsten Heinrich und Boleslaus in der italienischen Plastik selbst stoßen kann.

Im Bereich der sepulkralen Plastik erscheint dies eher unwahrscheinlich, denn in Italien ist das, was wir Rittergrabmäler nennen, die große Ausnahme. Auch hatte es sich dort eingebürgert, die Liegefiguren als Bilder der aufgebahrten Toten aufzufassen und also Liegende im eigentlichen Sinn darzustellen. Man wird sich also unter den Statuen umsehen müssen.

Brauchbare Vergleichsbeispiele, die es mir zu finden gelang, sind die Figuren von David und Go-

---

[44] Formale Übereinstimmungen finden sich ferner in der regelmäßigen Plissierung des unteren Teiles der Tunika und der Art der Fältelung im Brustbereich.

[45] Ludwig Burgemeister (Hg.): Die Kunstdenkmäler der Provinz Niederschlesien. Bd. 1, Die Stadt Breslau, 1. Breslau 1930, S. 122.

[46] Gerhard Schmidt: Malerei bis 1450. Tafelmalerei-Wandmalerei-Buchmalerei. In: Karl M. Swoboda (Hg.): Gotik in Böhmen. Geschichte, Gesellschaftsgeschichte, Architektur, Plastik und Malerei. München 1969, S. 179–182. – Josef Krása: Knižní malba. In: Rudolf Chadraba/Josef Krása (Hg.): Dějiny českého výtvarného umění. Od počátku do konce středověku. Praha 1984, Bd. 1, 2, S. 408 f.

[47] Karel Stejskal: Karl IV. und die Kultur seiner Zeit, Praha/Hanau a. M. 1978, S. 92, Abb. 182.

[48] Marian Gumowski: Pieczęcie śląskie do końca XIV wieku. In: W. Semkowicz (Hg.): Historia Śląska od najdawniejszych czasów do roku 1400. Kraków 1936, Bd. 3, S. 431, nimmt die Entstehung des Siegels im Jahre 1349 an. – Vgl. auch Zenon Piech: Ikonografia pieczęci Piastów. Kraków 1993, S. 231.

[49] Ferdinand Friedensburg: Schlesiens Münzgeschichte im Mittelalter. Tl. 2, Münzgeschichte und Münzbeschreibung. (= Codex Diplomaticus Silesiae 13) Breslau 1888, S. 188. – Es stellt sich die Frage, ob die drei kleinen, in den Einzelheiten beinahe übereinstimmenden Bildnisse des hl. Wenzel nicht auf ein gemeinsames italienisches Vorbild zurückgehen. – Die Herstellung des Siegels für Wenzel I. durch Venture wurde bisher nicht erwogen. Über seine organisatorische Arbeit bei der Liegnitzer Münzstätte und seine anzunehmende Tätigkeit als Graveur vgl. Marian Gumowski: Moneta na Śląsku do końca XIV w. In: Semkowicz (wie Anm. 47), S. 711. – Marian Haisig: Legnickie dukaty. In: Szkice legnickie 4/1967, S. 28. – Ders.: Herb miasta Legnicy. Jego geneza i symbolika. In: Szkice legnickie 5/1969, S. 9.

Abb. 5: Wrocław, Vorhalle des Domes, Figur des hl. Wenzel.

Abb. 6: Hl. Wenzel, Initiale in Liber Viaticus des Johannes von Neumarkt, Ausschnitt.

liath. Sie befinden sich an der Fassade des Palazzo Loredan in Venedig (Abb. 2, 4). Beide Figuren stehen fest auf breit gespreizten Beinen und leicht gebeugten Knien[50]. Ihre Bäuche sind merklich betont, besonders bei David, der nur eine Tunika trägt und bei dem der Hüftschwung deutlich zu sehen ist. Die weiche Form seiner Gestalt ist der Boleslaus-Figur verwandt (Abb. 3–4). Goliath zeigt einerseits Ähnlichkeiten mit den in gleicher Weise gekleideten Darstellungen des hl. Wenzel in Schlesien, andererseits bietet er in seiner leichten Starrheit eine gute Vergleichsmöglichkeit mit der Grabfigur Heinrichs VI. (Abb. 1–2). Der plastische Schmuck der Fassade des Palazzo Loredan ist ungefähr auf das Jahr 1365, also relativ spät, zu datieren[51]. Ich denke aber, daß die in den beiden alttestamentarischen Figuren präsentierte Standmotivik ältere Wurzeln hat. Vielleicht reicht ihre Genese bis zu den byzantinischen Vorbildern, wie es bei dem charakteristischen Schup-

[50] Ihnen vergleichbar sind die männlichen Figuren, die den Sarkophag von Rizzardo VI. di Camino († 1335) in S. Giustina in Vittorio Venetto stützen. Das Werk ist um 1350 entstanden. Stilistische Analogien finden sich ferner bei den Kriegern in den Szenen aus dem Leben des hl. Isidor auf der Grabplatte in S. Marco in Venedig (vor 1355) oder bei dem hl. Georg auf dem Sarkophag von Alberto Benlath in S. Bartolomeo in Vicenza (ca. 1361). Vgl. Wolfgang Wolters: La scultura veneziana gotica (1300–1460). Venezia 1976, Bd. 1, S. 160–161, 189, 194; Bd. 2, Abb. 84–89, 299, 316.

[51] Wolters (wie Anm. 50), S. 196.

Abb. 7: Siegel Wenzels I. von Liegnitz.

Abb. 8: Venedig, San Marco, Relief des hl. Georg.

penharnisch der Fall ist. In die Fassade von S. Marco in Venedig ist eine Reihe von Basreliefs eingelassen, auf denen Erzengel und Heilige darstellt sind. Sie werden neuerdings in die 1. Hälfte des 13. Jahrhunderts datiert und einer byzantinisierenden Werkstatt in Venedig zugeschrieben[52]. Drei von ihnen stellen die Erzengel Michael und Gabriel sowie den hl. Georg dar, der am besten erhalten ist. Auch wenn wir beim Vergleich der Figur des hl. Georg mit der Heinrichs VI. (Abb. 1, 8) die ähnliche Schwert- und Schildhaltung außer acht lassen, bleibt gleichwohl der Eindruck einer Verwandtschaft bestehen, die aus der schwer greifbaren Kniestellung und einer Symmetriestörung resultiert, welche durch die Darstellung des nach außen abgewandten Fußes verursacht wird. Diese Andeutung eines »Kontrapostes« können wir sowohl bei den beiden schlesischen Grabmälern als auch bei den vorgestellten Bildnissen des hl. Wenzel beobachten. In der monumentalen italienischen, d. h. eigentlich in der norditalienischen Kunst begegnet uns diese Art der Ponderierung bei einer Figur innerhalb der Filippo Calendario zugeschriebenen Gruppe mit der Darstellung von Noahs Trunkenheit (1341–1355)[53],

[52] Otto Demus: Der skulpturale Fassadenschmuck des 13. Jahrhunderts. In: Wolfgang Wolters (Hg.): Die Skulpturen von San Marco in Venedig. Die figürlichen Skulpturen der Außenfassaden bis zum 14. Jahrhundert. (= Deutsches Studienzentrum in Venedig, Studien 3) München/Berlin 1979, S. 5. – Giulia Hempel/Jürgen Julier: Katalog der Skulpturen. In: Ebda, S. 30, 33. Auf die Beliebtheit byzantinisierender Skulpturen zu Beginn des 14. Jahrhunderts verweist Wolters (wie Anm. 50), Bd. 1, S. 163.

[53] Wolters (wie Anm. 50), S. 182.

Abb. 9: Wroclaw, Grabmal Boleslaus' III., Detail.

die sich an der Fassade des Dogenpalastes in Venedig befindet, sowie bei den Zeugen eines Wunders beim Begräbnis des hl. Martialis auf den Fresken von Matteo Giovanetti (1344–1346)[54] im päpstlichen Palast in Avignon (Abb. 13). Die Darstellungen dieser Personen ist durch die Hervorhebung ihres über den Gürtel quellenden Bauches charakterisiert. Es handelt sich um ein Motiv, das kennzeichnend für die italienische Kunst dieser Zeit ist und in Nordeuropa oft rezipiert wurde. Der weiche Bauch von Boleslaus III. findet sich ebenfalls bei der Reiterfigur des auf einem Pferd sitzenden Can Grande della Scala (Abb. 9–10), beim Bildnis des liegenden Mastino II. della Scala in Verona und bei einer Person, die der Rede des hl. Martialis beiwohnt, auf den schon früher erwähnten Fresken in Avignon[55].

Es stellt sich nun die Frage nach dem Charakter oder anders gesagt, nach Qualität und Status jenes Italienismus, der unserer Meinung nach bei den Grabfiguren von Boleslaus III. und Heinrich VI. zu beobachten ist. Er fällt zwar auf den ersten Blick nicht auf, weil – wie man zurecht bemerkt hat – die Komposition der beiden Grabplatten wesentlich von der örtlichen Tradition geprägt ist und ihr Typus nordeuropäische Wurzeln hat. Die Berücksichtigung dieser beiden Elemente war sicherlich ein Wunsch der Auftraggeber. Das italienische Element

Abb. 10: Verona, Grabmal des Can Grande della Scala, Reiterfigur, Detail.

ist demgegenüber in der Darstellungsstruktur der beiden Grabfiguren präsent. Ihr Schöpfer muß die Vorbilder aus unmittelbarer Anschauung gekannt und verinnerlicht haben. In dem Künstler möchte ich deshalb nicht einen schlesischen Bildhauer sehen, der seine Kenntnisse in Italien erworben hat, sonden einen wandernden Meister, welcher Nationalität auch immer, dessen Kunst in Norditalien ihre direkte Quelle hat. Er übernahm von dort den spezifischen Typus der stehenden Figur, den er auf die liegende Grabfigur übertrug, d. h. auf die Grabmäler des mitteleuropäischen Typs, und zwar unter Berücksichtigung der örtlichen ikonographischen Tradition.

Ausgehend von der hier charakterisierten Formgenese der beiden Grabplatten, in denen Elemente zweier abgesonderter regionaler Traditionen vereint

[54] Enrico CASTELNUOVO: Matteo Giovanetti al Palazzo dei Papi ad Avignone. Milano 1965, S. 19–32. – DERS./Carlo GINZBURG: Zentrum und Peripherie. In: Italienische Kunst. Eine neue Sicht auf ihre Geschichte. Berlin 1987, Bd. 1, S. 65 f.

[55] BAUCH (wie Anm. 10), S. 190 f.

Abb. 11: Wroclaw, Grabmal Boleslaus' III., Kopf.

Abb. 12: Casole d'Elsa, S. Maria Assunta, Figur des Beltramo da Porrina, Detail.

sind, kann man versuchen, den individuellen Stil des Bildhauers zu definieren. Dieser zeichnet sich nicht nur durch die Ponderierung und durch die Körperlichkeit der Figuren aus, sondern auch durch die Art und Weise der Gesichtsdarstellung. Die Gesichter der beiden Fürsten sind veristisch aufgefaßt (Abb. 11, 14). Besonders bei Boleslaus entsteht der Eindruck eines Porträts. Der Bildhauer scheute sich nicht, das Gesicht mit Falten zu überziehen. Während das Gesicht Heinrichs VI. durch die barocke Polychromie geglättet ist, können wir bei Boleslaus, dessen Figur neuerdings von den Farbschichten befreit wurde, eine beinahe impressionistische Modellierung der Falten beobachten (Abb. 11). Die realistische Darstellung dieser Züge kommt in der Wiedergabe welker Haut und der im Laufe des Lebens entstandenen Unebenheiten zum Ausdruck. Dieselbe Manier der Gesichtsdarstellung findet sich auch bei einigen Brustbildern am Kapitell des zentralen Pfeilers der Rathauskapelle in Wrocław (Breslau) wieder, die vor 1358 errichtet wurde[56]. Das deutet darauf hin, daß der Meister noch andernorts tätig war bzw. andere Bildhauer beeinflußt hat. Während die »porträtmäßige« Darstellungsweise in der nordeuropäischen Kunst seit der Mitte des 14. Jahrhun-

[56] Die Entstehung der Kapelle wird zwischen 1350 und 1450 gesetzt. In die erste Hälfte des 14. Jahrhunderts datiert den Innenraum u. a. Rudolf STEIN: Der große Ring zu Breslau. Breslau 1935, S. 125–130. – Hans TINTELNOT: Die mittelalterliche Baukunst Schlesiens. Kitzingen 1951, S. 152, 154. – Romuald KACZMAREK: Sale gotyckie w domu przy ul. Biskupa Nankera nr 1 we Wrocławiu. In: Roczniki Sztuki Śląskiej 16/1997, S. 52 f.

Abb. 13: Matteo Giovanetti: Die Wunder während des Begräbnisses des hl. Martialis.

Abb. 14: Wroclaw, Grabmal Heinrichs VI. von Breslau, Detail.

derts zu beobachten ist, gehört sie spätestens seit dem Jahrhundertbeginn zu den charakteristischen Merkmalen der italienischen Skulptur. Bei der Umsetzung realistischer Stiltendenzen von der Malerei in die Plastik traten im zweiten Jahrzehnt des Trecento vornehmlich die Bildhauer aus Siena hervor (ich meine vor allem Gano di Fazio, Abb. 12)[57], einige Zeit später erreichten auch die venezianischen Bildhauer eine besondere Fähigkeit in der Porträtierung der Liegefiguren[58]. Gewisse Ähnlichkeiten gegenüber dem Boleslaus-Kopf zeigen in der Bearbeitung der Gesichtsoberfläche die Atlantenfiguren am Grabmal des Rizzardo VI. di Camino in S. Giustina in Vittorio Veneto sowie die Köpfe an der Balustrade des Baptisteriums von Treviso, Werke also, die in den vierziger Jahren des 14. Jahrhunderts von in Venedig tätigen Bildhauern geschaffen wurden[59].

Die Erforschung der italienischen Einflüsse auf die Skulptur des 14. Jahrhunderts im Osten des Reiches steht erst am Anfang. Zum Schluß möchte ich deshalb einige Argumente anführen, die diese Einflüsse in der Umgebung des Fürsten Boleslaus III. wahrscheinlich machen sollen. Der in der For-

[57] Enrico CASTELNUOVO: Kunst der Städte, Kunst der Höfe zwischen dem 12. und 14. Jahrhundert. In: Italienische Kunst (wie Anm. 54), Bd. 2, S. 273 mit den Abbildungen. Vgl. die dem Gano di Fazio zugeschriebene Figur von Beltramo da Porrina († vor 1309) in S. Maria Assunta in Casole d'Elsa und die Figur des hl. Omobonus in Cremona. – BAUCH (wie Anm. 10), S. 176 f., bemerkt über das erste Bildnis: »die einzigartige Fülle und Kraft dieses menschlichen Bildnisses gehen über alle Konventionen hinaus.« – Eine skizzenhafte Darstellung dieses Bildhauers erfolgte durch Manfred WUNDRAM: Toskanische Plastik von 1250–1400. In: Zeitschrift für Kunstgeschichte 3/1958, S. 256–258. Über die neue Identifizierung der stehenden Grabfigur in Casole d'Elsa vgl. Antje MIDDELDORF-KOSEGARTEN: Grabmäler von Ghibellinen aus dem frühen Trecento. In: J. GARMS/A. M. ROMANINI (Hg.): Skulptur und Grabmal des Spätmittelalters in Rom und Italien. (= Akten des Kongresses Scultura e monumento sepolcrale del tardo medioevo a Roma e in Italia, Rom, 4.–6. Juli 1985) Wien 1990, S. 325.

[58] Guido TIGLER: Das Grabmal des heiligen Nazarius in der Kathedrale von Koper. In: Janez HÖFLER (Hg.): Gotik in Slowenien. Vom Werden des Kulturraums zwischen Alpen, Pannonien und Adria. Vorträge des internationalen Symposiums Ljubljana, narodna galerija, 20.–22. Oktober 1994. Ljubljana 1995, S. 169.

[59] WOLTERS (wie Anm. 50), Bd. 1, S. 28 f., 160 f., Bd. 2, Abb. 89–91.

schungsliteratur verbreiteten These, derzufolge die Grabplatte für Boleslaus von seiner Witwe und seinen Söhnen errichtet wurde, läßt sich folgendes hinzufügen: Der älteste Sohn von Boleslaus, der schon früher erwähnte Wenzel I. von Liegnitz († 1364), verwendete das oben bereits erwähnte Siegel mit der italienisierenden Verbildlichung des hl. Wenzel, das wahrscheinlich der Italiener Anastasio Venture in Liegnitz hergestellt hatte. Auf Initiative des jüngeren Sohnes, Ludwigs I. von Brieg († 1398), ist im Jahre 1353 der bekannte Kodex der hl. Hedwig entstanden, der mit einer Reihe von Miniaturen im Stil der italienisierenden böhmischen Malerei geschmückt wurde[60]. Zu derselben Richtung gehört ein Bild der Heiligen Dreifaltigkeit (Wrocław, Muzeum Narodowe), dessen Besitzer vermutlich Ludwig I. war[61]. Übrigens hat er Italien 1350 auf einer Romreise kennengelernt[62]. Über die Witwe von Boleslaus, Katharina († 1358), stehen uns keine einschlägigen Informationen zur Verfügung. Ihre kroatische Herkunft[63] weist aber auf einen Teil Europas hin, der jahrhundertelang eine Brückenfunktion innehatte, verband er doch die Mitte und den Osten des Kontinents mit der italienischen Kultur. Und schließlich das letzte Argument, das in diesem Kontext wichtig ist: die unlängst aufgestellte These über eine andere Steinmetzwerkstatt, die um die Hälfte des 14. Jahrhunderts in Schlesien (in Breslau und in Striegau) tätig war und sich stark an der toskanischen und norditalienischen Skulptur der 1. Hälfte des Jahrhunderts orientierte[64].

Gerhard Schmidt, der an Beispielen der Malerei die Rezeption der Kunst des italienischen Trecento in Mittel- und Osteuropa analysierte, hat u. a. festgestellt, daß »die weitgehende Anlehnung an den Figurenstil eines italienischen Vorbildes« nur selten auftrat. Zugleich bemerkte er: »Letzteres dürfte übrigens im Bereich der Plastik häufiger nachzuweisen sein als in den malerischen Medien«[65]. Ich darf hoffen, daß es mir gelungen ist, einen Schritt in diese Richtung getan zu haben.

Abbildungsnachweis: 1, 3, 5–7, 9–14: Verfasser. 2, 4, 8: Osvaldo Böhm, Venedig.

[60] Josef Krása/Klaus Klatzsch: Beschreibung der Handschrift und kunsthistorische Einordnung der Miniaturen. In: Wolfgang Braunfels (Hg.): Der Hedwigs-Codex von 1353, Sammlung Ludwig. Berlin 1972, Bd. 12, S. 9–33.

[61] Alicja Karłowska-Kamzowa: Dyptyk księcia Ludwika legnicko-brzeskiego. In: Roczniki Sztuki Śląskiej 7/1970, S. 143–146.

[62] Wacław Korta (Hg.): Regesty Śląskie. Wrocław 1983, Bd. 2, Nr. 264.

[63] Kazimierz Jasiński: Rodowód Piastów Śląskich. Wrocław 1973, Bd. 1, S. 171, 173 f.

[64] Romuald Kaczmarek: Droga ku stylowi pięknemu w rzeźbie wrocławskiej. In: Sztuka około 1400. Materiały Sesji Stowarzyszenia Historyków Sztuki, Poznań, listopad 1995. Warszawa 1996, Bd. 2, S. 142–151. – Ders.: Rzeźba architektoniczna XIV wieku we Wrocławiu. Wrocław 1999, S. 28–33, 123–127, 266–269.

[65] Gerhard Schmidt: Die Rezeption der italienischen Trecentokunst in Mittel- und Osteuropa. In: Gotik in Slowenien (wie Anm. 58), S. 36. Dagegen glaubt Castelnuovo: Kunst der Städte (wie Anm. 57), S. 434, Anm. 136, daß die italienische Bildhauerei während der Gotik nur eine begrenzte Verbreitung fand und andere Kulturlandschaften nur wenig beeinflußte. Mich überzeugt eher die Ansicht von Gerhard Schmidt: Paralipomena zu einer Ausstellung »Die Parler und der Schöne Stil«. In: Ders.: Gotische Bildwerke und ihre Meister. Wien 1992, Bd. 1. S. 275. Er bemerkt, daß »das Ausmaß und die Bedeutung trecentesker Einflüsse für die deutsche Plastik vielfach unterschätzt, wenn nicht gänzlich übersehen worden sind.«

Klaus Krüger

Selbstdarstellung im Grabmal Zur Repräsentation städtischer und kirchlicher Führungsgruppen im Hanseraum[1]

I. Denkmal und Urkunde

Am 8. Juli 1453 starb der 24. Bischof von Schwerin, Gottfried Lange[2]. Sein Vater Heinrich Lange bekleidete zu dieser Zeit das Amt eines Bürgermeisters in Lüneburg, woher die Familie stammte. Da er nicht selbst nach Mecklenburg reisen konnte, schrieb er einen Brief an den Domherrn Peter Brand aus Bützow, dem er die Sorge für das Begräbnis Gottfrieds anvertraute. Darin heißt es im Niederdeutsch des 15. Jahrhunderts:

Item. alse ik gik do sulues bad vmme enen liksten minem zeleghen sone ouer to leggende etc. bidde ik dat gi des nicht vorgheten vnde lated eme einen legghen mit sinem bilde, wapene vnde themelker vmmeschrift. wil ik gerne betalen wat dat kosted.

Dieser Stein wurde tatsächlich hergestellt und geliefert, und er trug, wie der Vater es verlangt hatte, das lebensgroße Abbild des Bischofs, sein Wappen und eine Umschrift, in der der Name und der Stand des Toten genannt werden, das Sterbedatum und eine Aufforderung an die Vorübergehenden, für sein Seelenheil zu beten. Zu Beginn des 18. Jahrhunderts wurde der Stein noch beschrieben, er muß aber bald darauf, wie so viele andere auch, zerstört worden sein. Er lag im Chor des Schweriner Doms, über dem Grab des Bischofs[3].

Auffallend am Brief Heinrich Langes ist die buchstäblich lapidare Beschreibung des Steins, den er für seinen Sohn, den Bischof, wünschte: *mit sinem bilde, wapene vnde themelker vmmeschrift.* Tatsächlich war eine weitere Beschreibung nicht notwendig; Lange selbst, der adressierte Domherr Brand und auch der zu beauftragende Steinmetz wußten, wie ein Bischofsgrab auszusehen hatte[4]. Die Grabplatte, als Kunstwerk in Auftrag gegeben, bildet eine untrennbare Einheit von inhaltlicher Aussage und formaler Gestaltung; Form und Inhalt, also Material, Herstellungstechnik, künstlerische Ausführung und Bildinhalt, bedingen einander gegenseitig. Die inhaltliche Aussage dokumentiert sich außer in Inschrift und Bildprogramm auch in Material und Fertigungsweise des Gegenstandes, hängen diese doch eng mit der Gestaltung zusammen.

Ein Grabmal repräsentiert nur einen sichtbaren Ausschnitt aus einem Komplex, der Bestattung und Erinnerung umfaßt, und zwar sowohl fromme *memoria* als auch profane *fama*[5]. Die Grabplatte des

[1] Der Text geht auf einen Vortrag zurück, der auf der Pfingsttagung des Hansischen Geschichtsvereins am 20. Mai 1997 in Wismar gehalten wurde.

[2] Zum Schweriner Domkapitel vgl. Josef Traeger: Die Bischöfe des mittelalterlichen Bistums Schwerin. Leipzig 1984.

[3] Friedrich Techen: Die Grabsteine des Doms zu Lübeck. In: Zeitschrift des Vereins für Lübeckische Geschichte und Alterthumskunde 7/1898, S. 52–107, hier S. 53, Anm. 1. – Vgl. D. C[rull]: Bischof Nicolaus Böddeker von Schwerin. In: Jahrbücher des Vereins für Mecklenburgische Geschichte 24/1859, S. 24–43, hier S. 41, N.

[4] Daß bei der zeitgenössischen Betrachtung des Grabmals in dessen figürlicher Darstellung nicht das Individuum des Verstorbenen, sondern der Vertreter seines Standes gesehen wurde, machen etwa folgende Einträge im Memorienregister des Lübecker Doms deutlich: *d(ominus) Jo(hannes) Groenhagen quondam huius ecclesiae canonicus [...] sepultus in cimiterio communi videlicet vryethoff, ubi ascenditur de choralia ad caemiterium prope capellam b(eatae) virginis, sub lapide suo habente imaginem canonicalem.* Registrum memoriarum (wie Anm. 7), S. 590, bei April 12 c. – *Johanes Demyn prepositus [...] sepultus in circuitu chori in latere meridionali coram secundo altari in ordine sub lapide suo habente imaginem sacerdotalem et birretum in capite.* Ebd., S. 592 f., bei April 21 b.

[5] Gerhard Schmidt: Zur terminologischen Unterscheidung

Schweriner Bischofs wird zum Bestandteil der dortigen Sakralkunst, aber nicht die Geistlichen geben es in Auftrag, sondern, wie gesehen, die Angehörigen des Verstorbenen, also Laien. Das Grabmal hat, vielleicht mehr als andere Realien, eine einzigartige Zwischenstellung zwischen Jenseits und Diesseits, zwischen Kirche und Welt, zwischen Ritus und Prestige.

Seine Funktion ist die eines Denkmals für einen Verstorbenen, das zugleich den Ort des Grabes kennzeichnet und dieses schützt. Denkmal bedeutet nicht, daß es die mehr oder weniger diffuse Erinnerung an einen bestimmten Menschen wachrufen sollte. Vielmehr diente es als materieller Anknüpfungspunkt für die Memorialleistungen sowie als steinerne Urkunde für den zuvor abgeschlossenen Rechtsakt der dafür notwendigen Stiftungen. Auffallend an der Gestaltung des Grabmals ist das regelmäßige Auftreten von Namen und Wappen, mitunter begleitet von der bildlichen Darstellung des Verstorbenen. Namen und Wappen identifizieren den Bestatteten, sie machen das Grabmal zugleich zu einer Urkunde, die das abgeschlossene Rechtsgeschäft zwischen Stifter und Kirche dokumentiert. »Da die Kirche ihre Leistungen nach dem Tode des Stifters ... bis zum Jüngsten Tag erbringen sollte, war eine umfassende Absicherung erforderlich: in Form von Urkunden, durch Einträge in die Memorienbücher und nicht zuletzt auch durch die Schaffung von Kontrollinstanzen.«[6] Ein mittelalterliches Kunstwerk war nicht für eine Ausstellung oder ein Museum geschaffen; es hatte einen Urheber und einen Empfänger, war in einer bestimmten Form abgefaßt und wurde durch Namen, Wappen und Bild beglaubigt wie eine Urkunde durch Namen, Monogramm und Siegel.

Daß die memorialen Feiern am Grab stattzufinden hatten, wird aus den Eintragungen in den Memorienregistern deutlich, in denen nicht nur die geistlichen Leistungen und die dafür bezogenen Einkünfte der Kirchen verzeichnet waren, sondern vielfach eben auch die dazugehörigen Grabmäler beschrieben wurden. Dem erst kürzlich von Wolfgang Prange edierten Memorienregister des Lübecker Doms[7] kommt in diesem Zusammenhang eine besondere Qualität zu. Geordnet nach den Tagen, an denen memoriales Gedenken stattzufinden hatte, stehen hier Einträge für viele hundert Verstorbene, teilweise mit Angaben zu den dazugehörigen Grabmälern. Auf diese Weise werden über 250 Grabsteine beschrieben, für zwei Drittel davon ist es die überhaupt einzige Nachricht ihrer Existenz.

Mitunter findet sich in den Listen auch eine Wiedergabe der Inschrift oder eine kurze Beschreibung der Darstellung: der Propst Johannes Soest ist demnach 'begraben in der Kirche unter seinem Stein, der auf der Oberfläche das Bild eines Priesters mit Almutie und Birett trägt, und der liegt im Süden des Chorumgangs, wo die Knaben den Chor betreten'[8]. Der Kanoniker Gerhard Wlome ist 'vor dem Chor unter seinem Stein begraben, dort wo man in den Chor des Dekans geht, und sein Stein trägt weder Bild noch Inschrift außer den drei Worten *Anno Domini Millesimo trecentesimo*'[9]. Der Akolyth Johannes Stampstorp schließlich 'ist auf dem Kirchhof begraben unter einem Stein von 7 Fuß Länge und

---

mittelalterlicher Grabmal-Typen (Diskussionsbeitrag). In: Walter Koch (Hg.): Epigraphik 1988. Fachtagung für mittelalterliche und neuzeitliche Epigraphik. Graz, 10.–14. Mai 1988. (= Öst. Akad. der Wiss., phil.-hist. Kl., Denkschriften 213) Wien 1990, S. 293–304, hier S. 293.

[6] Wolfgang Schmid: Zwischen Tod und Auferstehung – Zur Selbstdarstellung städtischer Eliten des ausgehenden Mittelalters im Spiegel von Stifterbildern. In: Himmel, Hölle, Fegefeuer. Das Jenseits im Mittelalter. Kat. Zürich/Köln, Zürich 1994, S. 101–116, hier S. 102 f.

[7] Registrum memoriarum et consolationem et de sepulchris apud ecclesiam Lubicensem et inibi sepultorum, ab anno Domini millesimo quadringentesimo quinquagesimo primo. In: Urkundenbuch des Bistums Lübeck 4 (1510–1530), bearb. von Wolfgang Prange. (= Schleswig-Holsteinische Regesten und Urkunden 15) Neumünster 1996, Nr. 2503, S. 557–690. – Zu vergleichen wäre für die untersuchten Städte noch: William Henry James Weale (Hg.): Obituaire du couvent des Carmes à Bruges. In: Annales de la Société d'Emulation de Bruges 50/1900, S. 153–288.

[8] *Sepultus in ecclesia sub lapide suo continente in superfitie imaginem sacerdotalem cum malmutzio et birreto iacente ante introitum chori ad austrum, ubi pueri intrant chorum.* Registrum memoriarum (wie Anm. 7), S. 567, bei Jan. 23. – Zum Grabmal vgl. Klaus Krüger: Corpus der mittelalterlichen Grabdenkmäler in Lübeck, Schleswig, Holstein und Lauenburg (1100–1600). (= Kieler Historische Studien 40) Stuttgart 1999, S. 606, Nr. LÜDO*134.

[9] *Sepultus ante chorum sub lapide suo directe dum itur in chorum decani, nullam habente sculpturam vel scripturam preter hec tria verba »Anno Domini M° CCC°«.* Registrum memoriarum (wie Anm. 7), S. 587, bei April 4b. – Vgl. zur Person: Adolf Friederici: Das Lübecker Domkapitel im Mittelalter 1160–1400. Verfassungsrechtliche und personenstandliche Untersuchungen. (= Quellen und Forschungen zur Geschichte Schleswig-Holsteins 91) Neumünster 1988, S. 335, Nr. 342 – Zur Grabplatte: Krüger (wie Anm. 8), S. 558 f., Nr. LÜDO*51.

3 1/2 Fuß Breite, dessen Oberfläche einen Wappenschild mit einem Flügel trägt'[10]. Wie man sieht, sind sowohl die Ortsangaben für die Platten als auch die Beschreibung der Steine selbst auffallend exakt; beides diente der leichteren Identifizierung der Platte, an der die Gedächtnisfeiern stattzufinden hatten. Wie ebenfalls zu sehen war, geht aus dem Memorienregister des Lübecker Doms hervor, daß auch der Kirchhof mit Grabmälern bedeckt war; in Ermangelung architektonischer Anhaltspunkte dienten hier die Bäume des Friedhofs zur Orientierung, um ein Grabmal aufzufinden: 'Der Akolyth Magister Heinrich von Kulm alias Brauer ist auf dem Kirchhof begraben unter seinem Stein, der von der Linde aus nach Osten liegt'[11].

Umgekehrt allerdings ist ein Grabmal keineswegs notwendige Voraussetzung für ein Grab oder die daran stattfindende Memorie. Auch dies wird aus einem Eintrag im Memorienregister des Lübecker Doms deutlich, demzufolge die Witwe des Otto Rantzau in der Nähe der Taufe begraben liege, *non habens lapidem*[12].

Außer einem steinernen Anknüpfungspunkt für memoriale Handlungen ist ein Grabmal zugleich aber auch stets ein Kunstwerk, und als solches von mehrschichtiger Qualität. Ein Kunstwerk ist zunächst einmal ein Wertgegenstand und erfährt somit auch jedes Schicksal, das einem solchen begegnen kann: Grabmäler wurden ge- und verkauft, verpfändet und gestohlen. So wird in den Klageartikeln der hansischen Ratssendboten gegen die Flamen von 1387 ein *steenin sark op een graf te lecghene, de toehoorde Rotgher van Ruden, copman van Almanien*, erwähnt, der von einem Schiff geraubt worden war[13].

Die Auffassung der Zeitgenossen vom Grabmal war von Nüchternheit geprägt. In Wismar ließen die Burspraken die Pflicht des Bürgers erkennen, auf einem erstandenen Grabmal Namen oder Besitzmarke anzubringen, wollte er nicht das Eigentumsrecht daran verlieren[14]. Und es finden sich viele Fälle, nicht nur hier, in denen der Name einer Person an mehreren Grabplatten angebracht ist, besonders seit dem 16. Jahrhundert. Seit dem 17. Jahrhundert nahm diese Praxis noch zu. Das Grabmal war offensichtlich auch ein Investitionsobjekt, das angekauft, gehortet und zum gegebenen Zeitpunkt wieder verkauft wurde.

Darüber hinaus stellt das Grabmonument als Denkmal, also Mittel der Selbstdarstellung, ein Prestigeobjekt dar; hier kommen in erster Linie die bildliche Darstellung und die Inschrift zum Tragen. Diese Themen können hier nicht umfassend vorgestellt werden[15]; statt dessen sollen einige Beispiele aus ausgewählten Städten des hansischen Kultur- und Wirtschaftskreises diese These illustrieren. Drei Städte werden im Vordergrund stehen: Brügge[16],

[10] *Jo. Stampstorp accolitus … sepultus in cimiterio sub lapide longitudinis 7 pedum et latitudinis 31/2, in cuius superfitie est clipeus continens alam.* Registrum memoriarum (wie Anm. 7), S. 676, bei Dez. 3. – Vgl. Krüger (wie Anm. 8), S. 616, Nr. LÜDO*158.

[11] *Mag' Hinricus de Culmen alias Braxatoris accolitus … sepultus in cimiterio sub lapide suo iacente a tilia ad orientem.* Registrum memoriarum (wie Anm. 7), S. 632 f., bei Aug. 5a. – Krüger (wie Anm. 8), S. 555, Nr. LÜDO*48.

[12] Registrum memoriarum (wie Anm. 7), S. 593, bei April 23.

[13] Karl Koppmann (Bearb.): Die Recesse und andere Akten der Hansetage, 1. Abt. (1256–1430), 8 Bde., hier Bd. 3 (1284–1390) Leipzig 1875, S. 337, Nr. 336.

[14] Friedrich Techen: Die Bürgersprachen der Stadt Wismar. Leipzig 1906, S. 144 f. – Zur Eigentumsmarke vgl. Herbert Spruth: Die Hausmarke. Wesen und Bibliographie. (= Aktuelle Themen zur Genealogie 4–5) Neustadt a. d. Aisch 1960. – Evamaria Engel: Signum Mercatoris – Signum Societatis. Zeichen und Marke im Wirtschaftsleben deutscher Städte des Spätmittelalters. In: Symbole des Alltags – Alltag der Symbole. Festschrift für Harry Kühnel, Graz 1992, S. 209–231. – Wolfgang von Stromer: Marken und Zeichen des Wirtschaftslebens. Ebd., S. 233–244. – Zu Wismarer Grabmälern: D. Crull/Friedrich Techen: Die Grabsteine der Wismarschen Kirchen. In: Jahrbücher des Vereins für Mecklenburgische Geschichte 54/1889, S. 111–152; 55/1890, S. 237–260. – Allgemein zu Mecklenburg: D. C[rull]: Übersicht über die kirchlichen Denkmäler mittelalterlicher Kunst in Meklenburg. In: Jahrbücher des Vereins für Meklenburgische Geschichte und Alterthumskunde 29/1864, S. 49–76. – Kurt Ihlenfeld: Die mittelalterlichen Grabsteine in Mecklenburg und Vorpommern. Phil. Diss. masch. Greifswald 1923. – F. Philippi: Die Mittelalterliche Grabsteinplastik Mecklenburgs. In: Denkmalpflege und Heimatschutz 25/1923, S. 81–88. – Klaus Krüger/Ernst Lau: Ich bin ein Gast auf Erden. Grabplatten in Mecklenburgischen Kirchen. Kat. Schwerin/Rostock. Hamburg 1995.

[15] Vgl. Helfried Valentinitsch: Grabinschriften und Grabmäler als Ausdruck sozialen Aufstiegs im Spätmittelalter und in der frühen Neuzeit. In: Epigraphik 1988 (wie Anm. 5), S. 15–26. – Zuletzt die Beiträge des Bandes: Otto Gerhard Oexle/Andrea von Hülsen-Esch (Hg.): Die Repräsentation der Gruppen. Texte – Bilder – Objekte (= Veröffentlichungen des Max-Planck-Instituts für Geschichte 141) Göttingen 1998, zum Thema insbesondere diejenigen von Kerstin Hengevoss-Dürkop, Hans Körner und Tanja Michalsky.

[16] William Henry James Weale: Catalogue de frottures de tombes plates en cuivre et pierre. Brügge 1862. – Ders.: Bruges et ses environs. Description des Monuments, Objets d'art et Antiquités. Brügge, 3. Aufl. 1875. – Ders.: Note sur les lames fu-

Lübeck[17] und Visby[18]. Zum einen ist deren Grabmal-Inventar vergleichsweise gut dokumentiert, zum anderen stellen diese Städte gleichsam Zentren und Pole des von der Hanse beeinflußten Kulturkreises[19] dar und sind somit vielleicht am ehesten geeignet, Gemeinsamkeiten, Unterschiede und Phasenverschiebungen deutlich zu machen[20].

néraires en cuivre conservées à Bruges. In: Bulletin de la Gilde de St. Thomas et de St. Luc 13/1900, S. 153–190. – Jean Jacques GAILLIARD: Inscriptions funéraires et monumentales de la Flandre Occidentale avec des donnés historiques et généalogiques. 3 Bde., Brügge 1861–1887. – K. de FLOU: St.-Jakobskerk te Brugge. Grafschriften. In: Biekorf 34/1928, S. 111–114. – Rob. MULLIE: Monuments de Bruges. Woluwe-Saint-Lambert. 4 Bde., 1960–1961. – Valentin VERMEERSCH: Grafmonumenten te Brugge voor 1578. 3 Bde., Brügge 1976.

[17] TECHEN, Grabsteine (wie Anm. 3). – DERS.: Die Grabsteine der Lübeckischen Kirchen. In: Zeitschrift des Vereins für Lübeckische Geschichte und Alterthumskunde 8/1900, S. 54–168. – Johannes WARNCKE: Inschriften und Beschreibungen der Grabsteine in den Lübecker Kirchen, Klöstern usw. und in den Landgebieten, 5 Bde., Lübeck 1939, Registerbd., Lübeck 1955 (masch.). – KRÜGER (wie Anm. 8).

[18] John Wilhelm HAMNER: Visby domkyrkas gravstenar. (= Gotlands Gravstenar 1) Stockholm 1933. – DERS./Harald WIDÉEN: Die Grabsteine der Ruinenkirchen in Wisby. Stockholm 1940. – Harald WIDÉEN: »Domine, memento me ...« Något om den svenska medeltidens gravkonst och dess rimmade gravskrifter. In: Rig 1940, S. 54–77. – DERS.: Pesten och sydvästen. Två ledmotiv i Visby stads medeltida sepulkralhistorie. In: Gotländskt Arkiv 14/1942, S. 109–117. – Sölve GARDELL: Gravmonument från Sveriges Medeltid. Typologie och kronologie. 2 Bde., Göteborg 1937, Stockholm 1945. – Folke THURESSON: Vad Gotlands gravstenar berätta. In: Visby Stift i Ord och Bild. Stockholm 1951, S. 493–512. – Robert BENNETT: De gotländska porträttgravstenar från 1300- och 1400-talen. Katalog och stilanalys. Stockholm 1966 (masch.). – Tryggve SILTBERG: Gotländska inskriptioner med persondata, bl a gravstenar. Visby 1984 (masch.).

[19] Der Problematik der Begrifflichkeit bin ich mir bewußt. Ohne sie hier diskutieren zu wollen, verweise ich auf Nikolaus ZASKE: Zum Problem der Hansekultur und Hansekunst. In: Konrad FRITZE/Eckhard MÜLLER-MERTENS/Johannes SCHILDHAUER (Hg.): Bürgertum – Handelskapital – Städtebünde. (= Hansische Studien 3) Weimar 1975, S. 265–282. – Gisela JAACKS: Repräsentation durch Kunst. In: Die Hanse. Lebenswirklichkeit und Mythos. Kat. Hamburg. Bd. 1, Hamburg 1989, S. 372–384. – Jan von BONSDORFF: Hansekonsten – finns den? In: Gotlandia Irredenta. Festschrift Gunnar Svahnström. Sigmaringen 1990, S. 47–57.

[20] Zu Grabmälern für Hansen s. Hugh Keith CAMERON: Flemish Brasses of the Fourteenth Century in Northern Germany and their use by Merchants of the Hanse. In: Archaeological Journal 143/1986, S. 331–351. – Vgl. Klaus KRÜGER: Flämische Grabplatten im Ostseeraum. Kunstdenkmäler als historische Quelle. In: Hubertus MENKE (Hg.): Die Niederlande und der europäische Nordosten. Ein Jahrtausend weiträumiger Beziehungen (700–1700). (= Landesforschung 1) Neumünster 1992, S. 167–208.

II. Zur bildlichen Darstellung des Verstorbenen

Die zweifellos repräsentativste Form der mittelalterlichen Grabplatte stellt den Verstorbenen in ganzer Figur und annähernd in Lebensgröße vor, in eine architektonische Rahmung gesetzt und von einem Schriftband umgeben[21]. In der Regel ist er als Lebender wiedergegeben, d. h. die Augen sind geöffnet, Arme und Hände in Bewegung oder in einer bestimmten Gestik erstarrt. Auch ein Kissen unter dem Kopf ändert nichts an dieser Grundkonzeption. Der Gestus ist vollkommen vom Stand des Bestatteten abhängig. Ein Bischof wird zumeist als den Betrachter segnend dargestellt (Abb. 1)[22]. Es handelt sich dabei um den Dreifingergestus, bei dem drei Finger der erhobenen rechten Hand ausgestreckt sind[23]; am vierten Finger steckt manchmal der Bischofsring; meist sind die Handschuhe, die zum Ornat gehören, gut zu erkennen. In der Linken wird der Krummstab gehalten, gelegentlich mit Pannisellus, mitunter lehnt er auch in der Armbeuge. Auf dem Kopf trägt der Bischof die Mitra, meist ist der volle Ornat mit Kasel, Manipel und Stola zu erkennen.

Äbte, deren Grabmäler übrigens auch ein anderes Inschriftenformular als die der Bischöfe erkennen lassen, weisen nicht die gleiche Gestik auf (Abb. 2)[24]. Zwar hält auch der Abt in der Regel den Krummstab in der Linken (hier lehnt er hinter ihm an der Wand), er erhebt die Rechte aber niemals zum Segen. Statt dessen hält er entweder nur den Krummstab oder aber zusätzlich die Bibel.

Priester werden stets mit dem Kelch, oft zusammen mit der Hostie, dargestellt. Dieser wird in der Linken gehalten, während die Rechte darüber den

[21] Zum folgenden: Henriette s'JACOB: Idealism and Realism. A Study of Sepulchral Symbolism. Leiden 1954, S. 9–44. – Kurt BAUCH: Das mittelalterliche Grabbild. Figürliche Grabmäler des 11.–15. Jahrhunderts in Europa. Berlin/New York 1976.

[22] Lübeck, Dom: Bischof Wilhelm Westval († 1509). Dazu: Die Bau- und Kunstdenkmäler der Freien und Hansestadt Lübeck. Bd. 3, Tl. 1 (Joh. BALTZER/Friedrich BRUNS, Die Kirche zu Alt-Lübeck. Der Dom) Lübeck 1919, S. 249 f. – KRÜGER (wie Anm. 8), S. 677 f., Nr. LÜDO268.

[23] Alfred WECKWERTH: Tumba und Tischgrab in Deutschland. In: Archiv für Kulturgeschichte 39/1957, S. 273–308, hier S. 291.

[24] Reinfeld, Holstein, Kirche (ursprl. aus der Klosterkirche des Zisterzienserordens): Grabplatte des Abtes Hildebrand († 1483). Dazu: KRÜGER (wie Anm. 8), S. 1084 f., Nr. RFKI7.

Abb. 1: Lübeck, Dom: Grabplatte des Bischofs Wilhelm Westval († 1509).

Abb. 2: Reinfeld, Kirche: Grabplatte des Abtes Hildebrand († 1483).

Segensgestus ausführt. Vielfach wird aber gerade die Gruppe der Priester ausschließlich durch den Kelch symbolisiert, der dann ohne jede weitere Verzierung im Zentrum der Platte steht.

Kanoniker sind durch ihre Almutie leicht zu erkennen (Abb. 3)[25]. Wenn sie zu Lebzeiten die Priesterwürde erlangt hatten, weist ihr Grabmal den dafür typischen Gestus auf. Nach der Reformation und der Durchsetzung des Laienkelches halten Domherren zunehmend allein oder zusätzlich zum Kelch die Bibel, meist geschlossen, aber auch aufgeschlagen, in der Hand. Auch für die wenigen protestantischen Pastoren, die sich eine Figurengrabplatte setzen ließen, wurde das Evangelium als einzige nun noch geltende Bezugsquelle zum Attribut (Abb. 4)[26]. Das ansonsten häufige Motiv eines Ar-

[25] Lübeck, Dom: Grabplatte für den Dekan Nikolaus van der Molen († 1464) und dessen Bruder, den Akolythen Johann van der Molen († 1464). Dazu: Bau- und Kunstdenkmäler der Freien und Hansestadt Lübeck, Bd. 3, Tl. 1 (wie Anm. 22), S. 245 f. – Krüger (wie Anm. 8), S. 623 f., Nr. LÜDO172.

[26] Lübeck, Dom: Grabplatte für den protestantischen Domherrn Moritz Ebeling († 1537). Zu beachten sind das weltliche

Abb. 3: Lübeck, Dom: Grabplatte für den Dekan Nikolaus van der Molen († 1464).

Abb. 4: Lübeck, Dom: Grabplatte für den Domherrn Moritz Ebeling († 1537).

chitekturmodells, das den Stifter kennzeichnet, findet sich im hier bearbeiteten Material kaum[27].

Die frühesten Figurengrabmäler für Laien zeigen den Verstorbenen, und zwar Männer wie Frauen gleichermaßen, stets mit dem Gestus des Gebets (Abb. 5)[28]. Zwischen den Fingern der aneinandergelegten Hände wird manchmal ein Rosenkranz gehalten. In Lübeck und in Visby gibt es kaum ein Figurengrabmal für einen Laien, das nicht den Gebetsgestus aufweist. Der Raum zwischen Figur und Rand wird oft von Zierformen eingenommen, die seit dem 13. Jahrhundert meist Architekturmotive darstellen; der Verstorbene erscheint dann wie vor

Barett, das die Figur statt der Domherrenkappe auf dem Kopf trägt, sowie die höfischen Figuren in den Säulenkapitellen. Dazu: Bau- und Kunstdenkmäler der Freien und Hansestadt Lübeck. Bd. 3, Tl. 1 (wie Anm. 22), S. 255 f. – KRÜGER (wie Anm. 8), S. 693 f., Nr. LÜDO288.

[27] Eine der wenigen Ausnahmen bildet die Figur auf der Tumbendeckplatte für den Lübecker Bischof Heinrich Bockholt († 1341), die ein Modell des von ihm errichteten Domchors in der Hand hält. Dazu: Bau- und Kunstdenkmäler der Freien und Hansestadt Lübeck. Bd. 3, Tl. 1 (wie Anm. 22), S. 236 f. – KRÜGER (wie Anm. 8), S. 549–551, Nr. LÜDO41. – Zuletzt: Uwe ALBRECHT: Fürstliche Mausoleen und Grabmäler der Renaissance in Norddeutschland und Dänemark. In: Lutz UNBEHAUN (Hg.): Die Künste und das Schloß in der frühen Neuzeit. (= Rudolstädter Forschungen zur Residenzkultur 1) Berlin/München 1998, S. 111–130, hier S. 111.

[28] Lübeck, Dom: Grabplatte der Helenburg von Warendorp († 1316). Dazu: Bau- und Kunstdenkmäler der Freien und Hansestadt Lübeck. Bd. 3, Tl. 1 (wie Anm. 22), S. 233. – KRÜGER (wie Anm. 8), S. 529 f., Nr. LÜDO16.

Abb. 5: Lübeck, Dom: Grabplatte der Helenburg von Warendorp († 1316).

Abb. 6: Lübeck, Marienkirche: Verschollene Grabplatte des Arnt Schinkel († 1497).

einen räumlichen Hintergrund gesetzt. Er trägt festliche Kleidung wie zum Kirchgang.

Seit dem Ende des 14., besonders aber im 15. und 16. Jahrhundert, begegnet vor allem in Süddeutschland und Österreich die Wiedergabe des Verstorbenen als Toter[29]. Nördlich davon sind diese *Transis* selten; bis nach Gotland scheinen sie nicht vorgedrungen zu sein. In Brügge gibt es einige, auch in Lübeck, wie hier die im zweiten Weltkrieg verlorengegangenen Grabplatte für den Lübecker Kaufmann Arnt Schinkel, die bis zu ihrer Zerstörung im Zweiten Weltkrieg in der dortigen Marienkirche gelegen hat (Abb. 6)[30]. Die Gestalt des Verstorbenen ist als skelettierter Leichnam dargestellt, von Wür-

[29] Kathleen COHEN: Metamorphosis of a Death Symbol. The Transi Tomb in the Late Middle Ages and the Renaissance. Berkeley/Los Angeles/London 1973.

[30] Lübeck, Marienkirche: Verschollene Grabplatte des Arnt Schinkel († 1497), mehrfach wiederverwendet. Dazu: Bau- und Kunstdenkmäler der Freien und Hansestadt Lübeck, Bd. 2, Tl. 2 (Gustav SCHAUMANN/Friedrich BRUNS, Die Marienkirche) Lübeck 1906, S. 389. – KRÜGER (wie Anm. 8), S. 918 f., Nr. LÜMA*37.

Abb. 7: Brügge, ehemals St. Walburga: verschollene Grabplatte für Jakob und Barbara Blandereel († 1451).

Abb. 8: Lübeck, Aegidienkirche: Grabplatte für den Bürgermeister Wilhelm von Calven († 1465).

mern und Kröten zerfressen. Weit weniger drastisch war die Wirkung der ebenfalls verlorenen Platte für Jakob und Barbara Blandereel in St. Walburga zu Brügge, die um 1451 entstand (Abb. 7)[31]. Die beiden Bestatteten sind als Tote dargestellt, in ein Leichentuch eingeschlagen, mit einem Kissen unter dem Kopf und einem Kreuz auf der Brust. Über ihren Köpfen steht je ein großer Schild mit dem Wappen des Mannes und dem Vaterwappen der Frau.

[31] Brügge, St. Walburga: Grabplatte für Jacob und Barbara Blandereel (1451). – Dazu: VERMEERSCH (wie Anm. 16), Bd. 2, Nr. 202, S. 187–189, Taf. 81.

III. Wappen

Heraldische Elemente gehören wie der Name des Bestatteten zum Repertoire auch bürgerlicher Figurengrabplatten[32]. Bereits auf den frühesten Beispielen treten schlichte Wappenschilde auf, eingestellt in die Bogenzwickel der Architekturrahmung, die die Figur umgibt. Mitunter ist die Figur selbst mit dem Schild belegt, häufiger aber steht dieser in die Randleisten eingefügt, die Inschrift unterbrechend. Obwohl diese Anbringung eigentlich mindestens zwei verschiedene Schilde erwarten läßt, die die Wappen der Eltern tragen, wird sie auch für lediglich ein Wappen verwendet, das in diesem Falle mehrfach auftritt. Im ersten Viertel des 15. Jahrhunderts finden wir auch auf bürgerlichen Platten die Wappen der Eltern in den Eckbrüchen der Inschriftleisten. Aber auch der zu Füßen stehende Wappenschild ist auf bürgerlichen Figurengrabplatten anzutreffen, allerdings spät und vereinzelt. Im späten 15. und im 16. Jahrhundert werden die Wappenschilde der Verstorbenen, als Vollwappen mit Helm und Helmzier ausgeführt, nebeneinander zwischen oder zu Füßen der Figuren der Verstorbenen angebracht. Dabei sind in der Regel nicht mehr als zwei verschiedene Wappen dargestellt, also die Ehewappen oder, beim Einzelgrab, diejenigen der Eltern. Eine in frühere Generationen zurückreichende Ahnenprobe wie bei gleichzeitigen Adelsgrabmälern bietet die bürgerliche Figurengrabplatte nicht.

Der Klerus bevorzugt seit dem Beginn des 14. Jahrhunderts den einfachen Schild, der dann zu Füßen der Figur lehnt. Selten sind die beiden Wappen der Eltern wiedergegeben oder führen Geistliche die Wappen ihrer Vorfahren in der Architekturrahmung bzw. in den Eckmedaillons, die die Umschrift brechen.

Seit dem frühen 14. Jahrhundert tritt das Wappen auch als alleiniger Schmuck der Grabplatte auf. Dabei lassen sich zunächst keine Unterschiede zwischen Adel, Bürgertum und Klerus feststellen. So ist die Darstellung eines helmlosen Schildes auf den Grabplatten des ländlichen Adels seit dem Beginn des 14. Jahrhunderts üblich. Außerdem wird nicht nur auf den adligen Steinen, sondern auch auf denen des städtischen Bürgertums bereits früh das Vollwappen mit Helm und Helmzier verwendet (Abb. 8)[33]. Insgesamt aber bleiben Grabmäler, die ausschließlich ein oder zwei Wappen im Zentrum der Darstellung tragen, in allen untersuchten Städten in der Minderzahl. Es handelt sich um die wenigen adligen Wappengrabsteine, diejenigen einiger Kanoniker sowie einige großbürgerliche Grabmäler (Abb. 9)[34].

Seit dem ausgehenden 15. Jahrhundert steigt die Zahl der Platten, die – außer der Inschrift, gelegentlich sogar ausschließlich – mit der Eigentumsmarke ihres Besitzers gekennzeichnet sind (Abb. 10)[35]. Zwar werden auch diese oftmals in Wappenschilde gesetzt, doch handelt es sich dann meist um Wiederverwendungen, bei denen der ursprüngliche Inhalt des Schildes getilgt worden war. Besitzmarken begegnen bereits seit dem Beginn des 14. Jahrhunderts, in großem Umfang aber erst in nachmittelalterlicher Zeit. Der gleiche steile Anstieg, den der Anteil des Bürgertums an der Gesamtheit des Grabmal-Inventars nach der Mitte des 16. Jahrhunderts vollzieht, ist auch für den Typus der Wappengrabplatte mit Besitzmarke zu erkennen. Besonders in den städtischen Pfarrkirchen, in denen sich Hand-

[32] Walther MÖLLER: Bemerkenswerte außergewöhnliche Anordnung von Wappen auf Grabsteinen. In: Deutscher Herold 57/1926, S. 36–33. – Reiner PUSCHNIG: Grabsteine als heraldisch-genealogische Quellen. Probleme der nach-antiken Epigraphik. In: Bericht über den 10. österreichischen Historikertag in Graz. (= Veröffentlichungen des Verbandes der österreichischen Geschichtsvereine 18). Wien 1970, S. 329–338. – Friedrich W. LEITNER: Epigraphik und Heraldik. In: Walter KOCH (Hg.): Epigraphik 1982. Fachtagung für mittelalterliche und neuzeitliche Epigraphik. Wien 1983, S. 21–30.

[33] Lübeck, Aegidienkirche: Grabplatte für den Bürgermeister Wilhelm von Calven († 1465) und mehrerer Familienangehöriger. Calven war Mitglied der Zirkelgesellschaft, deren Abzeichen am Wappenschild hängt. Dazu: Die Bau- und Kunstdenkmäler der Freien und Hansestadt Lübeck, Bd. 3, Tl. 2 (Joh. BALTZER/Friedrich BRUNS, Jacobikirche. Aegidienkirche) Lübeck 1920, S. 525 f. – Sonja DÜNNEBEIL: Die Lübecker Zirkel-Gesellschaft. Formen der Selbstdarstellung einer städtischen Oberschicht. (= Veröffentlichungen zur Geschichte der Hansestadt Lübeck B 27) Lübeck 1996, S. 167 f. – KRÜGER (wie Anm. 8), S. 476–478, Nr. LÜAE7.

[34] Brügge, ehemals in der Kirche St. Walburga: Grabplatte des Schöffen Pieter van Campen († 1464). – Dazu Vermeersch (wie Anm. 16) Bd. 2, Nr. 244, S. 239–241, Taf. 111.

[35] Visby, Dom: Grabplatte für einen unbekannten Kölner, wiederverwendet. Von der primären Inschrift ist nur noch zu lesen: *hic requies[cit ...] de colonia*. Die Eigentumsmarken gehören zu Sekundärverwendungen aus dem 16. und 17. Jahrhundert. Dazu: HAMNER (wie Anm. 18), Nr. 65, S. 78 f., Taf. 32.

Abb. 9: Brügge, ehemals St. Walburga: verschollene Grabplatte des Schöffen Pieter van Campen († 1464).

Abb. 10: Visby, Dom: Grabplatte für einen unbekannten Kölner.

werker und Krämer beisetzen ließen, überwiegt ihr Anteil bei weitem. Die Qualität ist außerordentlich unterschiedlich, und mitunter sind den Besitzmarken auch Handwerkssymbole beigefügt.

IV. Ständische Zuordnung und Leittypen

Um nun die beobachteten Phänomene einzuordnen, soll die Rezeption der hauptsächlich verwendeten Typen, der Figuren- wie der Wappengrabplatte, durch die einzelnen Stände untersucht werden. Dabei ist für Lübeck eine relativ klare Zuordnung der Typen zu erkennen, die sich im Laufe der Zeit allerdings mehrfach ändert (s. Graphik S. 87). Für das Bürgertum liegen mit dem Einsetzen einer größeren Menge an Grabmälern zu Beginn des 14. Jahrhunderts etwa gleichviele Figuren- und Wappengrabplatten vor, im Laufe der Zeit überwiegt dann der Anteil der Figurengrabmäler. Am Ende des 14. Jahrhunderts erfolgt ein Einbruch bei der Häufigkeit bürgerlicher Figurengrabplatten. Da die Zahl bürgerlicher Grabmäler insgesamt aber stark an-

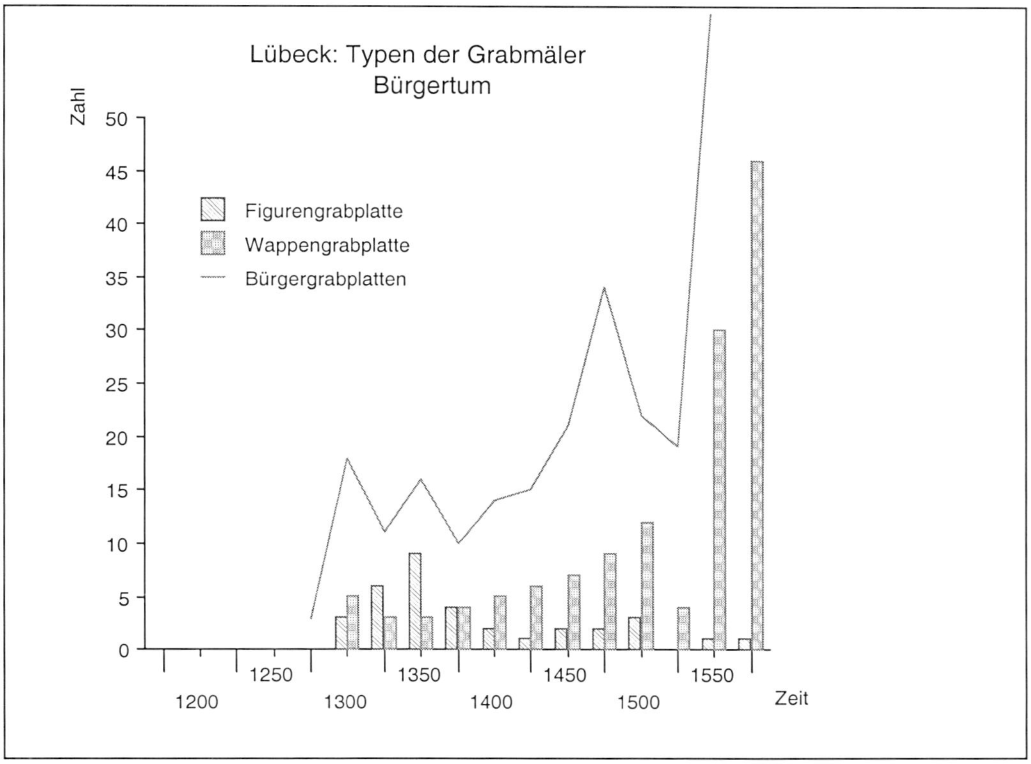
Lübeck: Typen der Grabmäler
Bürgertum
Zahl
50
45
40
35
30
25
20
15
10
5
0
Figurengrabplatte
Wappengrabplatte
Bürgergrabplatten
1200
1250
1300
1350
1400
1450
1500
1550
Zeit

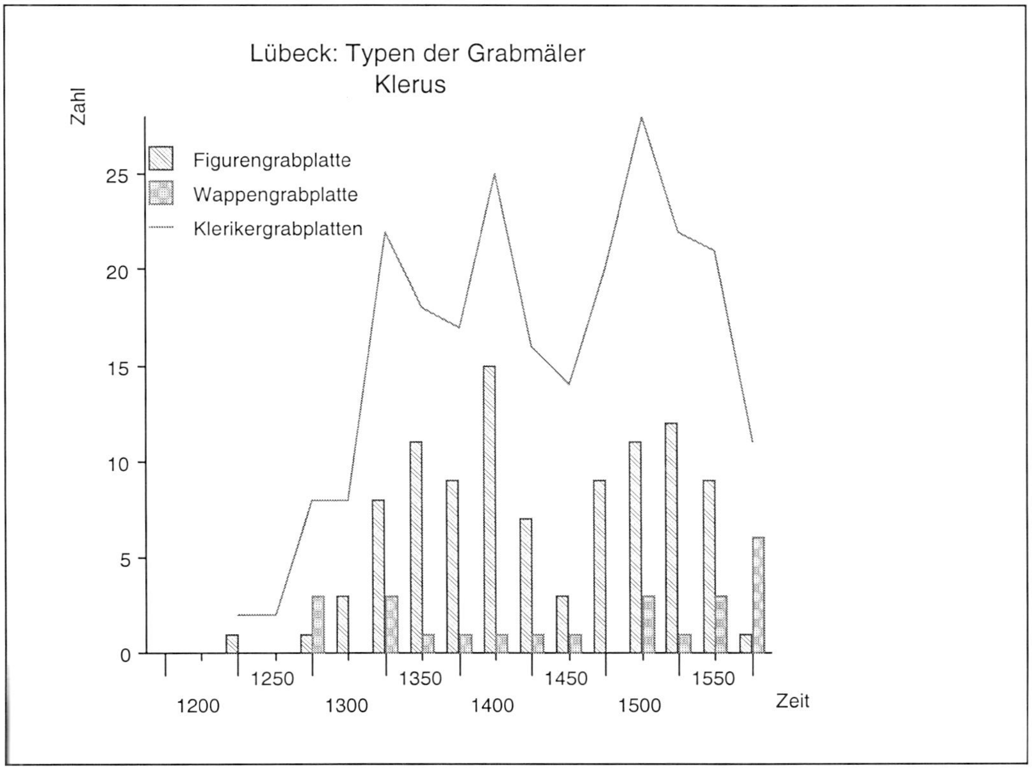
Lübeck: Typen der Grabmäler
Klerus
Zahl
25
20
15
10
5
0
Figurengrabplatte
Wappengrabplatte
Klerikergrabplatten
1200
1250
1300
1350
1400
1450
1500
1550
Zeit

steigt, liegt hier offenbar ein Wechsel in der Präferenz einer bildlichen Darstellung vor.

Völlig unberührt von dieser Entwicklung bleibt die Wappengrabplatte. Zwar liegt ihr Anteil bis zum dritten Viertel des 14. Jahrhunderts unter dem des figürlichen Grabmals, für die nachfolgende Zeit sind jedoch Zuwächse zu verzeichnen. Insgesamt verfolgt ihre Kurve seitdem einen Verlauf parallel zur Verteilungskurve des Bürgertums, wie aus der Graphik zu entnehmen ist. Die Wappengrabplatte wird also in Lübeck seit dem Ende des 14. Jahrhunderts zum Leittypus des bürgerlichen Grabmals. Dabei nimmt allerdings die Qualität der Ausführung in gleichem Maße ab. Das Wappen wird immer öfter nur noch eingetieft gearbeitet, und mit der Zunahme von Begräbnissen unterhalb der Ratsebene wächst auch der Anteil der Grabplatten, die lediglich mit der Eigentumsmarke ihres Besitzers gekennzeichnet sind.

Die Figurengrabplatte hingegen bleibt seit dem dritten Viertel des 14. Jahrhunderts beim Bürgertum marginal. Sie bildet über lange Zeit hinweg den bevorzugten Grabmaltypus des Klerus. Dieser Typ setzt ebenfalls zu Beginn des 14. Jahrhunderts, etwa gleichzeitig mit den bürgerlichen Figurengrabplatten, ein. Seine Verlaufskurve kann mit derjenigen des Klerus in Lübeck verglichen werden. Es handelt sich etwa seit dem ersten Drittel des 14. Jahrhunderts um den Leittypus der Lübecker Geistlichkeit; Wappengrabplatten werden dagegen, nachdem sie bis zur Mitte des 14. Jahrhunderts durchaus Verwendung fanden, kaum noch hergestellt; erst spät, im letzten Viertel des 16. Jahrhunderts, begegnen sie wieder in größerem Umfang. Innerhalb kürzester Zeit geht nun der Anteil der Figurengrabplatten rapide zurück, während sich der der Wappengrabplatten vervielfacht.

Ein Grund für den Übergang von der Figuren- zur Wappengrabplatte ist zweifellos im niedrigeren Anschaffungspreis für letztere zu suchen. Wappengrabplatten, auch diejenigen mit Vollwappen, sind meist einfacher gearbeitet, möglicherweise auch in Serie, wobei das Zeichen des Wappens später eingefügt werden konnte. Auch die Möglichkeiten einer späteren Wiederverwendung sind bei rein heraldischen Darstellungen größer, es brauchte nur das Innere des Schildes getilgt und neu gestaltet zu werden.

Daneben aber sind zweifellos andere Motive im Spiel, die schwerer zu fassen sind. Zur gleichen Zeit fand im nördlichen und westlichen Mitteleuropa die Übernahme des Motivs der Figurengrabplatte durch den Adel statt. Dessen früheste Grabmäler trugen heraldischen Schmuck. Tatsächlich behält der Adel die Wappengrabplatte in geringerem Umfang bis zum Ende des 16. Jahrhunderts bei. Spätestens seit der zweiten Hälfte des 15. Jahrhunderts aber nimmt der Adel das Prinzip der Figurengrabplatte auf (Abb. 11[36], Abb. 12[37]). Auffallend ist, daß diese vom Klerus übernommen wird, während der sie nun ablegt. Die Figurengrabplatte wird innerhalb kürzester Zeit zu einem Leittypus des Adelsgrabmals, der besonders seit der zweiten Hälfte des 16. Jahrhunderts und bis weit ins Barockzeitalter hinein dessen Bild prägt. Daneben treten andere Darstellungsmöglichkeiten völlig in den Hintergrund. Selten erscheint ein religiöses Motiv wie das Kruzifix oder die Reduktion auf die Inschrift als alleiniges Gestaltungselement.

V. Die Sprache der Inschriften

Neben der zentralen bildlichen Darstellung bietet der Text der Inschrift die hauptsächlichen Informationen über den Verstorbenen. Regelmäßig sind Namen und Todesdaten zu finden, alles weitere ist wiederum vom Stand des Verstorbenen abhängig. Dies gilt bereits für die verwendete Sprache. Bis ins 14. Jahrhundert dominiert bei den Inschriften die lateinische Sprache[38]. Erst im Laufe des 15. und 16. Jahrhunderts nimmt die Zahl der volkssprachigen Inschriften deutlich zu; zugleich erweitert sich der Personenkreis, dem Grabdenkmäler gesetzt werden. In diesem Zusammenhang spielen bekanntlich der Buchdruck und die Reformation eine große Rolle;

---

[36] Brügge, St. Salvator-Kathedrale: Grabplatte des Ritters Martin van der Capelle, genannt de Visch († 1452). Dazu WEALE, Catalogue (wie Anm. 16), S. 7, Nr. 70. – DERS., Note (wie Anm. 16), S. 160 f. – DERS., Bruges (wie Anm. 16), S. 103. – MULLIE (wie Anm. 16), Bd. 3, S. 78. – VERMEERSCH (wie Anm. 16), Bd. 2, S. 191–194, Taf. 84.

[37] Visby, Dom: Grabplatte des Ritters Henrik Rosenkrantz († 1537). Dazu HAMNER (wie Anm. 18), S. 31, Nr. 1, Taf. 27.

[38] Robert FAVREAU: Les inscriptions médiévales. (= Typologie des sources du Moyen Age Occidental 35) Turnhout 1979, S. 60–68.

Abb. 11: Brügge, St. Salvator-Kathedrale: Grabplatte des Ritters Martin van der Capelle, genannt de Visch († 1452).

Abb. 12: Visby, Dom: Grabplatte des Ritters Henrik Rosenkrantz († 1537).

seit dem frühen 16. Jahrhundert überwiegen die volkssprachigen gegenüber den lateinischen Inschriften. Sie können diese jedoch niemals völlig verdrängen, denn die Vertreter des geistlichen Standes halten auch weiterhin an der Latinität fest. Im niederdeutschen Sprachgebiet beginnt seit dem Ende des 16. Jahrhunderts das Hochdeutsche aufzutreten, setzt sich aber erst im Laufe des folgenden Jahrhunderts gegen die niederdeutsche Sprache durch.

In Brügge ist die Verteilung der Sprache unmittelbar ständisch zuzuordnen. Die frühesten Inschriften sind alle in lateinischer Sprache verfaßt, aber auch sämtlich für Kleriker gesetzt. Die früheste mittelniederländische Grabinschrift von 1315 begegnet denn auch auf dem frühesten für einen Laien gelegten Grabmal, dem des Schöffen Boudewijn Gailliaert[39]. Von nun an sind bis zum Ende des 15. Jahrhunderts ausnahmslos alle Texte für Kleriker in lateinischer, alle für Laien in mittelniederländischer oder, seltener, in französischer Sprache verfaßt. Erst 1487 tritt mit der dem Kanoniker Cornelis van

[39] Vermeersch (wie Anm. 16), Bd. 2, Nr. 22, S. 35.

Abb. 13: Visby, Dom: Grabplatte des Schiffers Clais Nyelop († 1424).

Cleyhem gewidmeten Inschrift ein flämischer Text für einen Geistlichen auf[40].

Auch in Lübeck sind zunächst sämtliche Texte in lateinischer Sprache verfaßt, erst zu Beginn des 15. Jahrhunderts, immerhin 100 Jahre später als in Brügge, kommen die ersten niederdeutschen Inschriften auf. Die früheste stammt wohl von 1411[41]. Seitdem sind die meisten für Angehörige des bürgerlichen Standes verfaßten Grabinschriften in der Volkssprache gehalten. Demgegenüber hält der Klerus unbeirrt an der lateinischen Sprache fest. Lediglich eine einzige Inschrift für den protestantischen Hauptpastor Dionysius Schünemann († 1579) ist auf deutsch verfaßt[42]. Ihr stehen hunderte lateinische gegenüber. Diese Sprache erweist sich somit als ein Statussymbol des höheren Klerus, durch die er seine Exklusivität, vor allem aber auch seine humanistische Bildung zum Ausdruck bringt.

In Visby finden sich Grabmäler für Laien seit dem Ende des 13. Jahrhunderts, sie sind gotländischen und deutschen Bürgern gesetzt. Die Sprache der Inschriften ist durchweg Latein, und sie bleibt es bis ins 15. Jahrhundert. 1424 lesen wir am Gedenkstein für den ertrunkenen Schiffer Clais Nyelop erstmals einen niederdeutschen Text (Abb. 13)[43]. Im weiteren Verlauf gibt es für Laien sowohl lateinische wie niederdeutsche Inschriften, aber erst seit dem 17. Jahrhundert schwedische.

VI. Formular der Inschriften

Außer der Sprache als formalem Element der Inschrift interessiert nun auch das verwendete Formular als inhaltliches. Immer wird der Name des Bestatteten genannt, meist auch das Todesdatum; alles weitere ist wiederum vom Stand des Verstorbenen abhängig. Dabei legte in erster Linie der Klerus Wert auf eine differenzierte Standesangabe. Ganz allgemein setzt sich die vollständige Standesbezeichnung einer Grabinschrift aus zwei Komponenten zusammen: der Nennung des Standes im engeren Sinne (*canonicus*, *miles*, *proconsul* etc.) sowie einem aus einem oder mehreren Teilen bestehenden *Epitheton ornans* (*venerabilis*, *ehrenfest*, *achtbar* etc.). Diese Epitheta sind nicht willkürlich gewählt, bezeichnen keinesfalls individuelle Charaktereigenschaften, sondern werden wiederum den einzelnen Ständen spezifisch vergeben. Somit kann auch ein unvollständiger Text ständisch zugeordnet werden, wenn nur das Epitheton erhalten ist.

---

[40] Vermeersch (wie Anm. 16), Bd. 2, Nr. 330, S. 333.

[41] Lübeck, Katharinenkirche: Grabplatte für Matthias Cruse († 1411). Die Inschrift in ausgesparter gotischer Minuskelschrift lautet: *Anno d(omi)ni m cccc xi [...] de daghe der bort (Christi) starff Mathias Cruse.* Krüger (wie Anm. 8), S. 812 f., Nr. LÜKA16.

[42] *Desse Stede vnd Stein Hort m(a)g(ist)ro Dionisio Schünemann pastorn und Seinen eruen.* Krüger (wie Anm. 8), S. 664 f., Nr. LÜDO250b.

[43] Visby, Dom: Grabplatte des Schiffers Clais Nyelop († 1424). Die niederdeutsche Inschrift lautet: *Na der bort (christi) mcd xxiiii up su(n)te a(n)dreas nacht blef schiph(er) cleis nyelop mit xl ma(n) bidd(et) got vor se.* Zu beachten ist hier auch die seltene Darstellung eines Schiffes, die auf den Beruf des Verstorbenen bezug nimmt. Dazu: Hamner (wie Anm. 18), Nr. 72, S. 83 f., Taf. 56.

Die Standesbezeichnung der Bischöfe wird im Laufe der Zeit immer ausführlicher und aufwendiger. Zunächst lautet ihre Grundform: *dominus N. N., huius ecclesiae episcopus*, worauf die Nummer des Ordinariats oder die Amtsdauer folgen können. Seit dem späten 15. Jahrhundert tritt der Titel *dominus* verdoppelt auf. Meist wird ihm die Bezeichnung *pater* oder, durch ein Epitheton erweitert, *venerabilis pater* vorangestellt. Das eigentliche Epitheton des Prälaten lautet jedoch seit dem 14. Jahrhundert: *reverendus* bzw. *reverendus in Christo*. Es blieb immer allein den Bischöfen, Äbten und Prioren vorbehalten. Meist wird bereits früh stets ein vollständiger Geburtsname, d. h. Vor- und Familienname angegeben. Selten begnügt sich die Inschrift nicht allein mit der Angabe des kirchlichen Standes des Verstorbenen, sondern fügt dieser noch eine Nachricht über den Geburtsstand hinzu. Hat der Verstorbene akademische Würden erreicht, sind diese Titel ausführlich in die Standesbezeichnung integriert. Diese Angaben werden im Laufe des 16. Jahrhunderts durch schmückende Beiwörter immer weiter aufgebläht, ohne die Grundaussage zu ändern.

Wesentlich schlichter ist das Formular für Äbte und Äbtissinnen. Die Grundform lautet für den Abt: *dominus N. N., abbas in …*, wobei auch hier bereits früh ein *pater* oder, durch ein *Epitheton* erweitert, *reverendus pater* vorangestellt wird, für die Äbtissin lediglich: *N. N., abbatissa istius monasterii* oder auch *huius ecclesiae*. Diese Form wird kaum verändert, gelegentlich erscheint die Nummer des Ordinariats. Dagegen führen die Lübecker Äbtissinnen bürgerlicher Herkunft bereits früh den Familiennamen an und bezeichnen sich dann z. T. auch als *domina*. Für zwei Äbtissinnen sind Inschriften überliefert, die die Herkunft aus den vornehmen Lübecker Geschlechtern betonen[44].

Die Standesbezeichnung der Domherren beschränkt sich auf folgendes Grundformular: *N. N., huius ecclesiae canonicus*, wobei der Familienname stets genannt wird. Erst seit der Mitte des 14. Jahrhunderts wird dem Namen der Titel *dominus* vorangestellt. Es dauert bis zum Ende des 15. Jahrhunderts, bis auch den Domherren, wenn auch nicht regelmäßig, das *Epitheton venerabilis* zugeordnet wird. Auch die Kanoniker lassen gegebenenfalls akademische Titel wie den Magister-Grad in ihre Standesbezeichnung einfügen. Um die Wende vom 15. zum 16. Jahrhundert erreicht die Entwicklung ihren Höhepunkt; nun ist auch das ursprünglich so schlichte Formular der Domherren durch *Epitheta ornantia*, Amts- und Titelangaben erweitert:

Venerabilis et egregius vir, dominus Hartwicus de Bulow, decretorum doctor, huius Lubicensis, Hildensemensis, Swerinensis, Hamburgensis ecclesiarum canonicus[45].

Seit dem beginnenden 16. Jahrhundert tritt eine Gegenbewegung ein. Von nun an begegnet wieder häufiger das Grundformular, wobei in erster Linie die *Epitheta* reduziert werden. In der Zeit unmittelbar vor und seit der Reformation stellen allzu aufwendige Inschriften für die Kanoniker die Ausnahme dar. Insgesamt allerdings verändert die Reformation das Formular kaum.

Was für die oberen Ebenen des geistlichen Standes gilt, kann entsprechend auch auf die niederen übertragen werden, sowohl für den Welt- als auch für den Klosterklerus: meist werden das Amt oder der Titel genau definiert, und zumindest bis zur Wende vom 15. zum 16. Jahrhundert wird der Verstorbene mit schmückenden Attributen belegt, die weitgehend festgelegt sind. Kleriker sind dabei meist als *dominus*, in niederdeutschen Grabschriften entsprechend als *Herr* bezeichnet.

Auch der Adel verfügt über ein eigenes Formular, auf das an dieser Stelle aber nicht eingegangen werden soll. Dagegen wirken die Grabinschriften für bürgerliche Laien nicht nur stereotyp, sondern auch extrem reduziert; ihr Formular beschränkt sich in den meisten Fällen auf die Nennung des Namens. Ein eigenes Epitheton fehlt völlig, so daß nur die

[44] Lübeck, ehemals im St.-Johannis-Kloster: nicht erhaltene Grabplatten für die Äbtissinnen Adelheid Brömse († 1538) und Elisabeth Salige († 1569). Folgende Inschriften sind überliefert: *Anno xv*^{c} *xxxviij xx Octobris / Abbatis functa hic bene munere dormit Alheidis / nobilis atleta genere et cognomine Brömsen / Virginibus sancte ter septem prefuit annis / inter sectarum turbas vulgique furores. – Anno domini 1569 die 22 Novembris in festo Cecilie pie mortua est venerabilis domina Elisabeth Salige, filia senatoris Johannis Salige, pacifice agens in hoc coenobio abbatissa annos 17. Sit ei deus propitius.* KRÜGER (wie Anm. 8), S. 798, Nr. LÜJO*46 und S. 799, Nr. LÜJO*48.

[45] Lübeck, Dom: Grabplatte des Domherrn Hartwig von Bülow († 1499). Dazu: Bau- und Kunstdenkmäler der Freien und Hansestadt Lübeck. Bd. 3, Tl. 1 (wie Anm. 22), S. 248. – KRÜGER (wie Anm. 8), S. 641 f., Nr. LÜDO197.

Angabe der Ratsmitgliedschaft, eines Amtes oder, bei Handwerkern, eines Berufes übrig bleiben.

Angehörige des Rates hatten das Recht, den Titel *dominus* zu führen, und in aller Regel wird in den Grabinschriften davon Gebrauch gemacht. Auch die Ehefrau eines Bürgermeisters konnte den Titel führen. Dies galt auch nach dem Tode des Mannes weiter: *domina Windelburgis, relicta domini Marquardi Hildemari proconsulis*[46]. Allerdings ist die Zahl der Grabmäler relativ hoch, in denen nur der Mann, eben der Bürgermeister, als *Herr* bezeichnet wird, seine Ehefrau den Titel aber nicht trägt. Eine Regel, die dies erklären könnte, läßt sich nicht erkennen. In Lübeck etwa liegt nur eine einzige Grabinschrift vor, in der ein Bürgermeister nicht den Titel *Herr* trägt[47].

Für die übrigen Ratsmitglieder sind die Relationen etwas verschoben. Auch sie führten in aller Regel den Titel *dominus*, ihre Ehefrauen jedoch keinen entsprechenden. Hier ist auch die Zahl der Beispiele größer, bei denen Ratsmitglieder auf die Nennung des Titels verzichteten. Umgekehrt gibt es zu allen Zeiten Fälle, in denen sie sich nur durch den Titel *dominus* ausweisen, also die Bezeichnung *consul* bzw. *Ratsmann* weggelassen wird.

Eigenständige Epitheta sind auch unter Ratsangehörigen selten. Des öfteren begegnen Inschriften, deren Formular dem des Adels entlehnt ist. Hier steht die Ehre des Verstorbenen im Vordergrund: *Der erbare und wolwise Her N. N., Borgermeister; de dogentsam Frauw N. N*[48].

In denselben Kontext gehören Inschriften, die Begriffe wie *honestus* und *honorabilis* verwenden und damit immerhin ein eigenes Vokabular entwickeln. Im 16. Jahrhundert wird schließlich auch der persönliche Ruhm des einzelnen zum Bestandteil des Formulars: *Spectabilis vir, dominus N. N., senior, proconsul*; *Egregius et magnificus vir et dominus N. N.*; *Clarissimus vir dominus N. N., hujus reipublicae senator, integritate et prudentia conspicuus*[49].

Bürger, die nicht dem Rat angehören, verwenden keine Epitheta und in der Regel keine nähere Bestimmung. Nur selten findet sich die Bezeichnung *civis*, ansonsten steht in der Inschrift nur der Name des Verstorbenen. Dies gilt für die Inschriften von Frauen ebenso wie die von Männern. Ebenso selten sind die Fälle, in denen dem Namen eine Berufsbezeichnung beigefügt wird. In der Regel handelt es sich dabei um Handwerker, und ihre Steine sind eben jene mit den schlichten Besitzmarken.

Hier findet sich nun seit dem 15. Jahrhundert ein spezielles, wenn auch extrem reduziertes Formular. Es beschränkt sich weitgehend auf den Namen des Inhabers, der, wie gesehen, nicht unter dem jeweiligen Stein begraben sein muß. Im Gegensatz zur Todesnachricht steht bei der Besitzformel nicht der Denkmalcharakter der Grabplatte im Vordergrund. Der Verstorbene wird zwar namentlich genannt, jedoch nur, um als Inhaber von Stein und Stätte kenntlich zu sein. Die übliche Formel lautet: 'Dieser Stein und Stätte gehört N. N. und seinen Erben', kürzer auch 'N. N. und seinen Erben' oder nennt allein den Namen. Namentlich aufgeführt wird demnach nur der Erstbesitzer, also Auftraggeber oder Käufer des Grabmals. Ehefrauen, Kinder und folgende Generationen rangieren unter 'Erben', ohne eigens erwähnt zu werden. Grundsätzlich handelt es sich bei der Besitzformel um einen späten Typus der Grabinschrift, formal und inhaltlich verarmt, zu allermeist nur von sparsamer bildlicher Verzierung wie kleinen Besitzmarken oder Handwerkszeichen begleitet. Sie stellt die typische Sekundärinschrift dar, die ins Mittelfeld eines angekauften Grabsteines gesetzt wurde, um so den Anspruch darauf kenntlich zu machen. So wird sie

[46] Lübeck, Dom: Grabplatte für den Bürgermeister Marquard Hildemari († 1300) und seine Ehefrau Windelburg († 1336). Dazu Bau- und Kunstdenkmäler der Freien und Hansestadt Lübeck, Bd. 3, Tl. 1 (wie Anm. 22), S. 59 f., S. 235 f. – Krüger (wie Anm. 8), S. 544 f., Nr. LÜDO36.

[47] Lübeck, Katharinenkirche: *Proconsul Lubesensis Johannes Luneborch* († 1461). Dazu: Die Bau- und Kunstdenkmäler der Freien und Hansestadt Lübeck. Bd. 4, Tl. 1 (Joh. Baltzer/ Friedrich Bruns/Hugo Rathgens, Die Klöster) Lübeck 1928, S. 136 f. – Hans Eichler: Die messingne Grabplatte des Johann Lüneburg in der Katharinenkirche zu Lübeck. In: Mitteilungen des Vereins für Lübeckische Geschichte und Altertumskunde 15/1930, 3, S. 39–45. – Krüger (wie Anm. 8), S. 822–824, Nr. LÜKA27.

[48] Einen Sonderfall stellt die Platte des Lübecker Ratsherren Johann von Wickede (1577) dar, dessen Inschrift zwar seine Laufbahn als Ritter und Hauskomtur des Deutschen Ordens beschreibt, letztlich aber betont, der Verstorbene sei Lübeckischer Ratsherr gewesen: *Der ehrenfeste, ehrbare, wohlweise Herr Johann von Wickede, weyland gewesen des ritterlichen Deutschen Ordens in Liefland Verwalter und Haus-Comthur in Reval, nachmals Rathsherr dieser Stadt Lübeck.* Dazu: Krüger (wie Anm. 8), S. 483 f., Nr. LÜAE15.

[49] Beispiele finden sich bei Krüger (wie Anm. 8), S. 156 ff.

denn auch vor allem vom nicht ratssässigen Bürgertum, insbesondere von Handwerkern, verwendet. Häufig begegnet die Besitzformel zusammen mit einer normalen Todesnachricht. Dies läßt den Schluß zu, daß die Besitzerinschrift zunächst beim Ankauf eines Grabmals angebracht wurde, erst beim Tode der betreffenden Person dann zusätzlich das übliche Formular.

Ebenso deutlich ist der Unterschied zur Todesnachricht, wenn die Inschrift datiert ist. Wird dort das Todesdatum angegeben, steht in der Besitzformel das Datum des Erwerbs einer Grabstätte, und zwar in aller Regel nur die Jahres-, nicht aber die Tagesangabe. Dieses Datum kann mit dem Todesdatum zusammenfallen, wenn der Tod des Betreffenden den Ankauf einer Grabstätte durch die Angehörigen notwendig machte. Es kann aber auch lange Zeit vor dem Todesdatum liegen, wenn der Inhaber sich die Grabstätte selbst zu Lebzeiten sicherte und einen Stein dafür erwarb. Es kann schließlich auch lange Zeit später liegen, wenn der Betreffende nach seinem Tode zwar bestattet, sein Grab aber nicht sofort mit einem Stein versehen wurde, oder, was wahrscheinlich häufiger der Fall war, wenn ein neues Grabmal ein älteres ersetzte, das etwa gestiegenen Ansprüchen nicht mehr genügte. Für die Datierung eines Grabmals ist eine Besitzformel mit Datum also wesentlich genauer als jede Todesnachricht, auf der Suche nach Informationen zu einer Person kann sie jedoch irreführend sein.

VII. Schluß

Natürlich ist ein unmittelbarer Vergleich des Grabmalbestandes einzelner Hansestädte problematisch. Der jeweils eigene historische und kulturelle Hintergrund macht sich deutlich bemerkbar durch Phasenverschiebungen von mindestens einer Generation zwischen Brügge und Lübeck[50], zwischen Lübeck und Visby. Manche Phänomene wie die Darstellungen *en transi*, in Brügge durchaus zu beobachten, scheinen Lübeck nur noch gestreift zu haben und darüber nie hinausgekommen zu sein. In Flandern bestand ein unmittelbarer Austausch zwischen Stadt und Leden, dem burgundischen Herzogshaus und auswärtigen Kaufleuten aus Spanien, Frankreich und England, der sich in der Sepulkralkunst niederschlägt. Lübeck weist zwar im Vergleich mit seinem Umland einige prominente Grabmäler von höchstem Niveau auf, in der Menge aber wirkt das hier zu findende Inventar doch recht provinziell. In Visby schließlich haben sich archaische Formen und Inhalte bis in nachmittelalterliche Zeit erhalten. Dies im einzelnen vorzuführen, konnte nicht Aufgabe dieser Ausführungen sein. Vielmehr sollte an einigen Beispielen die einzigartige Zwischenstellung des Grabmals als Gattung demonstriert werden. Als sakrales wie als prestigewirksames Kunstwerk, als Rechtsdokument wie als Bestandteil der Memorie war es an Formen gebunden, die, obwohl nirgendwo festgeschrieben, dennoch feststanden.

Das Beharren auf bestimmten Typen vereinfacht dem heutigen Betrachter das Identifizieren schadhafter oder unvollständig überlieferter Steine. Unterschiede lassen sich in allen Bereichen wiederfinden: in zeitlichen und geographischen Schwerpunkten, in der bildlichen Darstellung, der Fertigungsweise und, in erster Linie, in Schrift, Sprache und Formular der Inschriften. Liest man die epigraphischen Texte gegen den Strich, erkennt man Formulierungen und Begriffe, die helfen, den Betreffenden zeitlich und ständisch zuzuordnen. Immer erkennbar sind die drei Parameter Raum, Zeit und Stand des Bestatteten. Jedes Phänomen kann dort, wie auf einem dreidimensionalen Koordinatensystem, angesiedelt werden. Auf diese Weise lassen sich zeitliche Entwicklungen verfolgen, topographische und ständestratigraphische Unterschiede erkennen.

Dies gilt für formale wie für inhaltliche, für »bewußte« wie »unbewußte« Aspekte. Schriftformen und Sprache lassen sich ebenso in Beziehung zum Stand der Bestatteten setzen wie zum Ort der Anbringung und zum Zeitpunkt ihres Entstehens. So wird die gotische Minuskel in erster Linie vom Bürgertum verwendet, während der höhere Klerus sich früh und vollständig der Renaissance-Kapitalis zuwendet. Dies läßt sich zu der räumlichen Verteilung der Stände in Beziehung setzen, und es finden sich

[50] Dazu zuletzt Werner Paravicini: Lübeck und Brügge. Bedeutung und erste Ergebnisse eines Kieler Forschungsprojekts. In: Die Niederlande und der europäische Nordosten (wie Anm. 20), S. 91–166.

auch landschaftliche Vorlieben beim Gebrauch der Schrifttypen.

Entsprechend verhält es sich mit den Sprachen. Die jeweilige Volkssprache wird in erster Linie vom Dritten Stand rezipiert. Der Klerus hält bis in nachreformatorische Zeit an der Latinität fest. Allerdings sind hier Unterschiede zu erkennen; so übt die niedere Geistlichkeit deutlich weniger Zurückhaltung gegenüber der Volkssprache als etwa der Domklerus jeder untersuchten Stadt.

Vor allem der höhere Klerus verwendete bis in Einzelheiten feststehende Formeln. Auch hier lassen sich Neuerungen erst in nachreformatorischer Zeit feststellen, während bei den Grabinschriften für Laien bereis am Ende des 15. Jahrhunderts Veränderungen zu beobachten sind. Aber auch Adel und Bürgertum halten sich an ihr Formular, wie anhand der Verwendung des Titels *dominus* festzustellen ist.

Es zeigt sich, daß das Grabmal bis zur Mitte des 16. Jahrhunderts in erster Linie die Aufgabe hatte, den Verstorbenen als Vertreter seines Standes zu präsentieren. Stereotypien und Wiederholungen waren somit zwangsläufig, und hier gründet das Mißverständnis von der seriellen Herstellung von Grabmälern, das vielfach im Umlauf ist. Von einem Wettbewerb der einzelnen Stände untereinander ist nichts zu spüren; vielmehr scheint sich jeder von den übrigen abgrenzen und abheben zu wollen. Besonders deutlich wird dies, wenn in kurzer Zeit die bevorzugten Typen ausgetauscht werden, der Adel vom Klerus das Figurengrabmal übernimmt und dieser das heraldische vom Bürgertum, während der Dritte Stand sich auf die Suche nach eigenen Formen und Inhalten begibt.

Abbildungsnachweis: 1, 3–6, 8: Museum für Kunst und Kulturgeschichte der Hansestadt Lübeck. 2: Landesamt für Denkmalpflege Schleswig-Holstein. 7, 9, 11: Vermeersch, Grafmonumenten te Brugge (wie Anm. 16). 10, 12–13: Hamner, Visby domkyrkas gravstenar (wie Anm. 18).

Rüdiger Fuchs

Fromme Männer in der Welt
Totenlob auf Trierer Bischofsgrabmälern des Mittelalters*

»In der Kirche bestattet zu werden, nütze nur denjenigen, die nicht von schweren Sünden belastet seien. Sooft die Angehörigen in die Kirche kämen, erinnere der Anblick der Gräber an die Verstorbenen und an die Gebete für jene«[1], so Gregor der Große auf die Frage, ob es den Seelen der Verstorbenen nütze, wenn ihre Körper in der Kirche bestattet werden. Diese Feststellung Gregors soll der Ausgangspunkt einer knappen methodischen Vorbemerkung sein. Die Betrachtung von Grabdenkmälern unterschiedlichster Ausprägung konzentriert sich je nach Fragestellung auf Stil- und Künstlerfragen, auf Aussagen der Bilder und Inschriften zu Todes- und Jenseitsvorstellungen, auf ihren Informationswert hinsichtlich der Vitaldaten, in wenigen prominenten Fällen etwa auch auf die Botschaft von Denkmälern, wenn man an die Grabplatte Rudolfs von Rheinfelden in Merseburg[2] oder an nachgefertigte bzw. fiktive Grabmäler denkt[3]. Ging es um die Nachwirkung von Denkmälern durch Text und Bild, kam der Standesstolz des spätmittelalterlichen und frühneuzeitlichen Edelmannes bzw. Ritters in seinem Gewäte ebenso zur Sprache wie Typologien von Abtsgrabplatten und Gelehrtendasein. Im weiteren soll das Augenmerk auf diese Außenwirkung gelegt werden, unter der stillschweigenden Voraussetzung, daß Texte und Bilder die Ansichten von bestimmten Personen bzw. Gruppen reflektieren.

Vor diesem Hintergrund und seinen attraktiven Fragemöglichkeiten vergißt man allerdings leicht die Voraussetzungen für die Existenz von Denkmälern, beschneidet ihre Daseinsberechtigung auf jenen, jeweils im Einzelfall zu bestimmenden Aspekt der Nachwirkung, wie man aus den antiken Objekten zu lesen gewohnt ist. Dieser Beitrag soll eine andere Wurzel in Erinnerung rufen und ihre Verbindung zu Denkmälern als Mittel der Selbstdarstellung, eben den Schritt von der »Memoria« zum »Image« untersuchen, in bewußter Verdrehung eines Leitthemas des Kongresses. Daß das in Konzentration auf Trierer Materialien geschieht, ist nicht nur eine Hommage an die gastgebende Stadt, sondern auch von dem Alter und der Dichte gewisser Textaussagen in Trierer Grabinschriften geradezu gefordert. Es handelt sich allerdings zunächst um ein Arbeitsmodell, um ein Experiment, zwei mögliche und meist isoliert behandelte Betrachtungsweisen von Grabdenkmälern zusammenzuführen.

Die komplexe Darstellung widerstreitender und durch die Jahrhunderte sich verändernder Gesichts-

---

* Meinem verehrten Lehrer Kurt-Ulrich Jäschke zum 60. Geburtstag gewidmet.

[1] Gregor I., Dialogi IV 26,1 (Grégoire le Grand, Dialoques III), ed. A. de Vogüé. (= Sources chrétiennes 265) Paris 1980, S. 178: *Quos grauia peccata non deprimunt, hoc prodest mortuis si in ecclesiis sepeliantur, quod eorum proximi, quotiens ad eadem sacra loca conueniunt, suorum, quorum sepulcra aspiciunt, recordantur et pro eis Domino preces fundunt.* – Vgl. auch Augustinus, De cura pro mortuis gerenda 2,22, ed. J. Zycha. (= Corpus scriptorum ecclesiasticorum Latinorim 41) Prag/Wien/Leipzig 1900, S. 630 f.

[2] Vgl. Berthold Hinz: König Rudolfs Grabdenkmal im Merseburger Dom: Innovation aus dem Zusammenbruch. In: Studien zur Geschichte der europäischen Skulptur im 12./13. Jahrhundert, hrsg. von Herbert Beck u. Kerstin Hengevoss-Dürkopp. Frankfurt 1994, S. 515–531. – Ders.: Das Grabdenkmal Rudolfs von Schwaben. Monument der Propaganda und Paradigma der Gattung. Frankfurt 1996.

[3] Vgl. Die Inschriften der Stadt Worms, ges. u. bearb. von Rüdiger Fuchs. (= Die Deutschen Inschriften 29) Wiesbaden 1991, S. CIV ff. u. den vom Verf. bearbeiteten Inschriftenbestand der Stadt Trier, im einzelnen zum Constantius-Stein des Paulinusstiftes, zur Trebeta-Verehrung u.v.a.m.

punkte und Argumentationsweisen zum Begräbnis in Kirchen ist ausführlich von Sebastian Scholz behandelt worden[4]. Angesichts von Begräbnisverboten auch noch der Karolingerzeit erscheint es angebracht, die Voraussetzungen des mittelalterlichen Grabmales und des hochmittelalterlichen Prälatengrabmales, dem nachfolgend das Hauptaugenmerk gilt, zu skizzieren.

Seit Augustinus dachte man vermehrt über beide Problemkreise, über Begräbnis in der Kirche und seine Kennzeichnung, nach, zunächst weniger über Reglementierungen oder Verbote, sondern über den Nutzen des Begräbnisses in der Kirche, somit auch über die Frage, ob man sich mit der Bestattung in und bei Märtyrerkirchen Vorteile für das Seelenheil erwirken könne. Die Richtung, die sich durchsetzte, war die des Augustinus und in seiner Nachfolge die Gregors d. Gr., vielleicht am besten auf den Punkt gebracht mit der oben zitierten Aussage Gregors. Isidor von Sevilla, als dritter dieser vielgelesenen Autoren, hob ebenfalls den Erinnerungsaspekt von *monumentum* hervor: »Denkmal nennt man es deshalb, weil es den Geist zum Gedenken an den Verstorbenen mahnt. Wenn man das Denkmal nämlich nicht sieht, geschieht das, was geschrieben steht: Es ist als ob der Tote aus dem Herzen entschwindet. Wenn man es aber sieht, ermahnt es den Geist und führt dich zum Gedenken zurück, so daß du dich der Toten erinnerst«[5] – Erinnern war nicht als Selbstzweck gedacht, sondern wie bei Augustinus und Gregor mit der Aufforderung zur Fürbitte verbunden. Anschaulich formulierte Honorius von Autun in der ersten Hälfte des 12. Jahrhunderts diese Verklammerung: »Man bringt aber auch deshalb die Körper der Toten zur Kirche, damit ihnen das Gebet der versammelten Gemeinde zu Hilfe kommt. Und wie diejenigen, die in Sünden und in der Welt sterben, im Tod Christi durch die Taufe im Schoß der Mutter Kirche begraben werden, so werden die im Fleisch Toten im Schoß der Kirche von der Erde bedeckt, damit, wenn die Gläubigen dort zusammenkommen und die Gräber dieser dort sehen, sie für diese beten und sich daran erinnern sollen, welche Zukunft ihnen selbst bevorsteht«. Gebet helfe denen, die Strafen ausgesetzt seien, und auch dem, der betet, weil ihm sein Gebet für andere angerechnet werde[6]. Obwohl sich die betreffenden Autoren nicht über Inschriften oder andere Erkennungsmerkmale äußern, Grabmal als Erinnerungsmal, als Stein gewordene Aufforderung zum Gebet, war nur oder jedenfalls am besten wirksam, wenn es Erkennungsmerkmale besaß. Einfachstes und sicherstes war die Inschrift; nur sie unterscheidet wirksam innerhalb eines umfangreichen aber sehr gleichförmigen Corpus, wie es gerade in Trier vom ausgehenden 4. bis 6./7. Jahrhundert in reichem Maße bezeugt ist[7]. Eine Aufforderung an den Betrachter, den *proximus* Gregors d. Gr., implizierte also schon die Existenz und die Sichtbarkeit des Denkmales überhaupt. In eindringlicher Weise forderte die Grabinschrift des Abtes Amatus von Remiremont († 628) – so seine Vita – alle Kirchenbesucher auf, für ihn zu beten, damit für seine Sündenstrafen das Erbarmen Gottes durch eifriges Gebet vieler erfleht werde[8]. In Elogien und ausgeführten Inschriften sind Aufforderungen zum Gebet Legion, das Alkuinsche *pro quo funde preces*[9] kommt auch in Trier mehrfach vor. Es sei trotzdem daran erinnert: Schon der Stein an sich stellte eine Gebetsaufforderung dar; sekundäre Merkmale wie Inschriften und vielleicht auch allein die Lage lenkten das Gebet sozusagen, erlaubten die Präzisierung eines Nutznießers.

Lange nachdem die Frage nach dem Nutzen eines Grabmales beantwortet war und die Bestattung in der Kirche, zunächst waren Märtyrerkirchen in den

[4] Vgl. Sebastian Scholz: Das Grab in der Kirche. Zu seinen theologischen und rechtlichen Hintergründen in Spätantike und Frühmittelalter. In: Zeitschrift für Rechtsgeschichte, Kan. Abt. 84/1998, S. 270–306. – Auf die mittlerweile sehr umfangreiche Literatur zur Memoria allgemein kann hier nicht eingegangen werden.

[5] Isidorus Hispalensis episcopus, Etymologiarum sive originum liber XV 11,1, ed. W. M. Lindsay, Bd. 2, Oxford 1957: *Monumentum ideo nuncupatur eo quod mentem moneat ad defuncti memoriam. Cum enim non videris monumentum, illud est quod scriptum est: Excidi tamquam mortuus a corde. Cum autem videris, monet mentem et ad memoriam te reducit, ut mortuum recorderis. Monumenta itaque et memoriae pro mentis admonitione dictae.*

[6] Honorius Augustodunensis, Speculum ecclesiae, ed. Migne, PL 172, Sp. 1081–1086.

[7] Vgl. i. W. RICG I, d. i. Recueil des inscriptions chrétiennes de la Gaule antérieures à la renaissance carolingienne I. Première Belgique par Nancy Gauthiers. Paris 1975.

[8] Vita Amati 11,13, ed. Benno Krusch. (= MGH SS rer. Merov. 4) Hannover/Leipzig 1902, S. 219 f.

[9] Epitaphium Alchuuini, ed. Ernst Dümmler. (= MGH Poetae 1) Berlin 1881, S. 350.

Blick gerückt, zweitrangig erschien, trat ein anderes Problem in den Vordergrund, eben die Frage, ob ein Begräbnis in der Kirche erlaubt sei. Es wurde von Augustinus und Gregor zunächst unter dem Aspekt des Nutzens für die Seele des Verstorbenen gesehen, im 9. Jahrhundert aber zunehmend unter dem Aspekt der Würde einer Kirche. So konnte Theodulf von Orléans, um nur eine Stimme zu nennen, wettern, Kirchen sähen aus wie Friedhöfe und das könne nicht richtig sein; in der Kirche begraben dürfe man nur Priester oder gerechte Menschen, die sich diesen Platz durch Verdienste zu Lebzeiten erworben hätten[10]. Er ging sogar soweit, zu fordern, Grabsteine tiefer unter den Fußboden zu versenken, gegebenenfalls Kirchen sogar aufzugeben, wenn ihre Funktionsfähigkeit als Kultraum gefährdet sei. Bestattungen dürften weiterhin nur noch außerhalb des Altarraumes vorgenommen werden[11]. Die Diskussion des 9. Jahrhunderts, deren Grundsätze später nicht wesentlich verändert wurden, läßt sich folgendermaßen zusammenfassen: Man versuchte die Bestattung in Kirchenräumen stark zu unterbinden, teils rigoristisch, sie, wo unumgänglich, wenigstens einzuschränken. Dazu stellte man Maßstäbe auf, die den Kreis der zu Bestattenden auf bestimmte Personengruppen eingrenzten. In den Worten des strengen Triburiense von 895[12] waren nur Priester zugelassen: *ut deinceps nullus laicus in ecclesia sepeliatur*; man bezog sich auf Gregor den Großen und übernahm Theodulf, der aber – im wörtlichen Zitat des Triburiense – für *iusti homines* Ausnahmen zuließ; man hat diese mit großer Einschränkung zu akzeptierende Personengruppe *iusti homines* oder *fideles laici* (Synode von Mainz 813), auch *religiosi viri* (*Capitula Frisingensia tertia*) genannt – die waren das eigentliche Problem. Bischöfe und Äbte, vielleicht auch Priester, hatte Gottes Wirken im Zuge der Amtsberufung per se als qualifiziert ausgewiesen, Herrscher, zumal als Kirchenstifter konnte man nicht ausschließen, aber den Laien schlechthin, und sei es den Grafen von Luxemburg, galt es zurückzuhalten. Maßstab für eine Bestattung in der Kirche war für alle, unabhängig vom Ergebnis, zu welchem ein Meinungsbildner kam, die Würde des Verstorbenen; erlaubt sein sollte die Bestattung eines Verstorbenen in der Kirche nur, wenn sich die Frage, kommt sie ihm nach Lebensführung und Verdienst zu, positiv beantworten ließ, in den Worten Theodulfs *persona ..., quae per vitae meritum talem vivendo suo corpori defuncto locum acquisivit*[13]. Verdienste Verstorbener einzuschätzen, hielt allerdings schon Hinkmar von Reims für ein schwieriges Unterfangen[14], aber es blieb kirchenrechtlich das einzige Qualifikationsmerkmal außerhalb des Priesterstandes, teilweise sogar unterhalb von Bischöfen und Äbten. Für geradezu gefährlich hielt man die Bestattung des Unwürdigen, also des wackeren Sünders, den Gott von vorneherein verdammt hatte, ja sogar das Gebet für ihn konnte als Sünde gelten. Da sich die rigorosen Gegner der Kirchenbestattung überhaupt und der Bestattung auch von Laien nicht durchsetzen konnten, obwohl auch ihre Sentenzen fleißig weitergeschrieben wurden, rückte die Suche nach Regulierungen in den Vordergrund. Die Synode von Meaux-Paris (845/846) schloß Erbbegräbnisse aus, für eine Bestattung in der Kirche sei nur das Urteil des Bischofs oder Priesters über den Lebenswandel entscheidend, dem schlossen sich Hinkmar und Riculf von Soissons und andere mehr an[15]. Die Diskussion und ihre Ergebnisse waren durch Synoden des 9. Jahrhunderts und kirchenrechtliche Sammlungen präsent und jeder, der in einer Kirche begraben werden wollte, mußte sich daher nicht nur selbst fragen, ob er würdig sei, er mußte sich auch fragen, wie er dem, der zu entscheiden hatte, das nachweisen konnte. Das mittelalterliche Stiftungswesen nahm hier einen Ausgangspunkt. Nach außen ließ sich die Würde mit dem Totenlob einer Grabinschrift erweisen; die Rechtfertigung konnte also auf das Grabmal geschrieben werden. Es spielt dabei keine Rolle, ob

[10] Theodulf, 1. Kapitular, cap. 9, ed. Peter BROMMER. (= MGH Capit. episc. 1) Hannover 1984, S. 190: *Unde volumus, ut ab hac re deinceps abstineatur et nemo in ecclesia sepeliatur, nisi forte talis sit persona sacerdotis aut cuiuslibet iusti hominis, quae per vitae meritum talem vivendo suo corpori defuncto locum acquisivit.*

[11] Theodulf, 2. Kapitular, cap. 1,11, ebd. S. 153.

[12] Concilium Triburiense 895, cap. 17, edd. Alfred BORETIUS/Victor KRAUSE. (= MGH Capit. reg. Franc. 2) Hannover 1897, S. 222 f.

[13] Vgl. Anm. 10 und ausführlich SCHOLZ (wie Anm. 4).

[14] Hinkmar von Reims, Collectio de ecclesiis et capellis, ed. Martina STRATMANN. (= MGH Fontes iuris Germ. ant. 14) Hannover 1990, S. 80.

[15] Vgl. zum vorausgehenden SCHOLZ (wie Anm. 4), mit Quellen und Literatur.

das Denkmal zu Lebzeiten gestellt wurde oder von einem Nachkommen oder Nachfolger, denn dieser hatte dieselben Überlegungen anzustellen.

Es ist also der Frage nachzugehen, wie man in dieser Hinsicht mittels Grabinschriften reagiert, ja vielleicht gearbeitet hat, ob es durch die Zeiten unterschiedliche Strategien gegeben hat und wie Trierer Grabinschriften diese Überlegungen reflektieren. Ausgangspunkt für die Frage überhaupt war die Feststellung, daß sich in Trier seit dem 12. Jahrhundert bei Prälatendenkmälern eine stärkere Tendenz zu biographischen Mitteilungen beobachten läßt, die nicht mehr nur allgemeine Frömmigkeitsformeln oder den *homo iustus* im Totenlob hervorkehren, sondern konkret über hervorragende Leistungen des Verstorbenen berichten, so als wollten sie seine *merita* allen vor Augen führen.

Ein exemplarischer Blick zunächst auf frühchristliche Usancen in Trier soll die Ausgangslage verdeutlichen helfen: Für die Masse der frühchristlichen Grabinschriften hat sich ein schlichtes Formular durchgesetzt, das aus Grabbezeugung mit Namen, Lebensalter und Stiftervermerk besteht; geringe Erweiterungen erstrecken sich auf Epitheta des oder der Verstorbenen, etwa *dulcissima*, oder auf die Stiftung *pro caritate*, höchst selten auf die Angabe des Todestages. Von 92 halbwegs verstehbaren Grabinschriften des Grabfeldes bei St. Matthias, fallen nur vier aus diesem Schema heraus, die Cyrillus-Inschrift über die Erhebung der beiden ersten Trierer Bischöfe Eucharius und Valerius, zwei Inschriften wohl schon des 8. Jahrhunderts, darunter der Ludubertus-Stein, und ein ungedeutetes Fragment mit Resten von Metrik[16]. Es sei darauf hingewiesen, daß die Quantität der Inschriftenüberlieferung in dieser späten Phase gering ist. Ludubertus, *vir venerabilis, ... de nobile genere, ... omnes res suas sancto Petro tradedit et se clericum fecit.* Ludubertus erlangte sein Begräbnis bei der Coemiterialkirche aufgrund besonderer Qualifikationen, die in der Inschrift aufgezählt werden. Ein anderer Verstorbener *meruit regna caelestia*[17], ohne daß das etwa weiter ausgeführt wäre. Das nördliche, im Durchschnitt jüngere Gräberfeld zeigt eine größere Varianz, darunter auch die inschriftliche Auseinandersetzung mit dem Problem der *merita*: *Egregiis caelum meritis non posse negari / Quis dubitet ...*[18] – »Wer würde glauben, daß der Himmel überragenden Verdiensten verwehrt werden könne« fragt die Grabinschrift des Auspicius, der wie die zuvor genannten Geistlicher war. Vom irdischen Leben gehen Verstorbene in ein Besseres, das ewige Leben verdienen sie, so drei ganz ähnlich formulierte Steine des Trierer Nordfeldes[19]. Diese wie auch der Subdiakon Ursinianus[20] verdienten bei den Heiligen zu ruhen. *Pietas* und *pudor* qualifizierten einen anderen Verstorbenen[21]. Insgesamt sind die Veränderungen gegenüber dem Standard-Formular hier im nördlichen Gräberfeld zahlreicher[22]; die meisten Inschriften sind allerdings etwas jünger als im südlichen wie zwei der vier Ausnahmen ebendort. Was im Lichte der oben besprochenen Einschränkungen herausgehoben werden muß, ist die Zunahme von Grabinschriften für Geistliche. Betrachtet man die zeitgenössischen (d. h. die frühen) Bischofsepitaphien Galliens, so ließ sich bei zwanzig metrischen Texten Konzentration auf die vornehme Herkunft und die durch *integritas* und väterliche *pietas* ausgezeichnete Amtsführung, die weitgehende Übernahme des antiken senatorischen Totenlobes also, feststellen[23]. Offenbar kam hier eine konkurrierende Tradition spätrömischen Adelsdenkens zum Tragen, die sich aber, so zeigt der Vergleich mit den Trierer Grabinschriften für niedere Geistliche und Laien, durchaus mit allgemeinen Anforderungen an ein christliches Begräbnis verbinden ließ, will heißen: Die Aufzählungen der *merita* sahen verschieden aus, konnten auch verschiedene Zielrichtungen haben. An der Sache ändert das wenig. Im übrigen scheint es einen gallischen Sonderweg gegeben zu haben, wonach die untersuchten Bischofsepitaphien ein für Gallien spezifisches Phänomen darstellen, dessen Ergebnis-

[16] RICG I (wie Anm. 7), Nr. 19 (Cyrillus), Nr. 29 A (Ludubertus), Nr. 89 f. (anon.).
[17] Ebd. Nr. 89 (anon.).
[18] Ebd. Nr. 106.
[19] Ebd. Nr. 134 (Hariulfus), Nr. 193 f. (anon.).
[20] Ebd. Nr. 170.
[21] Ebd. Nr. 195 (anon.).
[22] Vgl. ebd. Nr. 106, 122, 133, 134, 135, 170, 172, 191–197, 208; nicht bei allen ist wegen der fragmentarischen Überlieferung der Inhalt zweifelsfrei festzustellen.
[23] Vgl. Martin HEINZELMANN: Bischofsherrschaft in Gallien. Zur Kontinuität römischer Führungsschichten vom 4. bis zum 7. Jahrhundert. Soziale, prosopographische und bildungsgeschichtliche Aspekte. (= Beihefte der Francia 5) Zürich/München 1976, zusammenfassend S. 234.

se nicht auf den Rest der Christianitas übertragbar sind[24].

Wie hier könnte man willkürlich weitere Corpora herausgreifen und nach Mitteilungen über *merita* befragen[25], also etwa die Grabschriftdichtungen der Karolingerzeit oder die der Ottonenzeit, für die es immerhin eine größere Sicherheit gibt, daß die Texte auf Denkmälern ausgeführt waren. Da hier nur exemplarisch vorgegangen werden kann, seien aus dem 8.–13. Jahrhundert zwei weitere, sich teilweise überschneidende Corpora herausgegriffen, die Kraussche Sammlung und die jüngere (ottonische) Grabinschriften-Sammlung der Poetae. Die Überlieferungslage und die Fragestellung bringen eine Konzentration auf Texte mit sich – Bilder, Figuren und Attribute wie die Mailänder Madonna bei Rainald von Dassel († 1167) oder die Stadtbefestigung bei Philipp von Heinsberg († 1191, vor 1300) in Köln[26] und die Mainzer Krönungsbilder[27] seien zunächst zurückgestellt. Das folgende ist also in erster Linie auch ein Versuch, Parameter für weitere Untersuchungen zu finden.

Über allgegenwärtiges Räsonieren zu Tod, Sterben, Seelenheil, über Fürbittebegehren und einfache, gängige lobende Epitheta wie *pacificus vir bonus atque pius* im Epitaph für Brun von Köln[28] oder *iustus* samt ihren metrischen Einbindungen hinaus lassen sich zusätzliche Kategorien des Totenlobes aufstellen, ohne daß man in jedem Fall eine reinliche Trennung vornehmen könnte. Das folgende ist also mehr ein Gliederungsschema der Untersuchung als wirkliche Systematik. Die Betrachtung konzentriert sich auf Inschriften für Geistliche.

1.1. Das erweiterte, noch an allgemeinen sittlichen Normen orientierte Totenlob. Es umfaßt meist einfache Begriffe wie *moribus egregiens*[29] oder *moribus eximius*[30], aber auch längere Formulierungen wie *pax et amor populi* bei Erzbischof Egbert von Trier († 993)[31] oder *vir pius et prudens vir probitate cluens.*[32] Die Liste ließe sich beliebig vermehren und inhaltlich verbreitern.

1.2. Das kirchlich geprägte allgemeine Totenlob. Es äußert sich in Formulierungen, in denen etwa Bischof Bernold von Straßburg († 840) eine *vita modesta*[33] bescheinigt wird oder Bischof Liutwin *fons pietatis*[34] oder Egbert von Trier *pontificum decus ecclesiae clarissima lampas* genannt werden. Zwischen den Kategorien 1 und 2 sind die Übergänge fließend.

Von beiden hebt sich das konkrete Totenlob ab, das es nun genauer zu verfolgen gilt. Unter konkretem Totenlob sei im Gegensatz zum allgemeinen Totenlob der Bezug der Grabinschrift auf bestimmte Ereignisse, Handlungen, Leistungen bzw. Fähigkeiten des Toten verstanden. Auch hier lassen sich wieder mehrere Unterkategorien bilden.

---

24 Ebd. S. 237.

25 Nicht weiter verfolgt werden konnte hier die allgemeinste Form, in der dem Verstorbenen schlicht nur *merita* bescheinigt werden, in Trier die Grabinschriften der Äbte Heinrich II. († ca. 1100) und III. († 1257) von St. Maximin, vgl. Franz Xaver Kraus: Die christlichen Inschriften der Rheinlande II. Von der Mitte des achten bis zur Mitte des dreizehnten Jahrhunderts. Freiburg/Leipzig 1894, Nr. 394 und Nikolaus Novillanius: Gesta abbatum S. Maximini (StB Trier Hs. 1629/399) fol. 47; ed. Johann Nikolaus von Hontheim: Prodromus historiae Trevirensis diplomaticae et pragmaticae ... in duas partes distributa. Augsburg 1757, Bd. 2, S. 1021; die Inschrift des Cuno außen am Dom, vgl. Kraus Nr. 352; die Grabinschrift des Bischofs Rancon von Clermont († nach 1052), vgl. Corpus des inscriptions de la France médiévale 18. Textes établis et présentés par Robert Favreau, Jean Michaud et Bernadette Mora. Paris 1995, Puy-de-Dôme 36.

26 Ernst Gierlich: Die Grabstätten der rheinischen Bischöfe vor 1200. (= Quellen und Abhandlungen zur mittelrheinischen Kirchengeschichte 65) Mainz 1990, S. 295. – Die Kunstdenkmäler der Stadt Köln. Der Dom zu Köln von Paul Clemen in Verbindung mit Heinrich Neu und Fritz Witte. (= Die Kunstdenkmäler der Rheinprovinz 6,3) Düsseldorf 1938, S. 258 ff.

27 Vgl. dazu Verena Kessel: Sepulkralpolitik. Die Krönungsgrabsteine im Mainzer Dom und die Auseinandersetzung um die Führungsposition im Reich. In: Peter Claus Hartmann (Hg.): Der Mainzer Kurfürst als Reichserzkanzler. Funktionen, Aktivitäten, Ansprüche und Bedeutung des zweiten Mannes im Alten Reich. (= Geschichtliche Landeskunde 45) Stuttgart 1997, S. 9–34. – Siehe auch Die Inschriften der Stadt Mainz, gesammelt u. bearbeitet von Fritz Viktor Arens aufgrund der Vorarbeiten von Konrad F. Bauer. (= Die Deutschen Inschriften 2) Stuttgart 1958, Nr. 22, 32, und mit anderer Sichtweise Ernst-Dieter Hehl: Goldenes Mainz und Heiliger Stuhl. Die Stadt und ihre Erzbischöfe im Mittelalter. In: Mainz. Die Geschichte der Stadt. Mainz 1998, S. 839–857.

28 Kraus (wie Anm. 25), Bd. 2, Nr. 583,1; MGH Poetae V, d. i. Die Lateinischen Dichter des deutschen Mittelalters V. Die Ottonenzeit, unter Mitarbeit von Norbert Fickermann hg. von Karl Strecker. 2 Teile. Leipzig/Berlin 1937, 1939, S. 302 f. Nr. 41.

29 Kraus (wie Anm. 25), Bd. 2, Nr. 50: Äbtissin Hildegard von Zürich, † ca. 859; auch ebd. Bd. 2, Nr. 322 für Bischof Theoderich von Metz († 984), Ausführung fraglich.

30 Ebd. Nr. 130 für Abt Erkambert von Weißenburg († vor 954).

31 Ebd. Nr. 341.

32 Ebd. Nr. 196,2 für Bischof Drogo von Metz († 855).

33 Ebd. Nr. 120.

34 Ebd. Nr. 328.

2. Das konkrete Totenlob.

2.1. Das Verhältnis des Toten zur Kirche.

Herausgehoben sein kann der Kirchengründer, wie Egbert als *aulae conditor huius*; Abt Gumbert von Limburg wurde *fundamenta iacis que pastor post decorasti* angeredet[35]. Die beiden ausgewählten Beispiele charakterisieren den Sachverhalt insofern sehr anschaulich, als Bischöfe unter den Kirchengründern einen prominenten Platz einnehmen, während Äbten öfter konkrete Bautätigkeit bescheinigt wird[36].

Eng verwandt mit der Eloge auf den Gründer bzw. Bauherrn ist der Kommentar über die Leistungen eines Toten in der Kirche, also als Lehrer oder vielmehr noch als Leiter von Gemeinde und geistlicher Gemeinschaft: Nach dem Zeugnis Walafried Strabos vereinte beides Abt Werdo von St. Gallen († 812): *hunc regisse gregem pie per quinquennia septem / scitur et omnigenis accumulasse bonis*[37]. Ebenso war der Dichter selbst als Abt von der Reichenau in den Worten des Hrabanus Maurus *abbas coenobii huius custosque fidelis, ... invitans instanter oves ad pascua regis, distribuit dulcem fratribus ore salem. ... caute dogmata sacra legens, ... discipulis pastor*[38]. Die älteren, durchweg metrischen Grabinschriften greifen zumeist auf Elemente dieser Repertoire des allgemeinen und konkreten Totenlobes zurück. Nur in Ausnahmefällen gehen sie mittels persönlicher Angaben darüber hinaus.

2.2. Biographisches.

Fakten der Biographie eines Toten sind nicht regelmäßig Bestandteil von Inschriften, es kann aber etwa die Amtszeit eines Bischofs, in Trier beim mehrfach erwähnten Egbert, bzw. eines Abtes, in Trier bei Abt Johannes von St. Maximin um die Mitte des 11. Jahrhunderts fixiert sein[39]; aber auch schon um 940 ist bei dem Maximiner Mönch Humbert seine Lebenszeit und seine Zeit im Kloster angegeben[40]. Zu eher konventionellen biographischen Aspekten gehört auch der Reflex auf die Herkunft, konkret als *filius hic magni Karoli fuit imperatoris* bei Bischof Drogo von Metz († 855), als *rege fui genitus* bei Wilhelm von Mainz († 968), als *primi Otonis consanguineus, vir nobilis et Saxonicus* ansippend bei Berengar von Verdun, die *regia progenies* zeichnete Brun von Köln aus; *sanguine sat celsus* war Abt Wirundus von Einsiedeln († 1026), *Saxonia misit* den Abt Gottfried von Arnstein († 1139)[41]. Es fällt auf, daß in den älteren Inschriften die vornehme Herkunft zumeist dann betont wird, wenn Verwandtschaft zur Herrschersippe vorhanden war. Für Bischöfe konnte auch der Eintritt in ein Kloster, so beim Trierer Bischof Liutwin in Mettlach[42], erwähnenswert sein. Die Äbte Ogo und Willer kamen als Knaben ins Maximiner Kloster, letzteren rühmte die Grabinschrift als von dem Reorganisator Ogo eingesetzten Nachfolger[43]. Stellvertretend für zahlreiche andere Beispiele zeigen diese, daß vornehme Abkunft und so etwas wie eine besondere, gegebenenfalls gottgewollte Berufung für erwähnenswert gehalten wurden.

Einleitend wurde angekündigt, daß es darüber hinaus noch mehr geben muß, ein konkretes Totenlob, das in einem speziellen Bezug zur Person des Verstorbenen steht, sich nicht in die bisherigen, durchweg universellen, Kategorien einordnen läßt[44]. Ein Beispiel für diese andere Art wäre etwa die Bezeichnung *virginis almificae pictor* für Tutilo von St. Gallen (ca. 900)[45] oder die Wertschätzung des Bischofs Balderich von Utrecht (918–977), der nach Zerstörungen der Wikinger den Bischofssitz wieder aufrichtete und mit Reliquien die Stadt absicherte[46].

---

[35] Ebd. Nr. 681.

[36] Neben Gumbert auch Werner von St. Blasien, ebd. Nr. 85: *hic capellam ... construxit,* oder Urold von Prüm, ebd. Nr. 439, als *templi huius structor*.

[37] Ebd. Nr. 34, Ausführung allerdings zweifelhaft.

[38] Ebd. Nr. 78, Ausführung unsicher.

[39] Ebd. Nr. 373. – In belgischen Kirchen von Lüttich bis Blandigny war im 10./11. Jahrhundert geradezu eine Häufung dieser Angaben zu beobachten.

[40] Ebd. Nr. 395.

[41] Ebd. Nr. 296,2, 229, 583,1 u. 53. – MGH Poetae V (wie Anm. 28), S. 308 Nr. 48, S. 320 Nr. 73, S. 302 Nr. 41 u. S. 331 Nr. 100.

[42] Kraus (wie Anm. 25), Nr. 328.

[43] Ebd. Nr. 389, 391,1.

[44] Die Topik von Totenlob geht schon aus dem Titel einer Untersuchung hervor wie Bernadette Mora: Le portrait du défunt dans les épitaphes (750–1300). Formulaire et stéréotypes. In: Le Moyen Age 91/1991, S. 339–353. – Zu verweisen ist auch auf Madeleine Braekman: L'épigraphie tumulaire de la France médiévale (XIe – XIIIe siècles). 2 Bde. Poitiers 1981.

[45] Kraus (wie Anm. 25).

[46] MGH Poetae V (wie Anm. 28), S. 296 Nr. 28. – Vgl. auch Rolf Grosse: Das Bistum Utrecht und seine Bischöfe im 10. und frühen 11. Jahrhundert. (= Kölner Historische Abhandlungen 33) Köln 1933, S. 17–19.

Abb. 1: Inschrift vom Grabbogen des Kardinallegaten Ivo († 1142) im Trierer Dom.

2.3. Merita im Totenlob.

Im 12. Jahrhundert zeichnet sich in Trier eine neue Entwicklung ab, die im Vergleich zu anderen Beständen in einer gewissen Dichte und verhältnismäßig früh belegbar ist. Die Grabinschrift vom Grabbogen des Ivo, Kardinallegat Innozenz' II., im Bischöflichen Dom- und Diözesanmuseum Trier (Abb. 1) – der Bogen selbst ist im südlichen Seitenschiff des Domes zu sehen – stammt vom ältesten erhaltenen Bogengrab des Domes. Zwischen ihm und den Sargtafeln der ersten drei im Dom begrabenen Erzbischöfe Udo, Egilbert und Bruno[47] könnte freilich mit dem früh untergegangenen Bogengrab des Nachfolgers Gottfried noch eine ältere, vielleicht ebenfalls aus der Frühzeit Alberos stammende Grabinschrift verloren sein; seine Regierungszeit war jedoch kurz und, wie die Gesten berichten, von Simonie, anderem Unrecht und Resignation überschattet und daher kaum geeignet, einen kirchenreformerischen Nachfolger wie Albero zu großartigen Elogen zu veranlassen[48]. Ivo starb in Trier auf der Rückreise von der Synode von Lagny, also wohl im Jahre 1142. Das Denkmal setzte ihm Erzbischof Albero von Trier, so sagt es die Inschrift:

ROME LEGATVM LEGATVS ADELBERO ROME
PRESBITERVM PRESVL HOC CONDIDIT HOSPITIO ME
IVO MICHI NOMEN GENVIT BRITTANNIA NATVM
FRANCIA NVTRIVIT PROMOVIT ROMA VOCATVM
TANDEM NON PARCENS RAPVIT MORS DE MEDIO ME
CORDA PRECES DOMINO F(RAT)R(E)S EFFVNDITE PRO ME
[SO]LE DVODENAS IVLII VERGENTE KALENDAS
[RO]MA SECVNDA MICHI DEDIT EXEQVIAS VENERANDAS[49]

Mich, den Legaten Roms, barg Albero/Adelbero, selbst Legat Roms, mich, den Priester, barg er, der Bischof, in diesem Ruheplatz; Ivo heiße ich, Britannien gebar (mich), (wie einen Sohn) nährte mich Frankreich, Rom hat mich berufen und mir Würden verliehen; schließlich raffte mich der Tod, der niemanden verschont, aus der Mitte. Bitten, Brüder, gießt von Herzen (?) für mich vor dem

[47] Vgl. dazu Hartmut Ehrentraut: Bleierne Inschrifttafeln aus mittelalterlichen Gräbern in den Rheinlanden. Teildruck in: Bonner Jahrbücher 152/1952, S. 190–225, hier S. 199 Nr. 11, 200 f. Nr. 14, 201 f. Nr. 16.

[48] Vgl. Gesta Treverorum cap. 26, ed. Georg Waitz. (= MGH SS 8) Hannover 1848, S. 198 f. u. Gesta Godefridi, ebd. S. 200–204. – In Gesta cap. 26 wird zwar gesagt, Erzbischof Meginher habe als Gottfrieds Nacholger ihn im Dom begraben; die Innovation des Bogengrabes im Trierer Dom möchte man ihm, der kaum zwei Jahre auf dem Trierer Stuhl saß und in Parma in Gefangenschaft starb, jedoch aus verschiedenen Gründen kaum zutrauen. Immerhin war es Albero, der das Bogengrab als Form der erzbischöflichen Memoria pflegte.

[49] Bei allen Inschriftzitaten mußte aus Platzgründen auf eine editorische Aufbereitung und eine lückenlose Dokumentation verzichtet werden; diese werden im Inschriftenband für die Stadt Trier nachgeholt. Zu den Denkmälern aus dem Trierer Dom vgl. zusammenfassend Franz J. Ronig: Die Ausstattung. In: Der Trierer Dom. (= Jahrbuch des Rheinischen Vereins für Denkmalpflege und Landschaftsschutz 1978/79) Neuss 1980, S. 231–362, hier S. 242 ff. – Im vorliegenden Beitrag kennzeichnen die eckigen Klammern heute verlorenen und ggf. ergänzten Text, die runden stehen für die Auflösung von Abkürzungen.

Herrn aus. Bei Sonnenuntergang am 12. Tag vor den Kalenden des Juli (20. Juni) bereitete mir das zweite Rom ein ehrwürdiges Begräbnis.

Konventionell sind Namen und Rang, Fürbittebegehren und Erwähnung des Begräbnisses. Neu in diesem Umfang ist die Angabe von Herkunft aus der Bretagne, Aufwachsen in der Francia – Ivo war Kanoniker an St-Victor in Paris –, Karriere in Rom – unter Papst Innozenz II. wurde Ivo Kardinaldiakon in Santa Maria in Aquiro, schließlich Kardinalpresbyter in San Lorenzo in Damaso. Die Konstruktion dieser Textpassage war dem Gebildeten des 12. Jahrhunderts geläufig – sie ist der Vergilschen Grabschrift *Mantua me genuit* usw. nachgebildet, wie sie auch schon eine römische Grabinschrift zeigt: *Dacia quem genuit, suscepit inclita Roma*[50]. Im übrigen verwendeten karolingische Dichter diese Formel ebenso wie etwa das Epitaph des Metzer Bischofs Adventius († 875)[51]. Bemerkenswert ist weniger, was hier über den Toten gesagt wird, sondern wie sich der Auftraggeber ins Spiel bringt und wie er sich mit Ivo vergleicht. Quasi in Form einer Danksagung Ivos wird festgestellt: Beide sind Legaten, Albero gar Bischof, er und das zweite Rom sorgen für ein ehrwürdiges Begräbnis. Ruhm und Ehre für Albero einerseits, aber auch letzter Dienst an dem hohem Gast im Sinne von Augustins *cura pro mortuis gerenda*. Der *Roma secunda* bzw. *Roma Belgica*, die allein dreimal auf Grabdenkmälern vorkommt, wird man noch weiter nachgehen müssen[52].

Selbstdarstellung einer Person in Grabmälern findet sich also auch bei jenen Objekten, bei denen der Betreffende als Auftraggeber fungiert, mit der Memoria des Ivo verknüpft Albero eine sehr eigenwillige Sicht und Präsentation seiner eigenen Person und Position, die in seinem Denkmal variiert werden wird.

[50] Inscriptiones Latinae christianae veteres, ed. Ernst Diehl. 3 Bde. Berlin 1925–1931; Ndr. 1961, I Nr. 740.

[51] Poetae aevi Carolini IV,3, ed. Karl Strecker. (= MGH Poetae IV,3) Berlin 1896, S. 1033 Nr. 17, allgemein auch Lateinisches Hexameter-Lexikon. Dichterisches Formelgut von Ennius bis zum Archipoeta, zusammengestellt von Otto Schumann. (= MGH Hilfsmittel 4) München 1980, Bd. 2, S. 420.

[52] Außer in den Grabinschriften Ivos und Alberos, vgl. weiter unten, noch auf dem wahrscheinlich römischen sogenannten Arimaspes-Stein bei St. Simeon, vgl. auch Heinz Thomas: Studien zur Trierer Geschichtsschreibung des 11. Jahrhunderts, insbesondere zu den Gesta Treverorum. (= Rheinisches Archiv 68) Bonn 1968, S. 164 ff.

Erzbischof Albero ließ sich selbst ebenfalls mit einem Bogengrabmal verewigen; am westlichen Ende des südlichen Domseitenschiffs steht heute ein aus Resten zusammengesetztes Bogengrab, das dasjenige Alberos gewesen sein soll. Der Bogen dürfte aber aus älteren Stücken zusammengesetzt sein, nämlich aus Resten eines älteren, allerdings ebenfalls von Albero veranlaßten Bogengrabes eines seiner Vorgänger Gottfried oder Meginher[53]. In der Analyse der Inschriften kann man vorläufig davon ausgehen, daß zumindest (A) und (B) realisiert waren; wenn nicht, muß man dem Dichter doch zutrauen, daß er seine Epitaphia für realisierbar hielt, sonst hätte er (A) nicht beschreibend eingeleitet als *Hi decem versus continentur in epitaphio domni Alberonis Trevirensis archiepiscopi, scripti aureis litteris in cupreis lamminis*[54].

A

Albero maxime vir, flet Roma, flet undique Trevir,
Tanto, tam miro, te moriente viro.
Trevir pastorem, flet Roma ruisse rigorem,
Dogmaque iusticiae, lumen et ecclesiae,
Magnus eras magnis, par parvis, meta tyrannis,
Gloria divitibus, portio pauperibus.
Castra tyrannorum subvertens, claustra[a]) bonorum
Plurima condideras, largus et hospes eras,
Largus et humanus. Compleverat ordine Ianus
Octo decemque dies. Mors tibi sit requies!

a) Brouwer/Masen (wie Anm. 55) II 54 haben hier *claustra* gegen *castra*, was nicht unwahrscheinlich wirkt; Waitz hat keine Varianten.

[53] Vgl. Michael Viktor Schwarz: »Flet Roma, flet undique Trevir«. Grabmalstiftungen und Grabmal des Trierer Erzbischofs Albero (1131–1152). Sepulkrale Repräsentation nach dem Investiturstreit. In: Wiener Jahrbuch für Kunstgeschichte 51/1998, S. 9–31, 161–169, hier S. 19–21 u. 26.

[54] Vgl. Gesta Alberonis a Balderico in Gesta Treverorum, ed. Waitz. (= MGH SS 8), S. 259 f. Der Text wurde hier um editorischen Ballast erleichtert; die Übersetzung folgt weitgehend Hatto Kallfelz: Lebensbeschreibungen einiger Bischöfe des 10.–12. Jahrhunderts. (= Ausgewählte Quellen zur deutschen Geschichte des Mittelalters 22) Darmstadt 1973, S. 612–615. – Die Grabinschrift ist nicht erhalten, die Überlieferung geradezu problematisch. Die Inschrift besteht aus zwei oder gar drei Teilen. Während (A) *in epitaphio* steht – nach dem Zeugnis des ausgehenden 16. Jahrhunderts, wies der Biograph Alberos den zweiten (und dritten) Text (B,C) *infra arcum* zu, also unter dem heute noch vorhanden Bogen in goldenen Lettern auf kupfernen Plättchen; diesen Text überliefern die späten Augenzeugen Clencher und Brouwer, vgl. Anm. 55, nicht! – Eine Textwiedergabe mit Übersetzung auch bei Schwarz (wie Anm. 53), S. 22–23 (A), S. 24–25 (B, C). Gern aufgenommene weiterführende Beobachtungen zum Textverständnis stehen leider neben Ungenauigkeiten und einigen Mißverständnissen.

B

Belgica Roma, tuum decus et tua gloria perpes,
Hic iacet, eternus qui tibi vivit honor.
Albero, lux orbis, decus urbis, gloria cleri,
Ornatus patriae, splendor et ecclesiae,
Parte minore sui iacet hic, maiore superstes;
Mens etenim superest, fama perhennis erit.
O quam magnus homo quam parvo clauditur antro!
Laudibus et meritis non minor orbe fuit.
Huic speciale fuit, non vinci, vincere, victis
Parcere, larga manus non habuisse parem.
Hic vir, hic est, cui primati sua subdere colla,
Germani Belgae non habuere nimis.
Treviris alma per hunc maior, tibi Roma Quirites
Transmisit, cives fecit et esse tuos.
Hucque caput mundi veniens, hic esse cor orbis
Non negat, et nomen Roma secunda tuum.
Ianus bis novies solem produxerat orbi,
Cum tantam lucem sustulit aecclesiae.
Quod solum restat, dic, lector, supplice mente:
Albero, sit tibi lux, sit tibi vita Deus.

C

Qui velut e specula, toto spectabilis orbe,
Treveris, evexit nomen ad astra tuum,
Fortia confundens, et ferrea virga superbis,
Et quia vas figuli frangere doctus eras,
Turbine quem nullo potuit fortuna minorem
Reddere, qui maior cum premeretur erat.
Ille, domus Domini, mons montibus altior, alte
Transiliens colles, vallibus umbra suis,
Cum iam bis novies solem revocasset ad ortum
Ianus, in occasu stella serena iacens,
Albero: »Mors, inquid, nichil est mihi, namque resurget,
Congaudens animae glorificanda caro.«

A

Teuerster Albero, sieh Rom weint und Trier allenthalben!
Groß und wunderbar warst du, den der Tod nun entriß.
Daß ihm der Hirte entschwand, klagt Trier, daß die Zier ihm entsank, die
Leuchte der Kirche, des Rechts Lehrer und Vorbild, klagt Rom.
Groß erzeigtest du dich den Großen, gering den Geringen,
Du der Tyrannen Schreck, Reichen gereichtest zum Ruhm,
Armen zu Trost und Heil. Den Zwingherrn brachst du die Burg, den
Guten hast viele Burgen/Klöster erbaut. Gastfreundlich warst du und mild,
Stets zum Schenken bereit, ein gütiger Menschenfreund. Am
Achtzehnten Januar starbst du, mögest schlummern du sanft!

B

Belgisches Rom, hier ruht deine Zier, deine nimmervergehende
Ehre und hier dein Ruhm, der dir auf ewig nicht welkt.
Er, des Erdkreises Licht, die Wonne der Stadt, des Klerus
Glorie, der Kirche Glanz und seines Vaterlands Schmuck,
Er, Albero, ruht hier, doch nur sein geringerer Teil;
Fortlebt der bessre, der Geist. Ewig bestehn wird sein Ruhm.
O, wie groß dieser Mann, o wie klein, die ihn einschließt, die Höhle!
Groß wie das Erdenrund war er an Ruhm und Verdienst.
Nicht zu erliegen, zu siegen, Besiegte huldvoll zu schonen,
War seine Art. Keine Hand, mild wie die seine, es gab.
Hier, ja hier ruht der Mann, dem Fürsten die Häupter gebeugt.
Belgisches Deutschland hat größres als ihn nicht gehabt.
Dir, erhabnes, von ihm noch erhöhtes Trier, dir entsandte
Rom die Quiriten, er macht' sie zu Bürgern von dir.
Hierher begab sich das Haupt der Welt, und hier, so gesteht es,
Sei der Erde Herz; heißen sollst du ‚Zweites Rom'.
Achtzehnmal hatte den Tag, den lichten aufgehen lassen
Janus dem Erdkreis, als er löschte der Kirche dies Licht.
Was alleinig verbleibt, sprich, Leser, betend die Worte:
Dir Albero, sei Licht, dir sei das Leben in Gott!

C

Stehend auf hoher Warte, dem ganzen Erdenrund sichtbar,
Hat deinen Namen er, Trier, zu den Gestirnen erhöht.
Starke zerschmetterte er, eine eiserne Rute den Stolzen.
Die wie Töpfergeschirr er zu zerbrechen verstand.
Keine Gewalt des Schicksals hat je ihn zu beugen vermocht;
Größer nur wurde er, wenn ihn des Schicksals Schlag traf,
Er, eine Wohnstatt des Herrn, ein Berg, höher als die Berge,
Über die Hügel erhöht, Schatten der Täler ringsum.
Achtzehnmal hatte Janus die Sonne aufgehn geheißen,
Als dem Untergang nah, dieses erlauchte Gestirn,
Albero, sprach: »Der Tod bedeutet mir nichts, denn es wird
Aufstehn glorreich der Leib, sich mit der Seele zu freun.«

Abb. 2: Grabbogen und Inschriftentafel des Erzbischofs Heinrich von Finstingen († 1286) im Trierer Dom.

Mehrere Gedanken, die Albero auf dem Ivo-Denkmal verewigen ließ, kehren hier wieder, die Ansippung an Rom, Trier als die *Roma Belgica* bzw. *Roma secunda*, hinzu kommt eine Übersteigerung der Epitheta und etwas Neues – im Text (A) ab *Magnas* in Zeile 5. Zunächst sieht der Text aus wie eine recht allgemein gehaltene Eloge auf eine gute Regierung, indem Albero seiner Umgebung auf der jeweils angemessenen Ebene begegnete, indem er Tyrannen in Schach hielt, aber auch indem er Burgen brach. Das verweist zurück auf die Bändigung des Burggrafen Ludwig von der Brücke, die Eroberung der Burgen Nantersburg und Arras, die Auseinandersetzung mit Graf Heinrich von Luxemburg bzw. Namur, die i. W. in der Eroberung von Burgen bestand; der Biograph nennt einzelne mit Namen und eine Gesamtzahl von 30. Albero baute auch an der Trierer Stadtmauer. Höhepunkt von Alberos Amtszeit in Trier war der Besuch Eugens III. 1147–1148, des *caput mundi*, wie die Inschrift sagt, in seinem Gefolge ein halbes Konzil, das Albero großzügig beherbergte. Zähmung der Tyrannen, also im wesentlichen der fehdelustigen Lokalgewalten, der sich einmischenden benachbarten Fürsten, kurzum der Schutz Triers, der Stadt wie des Bistums, wurde zu einem wesentlichen Element des Totenlobes für den Trierer Erzbischof, hier um die Überhöhung Triers gesteigert.

Für Alberos Nachfolger Hillin († 1169) sieht die Analyse etwas schwieriger aus, weil der fast zeitgenössisch überlieferte Text in den *Gesta Treverorum* in keiner Weise später bestätigt wurde – die Zeugen des 16. Jahrhunderts kennen nicht einmal den Grabplatz, den man in der Kirchenachse vermutete, weil dort ein Bischofsgrab nicht anders zugewiesen werden konnte[55]. Aus dem Text sei hervorgehoben, daß Hillin *tyrannis salva iustitia restitit arte pia*, daß unter ihm Friede einzog, daß er im Schisma (gemeint ist das alexandrinische) *medio tutissimus ivit*, also neutral blieb. Von Erzbischof Johann I. († 1212) berichtete die Inschrift in Himmerod, daß er *etiam muro Trevericam circumcinxit civitatem*[56].

Da von Erzbischof Theoderich II. nur eine wenig auskunftsreiche Bleiplatte existiert, von ihm und seinem Nachfolger Arnold von Isenburg nur Gedenkverse in den Gesta ausführlich über Bau, Kauf und Einsatz von Burgen berichten, die nicht in irgendeiner Weise als Inschriften gekennzeichnet sind[57], muß das zeitlich nächste erhaltene Grabmal den Beweis für eine lebendige Tradition erbringen; insofern kann man freilich nur literarische Epitaphien bzw. nicht nachweislich als Grabinschriften ausgeführte Texte nicht auf Dauer unberücksichtigt lassen.

Für den 1286 verstorbenen Erzbischof Heinrich II. von Finstingen ist eine Inschrift, wieder übrigens

[55] Vgl. Gesta Treverorum cont. III cap. 3, ed. Waitz. (= MGH SS 24) Hannover 1879, S. 381. – Dazu auch Christoph Brouwer/Jacob Masen: Antiquitatum et annalium Trevirensium libri xxv … 2 Bde. Lüttich 1670, Bd. 2, S. 73 und Matthias Clencher: Sanctae Trevirensis ecclesiae praesules a primo Euchario … ad … Jacobum ab Eltz 106 episcopum (1580) (Bistumsarchiv Trier, Abt. 95, Nr. 254). – Nikolaus Irsch: Der Dom zu Trier. (= Die Kunstdenkmäler der Rheinprovinz 13,1) Düsseldorf 1933, S. 266 referiert die Deutung der ersten Domgrabungen durch v. Wilmowsky bei Karl Joseph Holzer: Necrologium seu liber memoriarum … (Bistumsarchiv Trier, Abt. 95, Hs. 217) fol. 1v, wonach das Hillin-Grab in der Längsachse des Domes gelegen habe. – J. N. v. Wilmowsky: Die historisch-denkwürdigen Grabstätten der Erzbischöfe im Dom zu Trier … Trier 1876, S. 5 plazierte das Grab Hillins selbst an das Ostende der Marienkapelle. Dieses wies Irsch dem Erzbischof Gottfried zu, wenngleich es auch das seines Nachfolgers Meginhers gewesen sein könnte, dessen Leichnam der nebenan bestattete Albero aus Parma überführt hatte, vgl. Gierlich (wie Anm. 26), S. 78 Anm. 292 u. ebd. zu fehlenden Nachrichten über Hillins Grab.

[56] Kraus (wie Anm. 25), Nr. 435; Kraus zweifelt, ob der Text zeitgenössisch ist.

[57] Gesta Treverorum cont. V cap. 5 (wie Anm. 55), S. 413.

Abb. 3: Inschrift vom Grabbogen des Erzbischofs Heinrich von Finstingen.

mit einem Grabbogen, erhalten, eine zeitgenössische zumal, die beweist, daß in Trier gewisse Elemente des Totenlobes aus der Zeit Alberos fortlebten; der Rombezug spielt allerdings keine Rolle mehr (Abb. 2–3).

+ DE · FINESTINGA · PRESVL · F[UI]T · HIC ORIVND(VS)
MORIBVS · (ET) · UITA · NVLLI · FUIT · ORBE · SECV[ND]VS
NOBILIS · HENRICVS · TREBERIS · TIBI · FI[D]VS · AMIC(VS)
CVRA · TUIS · MORBIS · HONOR · (ET) · PAX · VRBI[S] (ET) · ORB(IS)
RECTOR · ERAT · MAGNVS DEVOTIS · EXSTITIT · A[GNVS]
HIIS · PIA · U(ER)BA · DABAT · TUMIDOS · TIBI · SUBPEDITABAT
IPSE · TIBI · CAVLAS · MVLTAS · CONSTRUX[IT] · (ET) · AV[L]AS
TE · BENE · DITAVIT · TIBI · FORCIA · CASTR[A · P]AR[AVI]T
NUNC · TREVIR · PLORA · DOMINV(M) · CUM · FL[ETIBVS ORA]
QVOD · SIBI · SOLAMEN · PRESTET · CHR(ISTV)S · DEVS · AM[E(N)] /
HIC · OBIIT · VI° · K(A)L(ENDAS) · MAII · ANNO · DOMINI · MILL(ESIMO) CC°
/ OCTVAG(ESIM)° · SEXTO · CVIUS · ANIMA RE[Q]IESCAT · I(N) · PACE[58]

Von Finstingen stammte dieser Bischof hier. An Sitten und Lebensweise stand er keinem auf der Welt nach. Der edle Heinrich, Dir Trier, war er ein treuer Freund, die Sorge und Pflege in deinen Krankheiten, war die Ehr' und der Friede für die Stadt und den Kreis. Er war ein mächtiger Führer, den Gottergebenen zeigte er sich als ein Lamm. Diesen gab er fromme Worte, doch die Aufgeblasenen gab er Dir in die Hand. Viele Pferche hat er selbst Dir angelegt und viele Hallen. Reichlich hat er Dich ausgestattet und feste Burgen hat er Dir erbaut. Drum klage nun, Trier, und bitte den Herrn unter Tränen, daß Christus, der Herr, ihm Trost erweise. Amen. Dieser starb am 6. Tag vor den Kalenden des Mai (26. April) im Jahre des Herrn 1286. Seine Seele ruhe in Frieden.

[58] Nach Autopsie des Verf., zu den Klammern vgl. oben Anm. 49. Zum Text siehe auch Gesta Henrici archiepiscopi et Theoderici abbatis = Gesta Trev. cont. (wie Anm. 55), S. 456 Anm. * (Nachträge des 15. Jhs. zu Handschriften der Gesta Frankfurt 35, Trier 1343 und Paris 6036). – Clencher, Praesules (wie Anm. 55), fol. 119v; Brouwer/Masen, Antiquitates et annales (wie Anm. 55), Bd. 2, 167. – Auf eine editorische Bearbeitung wurde hier verzichtet.

Auch hier trauert Trier über den Verlust des *fidus amicus*, Heinrich war *pax urbis et orbis*, *rector magnus*, den Gottergebenen jedoch ein Lamm; vor allen Dingen baute er Trier viele Pferche und Hallen, vielleicht Pfalzen, reich stattete er es aus und baute starke Burgen, von mindestens 20 weiß man[59]. Genau dieses Motiv kehrte auch auf dem Grabmal des eigentlich dafür berühmten, nach anderer Ansicht berüchtigten Erzbischof Balduin auf, sofern man den in den Gesta überlieferten Text als ausgeführt annimmt, schließlich kannten auch hier die Zeugen des 16. Jahrhunderts den Text nicht mehr durch Augenschein (Abb. 4)[60].

Hic Baldewinus iacet antistes Treverinus,
Magnificus, iustus, patriae lux, mente venustus.
Lutzlunburch natus, septeni denique gratus
Caesaris Henrici germanus, iuris amici.
Utilis ecclesiae pater huius dote sophiae
Quam bene respexit, augens per multaque rexit
Sex quadraginta fere simul annis, queis sibi vere
Guerra frequens crevit graviter, quia raro quievit
Vincere praedones et castra per obsidiones.
Anno milleno c ter l i ter, duodeno
Carne kalendarum fuit exutus februarum,
Quem pie rex Christe clementer ad aethera siste.
Amen.

Hier liegt Balduin, trierischer Bischof, hocherzig (war er), gerecht, das Licht des Vaterlandes, feinsinnig im Verstand, aus Luxemburg gebürtig, schließlich des siebten Kaisers Heinrich, des Freundes des Rechtes, teurer Bruder, durch die Gabe der Weisheit nutzbringender Vater dieser Kirche, für welche er gut sorgte und welche durch vieles vermehrend er ungefähr sechsundvierzig Jahre lang regierte, während derer ihm tatsächlich zum Verdruß häufig Kriege erwuchsen, weil er selten abließ, Räuber und Burgen durch Belagerungen zu bezwingen. Im Jahre tausend, dreimal einhundert, fünfzig und dreimal eins wurde er am 12. Tag vor den Kalenden des Februar (21. Januar 1354, nach Trierer Stil) seines Fleisches beraubt; ihn führe, frommer Christkönig, sanft in den Himmel. Amen.

Die erste Hälfte der Inschrift ist wiederum reichlich konventionell gehalten, also auf der Linie des konventionellen Totenlobes: Balduin war *magnificus, iustus*, immerhin Königsbruder, auch *utilis ecclesiae pater*, allesamt langeübte Elemente des Totenlobes. In seiner 46jährigen Regierungszeit mußte er viele Kriege führen, weil er gegen Räuber und ihre Burgen kämpfte. Balduin ist in der Tat als derjenige Trierer Erzbischof bzw. Kurfürst bekannt, der seine Territorialmacht mit Burgenpolitik festigte[61]. Die Inschrift entschuldigte geradezu seine vielen Kriege, eben weil er sie im Sinne des Gemeinwesens geführt habe, so in der Assoziation von Räubern und Burgen: Der Landesvater sorgte für Recht und Ordnung, für Stabilität. Bei drei Erzbischofsdenkmälern (Albero, Heinrich II., Balduin) erhielt das Thema Landesschutz in den Epitaphien einen hohen Stellenwert; die Erzbischöfe traten hier in königliche Funktionen. Das liegt auf einer Linie mit der in der Wende vom 11. zum 12. Jahrhundert beginnenden Territorialbildung der Kirchenfürsten und eines neuen bischöflichen Selbstverständnisses, in dem monastische Ideale zugunsten von Seelsorge und Verwaltung, »interioria« zugunsten von »exterioria« zurückgedrängt wurden. Sinnfälliger Ausdruck für die Hinwendung zur eigenen Herrschaft war die Ablösung des Brustsiegels durch das dem herrscherlichen gleichende Thronsiegel[62].

59 Zu den Burgen vgl. Franz Casper: Heinrich II. von Trier vornehmlich in seinen Beziehungen zu Rom und zum Territorium. Phil. Diss. Marburg 1899, S. 76 f. – Ingrid Bodsch: Burg und Herrschaft. Zur Territorial- und Burgenpolitik der Erzbischöfe von Trier im Hochmittelalter bis zum Tod Dieters von Nassau (1307). (= Veröffentlichungen der Landeskundlichen Arbeitsgemeinschaft im Regierungsbezirk Koblenz 13) Boppard 1989, S. 143–150, 159, 173, 231–238. Erbaut: Bernkastel, Mayen, Koblenz; erweitert und verstärkt: Ehrenbreitstein, Grimburg, Hartenfels, Manderscheid, Marienburg, Montabaur, Münstermaifeld, Neuerburg, Saarburg, Welschbillig und die Residenzen Trier und Pfalzel; Lehnsrechte wurden gefestigt in Heinzenberg, Monclair, Wildburg; gekauft: Malberg; aus Verpfändung gelöst: Stolzenfels.

60 Gesta Trev. cap. CCLIX, ed. Wyttenbach/Müller Bd. 2, 269 u. viele Drucke daraus; u. a. auch die Hs. StB Trier 804/814 von 1515/1516 nur als *epitaphia leonina*. – Auf eine Kollation der Überlieferung mußte auch hier verzichtet werden. – Vgl. auch Wolfgang Schmid/Michael Viktor Schwarz: Jenseits-Fürsorge und Hausmacht-Politik. Erzbischof Balduins Grabmal im Trierer Dom. In: Grabmäler der Luxemburger. Image und Memoria eines Kaiserhauses, hg. von Michael Viktor Schwarz. (= Publications du CLUDEM 13) Luxemburg 1997, S. 97–122.

61 Vgl. ausführlich Wolf-Rüdiger Berns: Burgenpolitik und Herrschaft des Erzbischofs Balduin von Trier (1307–1354). (= Vorträge und Forschungen, Sonderbd. 27) Sigmaringen 1980.

62 Vgl. Odilo Engels: Der Reichsbischof (10. und 11. Jahrhundert). In: Der Bischof in seiner Zeit. Bischofstypus und Bischofsideal im Spiegel der Kölner Kirche. Festgabe für Joseph Kardinal Höffner. Köln 1986, S. 41–94. – Hugo Stehkämper: Der Reichsbischof und Territorialfürst (12. bis 13. Jahrhundert).

Abb. 4: Tumba Erzbischofs Balduin von Luxemburg († 1354) im Trierer Dom.

Viel bescheidener, auch nicht mit einer metrischen Inschrift versehen, tritt uns das Grabmal Ottos von Ziegenhain entgegen, der 1430 starb[63].

Anno domini m cccc xxix xiii die mensis februarii obiit reverendissimus in Christo pater et dominus dominus Otto de Ziegenhain sanctae Trevirensis ecclesiae archiepiscopus, humilitatis exemplar, ecclesiasticae reformationis zelator, iustitiae, veritatis et pacis plantator, eleemosynarum largus dator, cuius anima requiescat in pace. Amen.

Im Jahre 1429, am 13. Tag des Februar (13. Februar 1430), starb der höchstehrwürdige Vater in Christo und Herr, Herr Otto von Ziegenhain, der heiligen Trierer Kirche Erzbischof, ein Vorbild der Demut, ein Eiferer für die Kirchenreform, der Gerechtigkeit, Wahrheit und Frieden einpflanzte, ein großzügiger Almosengeber. Seine Seele ruhe in Frieden.

Der Beginn der Inschrift ist geradezu typisch für Bischöfe und Äbte prominenter Klöster; zwischen Titel und Fürbitte sind hier rühmende Epitheta eingeschoben, aus deren konventionellem Ton *ecclesiae*

In: Ebd., S. 95–184. – Odilo ENGELS: Der Reichsbischof in ottonischer und frühsalischer Zeit. In: Irene CRUSIUS (Hg.): Beiträge zur Geschichte und Struktur der mittelalterlichen Germania sacra. (Veröffentlichungen des Max-Planck-Instituts für Geschichte 93, Studien zur Germania sacra 17) Göttingen 1989, S. 135–175. – Manfred GROTEN: Das Aufkommen der bischöflichen Thronsiegel im deutschen Reich. In: Historisches Jahrbuch 100/1980, S. 163–197.

[63] Text nach CLENCHER, Praesules (wie Anm. 55), fol. 150.

reformationis zelator herausfällt – Otto unternahm vergebliche Versuche, sein Domkapitel zu reformieren. Als Trierer Delegationsleiter in Konstanz war er Reformideen begegnet und fand dann in Johannes Rode einen erfolgreichen Helfer für St. Matthias; ohne den Anschub Ottos hätte es wohl keine Bursfelder Reform gegeben[64]. Das Totenlob Ottos greift also durchaus reale Ereignisse bzw. Leistungen seiner Amtszeit auf, wenngleich nicht alle Epitheta an seinem Leben gemessen werden können.

Im weiteren soll nur noch kurz über den Niederschlag eines konkreten, in der Biographie abklärbaren Totenlobes referiert werden, um das heterogene Bild zu vervollständigen. Die Grabinschrift für Jakob von Sierck († 1456, Grabmal von 1462, Abb. 5) rühmt seine diplomatischen Erfolge vor allem in den lothringischen Händeln des Herzogs René von Anjou[65]. Bei Abt Johannes Rode von St. Matthias bei Trier († 1439) werden seine Fähigkeiten (Theologe und Jurist, Offizial, Prior der Karthause) allgemein, speziell seine Verdienste für den Orden, seine Visitationstätigkeit, gelobt[66]. Äbten von St. Maximin, namentlich nämlich Anton II. Drublein aus Straßburg († 1482) und Thomas Huisden († 1514), wird der Rückkauf verpfändeter Güter hoch angerechnet; Abt Vinzenz von Cochem starb im Jahre 1525, als er mit dem Wiederaufbau nach der Sickingen-Fehde eben begann[67]. Daß Äbtissin Ruothildis von Pfalzel († um 1000) als Kanonisse wie eine wahre Nonne, eine *vera monacha*, gelebt habe[68], muß angesichts des prekären Endes des Pfalzeler Frauenklosters nochmals überdacht werden. Diese Passage könnte geradezu als Rechtfertigung gegen im Vorfeld der Aufhebung des Klosters geäußerte Kritik angesehen werden.

Es ist nicht zu übersehen, daß auch in Trier die überwiegende Zahl der Grabinschriften von Prälaten, insbesondere die frühen Inschriften für Äbte der großen Benediktinerklöster, die allgemeinste Form des Totenlobes verwenden, sich wortreich und mitunter in gelehrten Wendungen über den jammervollen Verlust auslassen, den Leser anreden und um seine Fürbitte anhalten, dem Toten sogar schon die Anschauung Gottes zubilligen wollen. Vielleicht sind vor diesem Hintergrund die Ausnahmen um so lichtvoller. Bevor in der Renaissance eine neue Sicht des Menschen Einzug hielt und sein Werdegang, seine Leistungen in Kirche oder Welt einen viel größeren Stellenwert gewannen, muß eine Ausweitung des Totenlobes, des individuellen Totenlobes, das über Konventionen des *homo iustus*, des Kirchengründers, Lehrers oder Leiters hinausging, mehr bedeuten als bloß eine andere Art von gelehrter Spielerei, als bloß eine andere Art der Lobhudelei. Dieses wenigstens teilweise neuartige Totenlob spiegelt den Versuch, die *merita* zu erweitern, sie mit neuem Leben zu erfüllen, sich selbst zu Lebzeiten oder im Falle der Nachstiftung eines Grabmales durch Nachfolger den Verstorbenen von anderen abzugrenzen, die eigene neue Rolle, etwa den Fürsten oder Territorialherrn im Bischof und sein segensreiches Wirken für die Gemeinde im weitesten Sinne herauszustellen. Leistungen eines Geistlichen in der Welt addieren sich zu – man möchte sagen – althergebrachten *merita*[69]. Gerade die, die auch in der Welt standen, Erzbischöfe als Kurfürsten und Territorialherrn, bezogen auch aus diesem Bereich ihre *merita*; die Welt wurde für Grabinschriften salonfähig. Interessanterweise kon-

[64] Vgl. zum Streit mit dem Domkapitel Rudolf HOLBACH: »Disz ist dy ansprache dy wir dun wydder unssern heren ...« In: Kurtrierisches Jahrbuch 23/1983, S. 17–35, zur Reform u. a. Petrus BECKER: Dokumente zur Klosterreform des Trierer Erzbischofs Otto von Ziegenhain (1418–1430). Übereinstimmung und Gegensatz von päpstlicher und bischöflicher Reform. In: Revue Bénédictine 84/1974, S. 126–166.

[65] Vgl. Annette SCHOMMERS: Das Grabmal des Trierer Erzbischofs Jakob von Sierck († 1456). Deutungs- und Rekonstruktionsversuch von Inschrift und Grabaufbau. In: Trierer Zeitschrift 53/1990, S. 311–333.

[66] Matthias CERDO (Kewerkopf): Catalogus abbatum (StB Trier Hs. 1654/365) fol. 29r-v; (ebd. Hs. 1656/365), 30. – Zu Johannes Rode v. a. Petrus BECKER (OSB): Johannes Rode († 1439). In: Rheinische Lebensbilder Bd. 7. Köln/Bonn 1977, S. 25–42 (mit weiterer Lit.) u. DERS.: Die Benediktinerabtei St. Eucharius-St. Matthias vor Trier. (= Germania Sacra N. F. 34, Das Erzbistum Trier 8) Berlin/New York 1996, S. 616–621.

[67] Vgl. zu den Grabinschriften der drei Äbte von St. Maximin NOVILLANIUS (wie Anm. 25), fol. 55v, 59, 59v; ed. HONTHEIM Bd. 2, S. 1029, 1033 f.

[68] Zur Grabplatte der Äbtissin Ruothildis von Pfalzel († um 1000), heute im Rhein. Landesmuseum Trier, vgl. KRAUS (wie Anm. 25), Nr. 428 mit Abb. I Taf. VII, 10. Zur Person vgl. Franz-Josef HEYEN: Untersuchungen zur Geschichte des Benediktinerinnenklosters Pfalzel bei Trier (ca. 700 bis 1016). (= Veröffentlichungen des Max-Planck-Institutes für Geschichte 15, Studien zur Germania sacra 5) Göttingen 1966, S. 18–20.

[69] Das bischöfliche Ideal der Armenfürsorge müßte auch zu diesen *merita* gezählt werden, vgl. Marie-Luise LAUDAGE: Caritas und Memoria mittelalterlicher Bischöfe. (= Münstersche Historische Forschungen 3) Köln/Weimar/Wien 1993. – Hinsichtlich der Grabinschriften bedarf es noch einer eigenen Untersuchung.

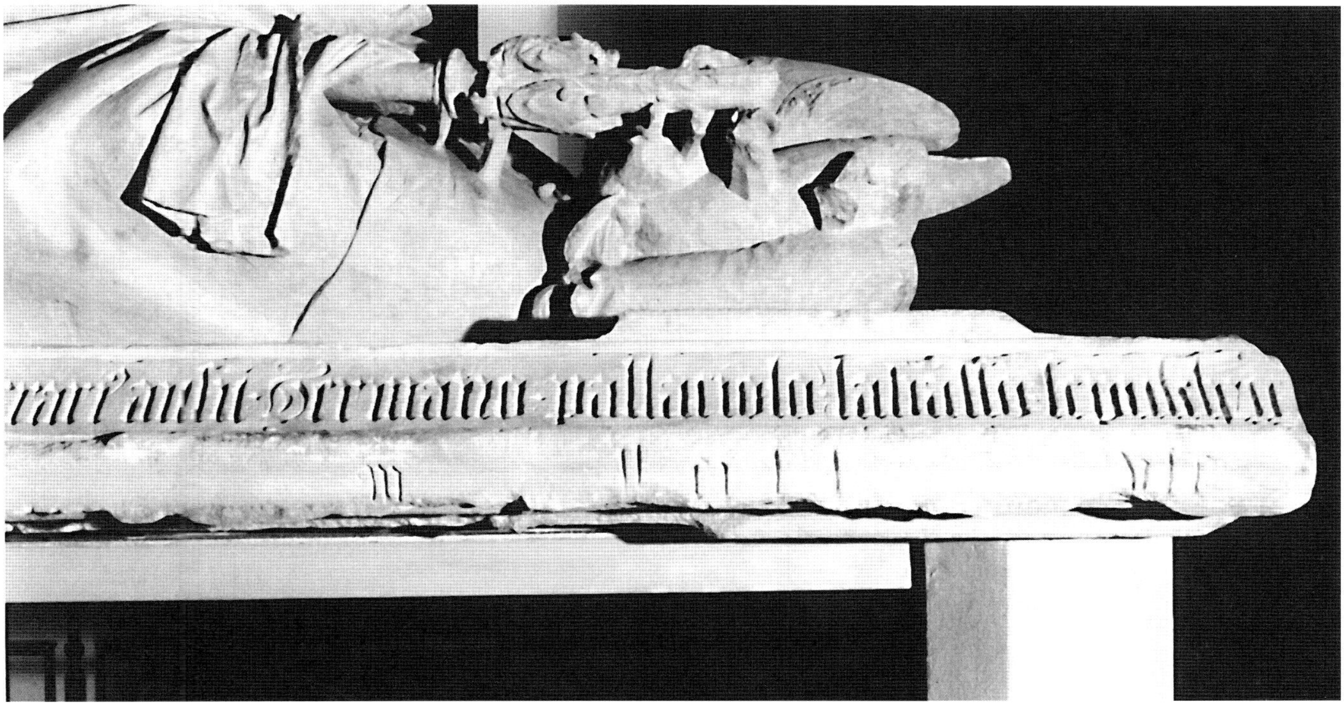

Abb. 5: Inschriftenteil mit Chronostichon von der Grabplatte des Erzbischofs Jakob von Sierck († 1456).

zentrierten sich in diesem Sinne erweiterte Grabinschriften von Erzbischöfen auf ihre besondere Rolle. War es in Trier die Aufgabe als Landesherr in königsferner Landschaft, zeitweise sogar die Postulierung eines transalpinen Rom, so präsentierten sich die Mainzer in ihrer Rolle als Königsmacher.

Ob mit dieser gerafften Materialsammlung und dem kleinen Ausschnitt speziell Trierer Gepflogenheiten ab dem 12. Jahrhundert neue Tendenzen bei Grabinschriften festgestellt oder gar Tendenzen der Grabmalforschung eingeleitet werden können, sei zunächst dahingestellt. Ziel der Analyse und Zusammenschau war, den Blick auf einen lohnenswerten Aspekt von Grabdenkmälern zu lenken, dessen Aufarbeitung freilich die selbstgesteckten regionalen und ständischen Begrenzungen noch überspringen muß, der gerade die Laien mit einbeziehen muß, der für die Rezeption der Antike und die Auswirkung spezieller Trierer Romkontakte noch viel Suche und Nachdenken erfordert. Aus dem vorgestellten Bestand ragen die beiden auf Albero weisenden Monumente, sein eigener Grabbogen und der des Kardinals Ivo, in besonderer Weise hervor: In der zwar undifferenzierten und wenig konkreten Angleichung des Arkosolgrabes an spätantike und römische Vorbilder, in ihrem Sichmessen mit dem Prestige von Kaiser- und Papstgräbern, führten sie eine neue repräsentative Monumentalität in die Grabmalsgestaltung ein, die das neue nachgregorianische Selbstverständnis des hohen Klerus eindrucksvoll unterstrich. Dem Lesekundigen oder Zuhörer offenbarte die Grabinschrift Alberos die inhaltliche Füllung dieser Selbstdarstellung, indem das bislang memorialfähige Totenlob auf säkulare Belange ausgedehnt wurde. Der wahrscheinliche Verfasser, Alberos Biograph Balderich, scheute sich jüngerer Erkenntnis zufolge nicht, Antik-Heldisches zur Erhöhung seines Protagonisten einfließen zu lassen[70]. Es ging darum, in den Veränderungen neue Ideen der Selbstdarstellung zu erkennen und auch zu beobachten, wie neue Umstände auf die Gestaltung der Memoria einwirken konnten[71].

[70] Vgl. SCHWARZ (wie Anm. 53), S. 28–30.

[71] Wenn Grabinschriften vermehrt konkretes Totenlob ver-

Abbildungsnachweis: 1, 3, 5: Inschriftenkommission bei der Mainzer Akademie der Wissenschaften. 2, 4: Amt für Kirchliche Denkmalpflege Trier, R. Heyen.

---

melden, mag das auch mit der seit dem 12. Jahrhundert verstärkt »personenbezogenen Memoria« zusammenhängen, vgl. Renate NEUMÜLLERS-KLAUSER: Von der Memoria zum Grabmal. Zum Bedeutungswandel des Totengedenkens im 13. Jahrhundert. In: Sachsen und Anhalt 19/1997, S. 257–285, hier S. 266 ff.

Wolfgang SCHMID

Zu den Grabstätten der Erzbischöfe von Trier, Köln und Mainz im 11./12. Jahrhundert

Historiker, Kunsthistoriker, Epigraphiker, Heraldiker, Restauratoren und nicht zuletzt auch Liturgiewissenschaftler nähern sich dem Thema Grabdenkmal des Mittelalters von verschiedenen Seiten. Auch innerhalb der einzelnen Fächer gibt es mehrere Blickwinkel, in der Kunstgeschichte z. B. die Länder und Epochen übergreifenden Gesamtdarstellungen, bei denen Fragen der Typengeschichte oder der künstlerischen Vorbildfunktionen eine wichtige Rolle spielen. Als Beispiel sei das in einer langen Forschungstradition stehende, ansprechend ausgestattete Buch von Hans Körner über 'Grabmonumente des Mittelalters' genannt[1]. Nicht minder wichtig sind auf der anderen Seite detaillierte Fallstudien zu Einzelstücken, bei denen nicht nur Architekturelemente und Gewandfalten, sondern auch die archivalische Überlieferung zu einem Grabmal, seinem Stifter und seiner Grabeskirche eingehend untersucht werden[2].

Auch für den Historiker gibt es unterschiedliche Zugänge zum Thema Grabmal, hier sind neben Gesamtdarstellungen und Fallbeispielen Analysen zu den Grablegen einzelner Dynastien oder zur Grabmaltopographie einzelner Kirchen von Interesse[3]. Besondere Bedeutung kommt aus kunsthistorischer wie auch aus historischer Sicht den Grablegen der geistlichen Herrschaftsträger zu, namentlich jenen der Erzbischöfe von Trier, Köln und Mainz. Zu diesem Thema hat 1990 Ernst Gierlich ein gewichtiges Buch über 'die Grabstätten der rheinischen Bischöfe vor 1200' vorgelegt[4]. Auch wenn der Band die ebenso quellen- wie denkmalreiche Zeit des späten Mittelalters nicht mehr behandelt, stellt er doch ein nützliches Kompendium dar. Eine Schwäche liegt jedoch im analytischen Bereich, Gierlich hat es vielfach versäumt, das sorgsam zusammengetragene, umfangreiche Material unter systematischen Gesichtspunkten näher zu befragen. Einen interessanten Versuch, die erhaltenen Denkmäler mit historischen Methoden – insbesondere den Konzepten der Memorialforschung[5] – in Zusammenhang zu brin-

[1] Hans KÖRNER: Grabmonumente des Mittelalters. Darmstadt 1997.

[2] Eine Reihe solcher Arbeiten ist in dem Trierer Projekt über 'Grabdenkmäler zwischen Rhein und Maas' entstanden, vgl. Wolfgang SCHMID: Grabdenkmäler im Erzbistum Trier (1150–1650). Methoden, Probleme und Perspektiven einer Bestandsaufnahme. In: Kurtrierisches Jahrbuch 35/1995, S. 99–129. – DERS.: Der Bischof, die Stadt und der Tod. Kunststiftungen und Jenseitsfürsorge im spätmittelalterlichen Trier. In: Michael BORGOLTE (Hg): Stiftungen und Stiftungswirklichkeit. (Stiftungsgeschichte 1) (im Druck). – Michael Viktor SCHWARZ (Hg.): Grabmäler der Luxemburger. Image und Memoria eines Kaiserhauses. (= Publications du Centre Luxembourgeois de Documentation et d'Etudes Médiévales 13) Luxemburg 1997.

[3] Kurt ANDERMANN: Kirche und Grablege. Zur sakralen Dimension von Residenzen. In: DERS. (Hg.): Residenzen. Aspekte hauptstädtischer Zentralität von der Frühen Neuzeit bis zum Ende der Monarchie. (= Oberrheinische Studien 10) Sigmaringen 1992, S. 159–187. – Hans Peter HILGER: Grabdenkmäler der Häuser Jülich, Kleve, Berg, Mark und Ravensberg. In: Land im Mittelpunkt der Mächte. Die Herzogtümer Jülich Kleve Berg. Kat. 2. Aufl. Kleve 1984, S. 181–208. – Demnächst Wolfgang SCHMID: Höfische Grabmalskunst in geistlichen und weltlichen Herrschaftszentren der frühen Neuzeit an Mittelrhein, Saar und Mosel.

[4] Ernst GIERLICH: Die Grabstätten der rheinischen Bischöfe vor 1200. (= Quellen und Abhandlungen zur mittelrheinischen Kirchengeschichte 65) Mainz 1990.

[5] Zum Problemkreis der *memoria* kann als Einführung dienen: Otto Gerhard OEXLE: Memoria in der Gesellschaft und in der Kultur des Mittelalters. In: Joachim HEINZLE (Hg.): Modernes Mittelalter. Neue Bilder einer populären Epoche. Frankfurt/Leipzig 1994, S. 297–323. – Karl SCHMID/Joachim WOLLASCH (Hg.): Memoria. Der geschichtliche Zeugniswert des liturgischen Gedenkens im Mittelalter. (= Münstersche Mittelalter-Schriften 48) München 1984. – Dieter GEUENICH/Otto Gerhard OEXLE (Hg.): Memoria in der Gesellschaft des Mittelalters. (= Veröffentlichungen des Max-Planck-Instituts für Geschichte 111) Göttingen 1994.

gen, enthält das Buch von Christine Sauer über 'Fundatio und Memoria' von 1993, im dem auch die Grabdenkmäler eine wichtige Rolle spielen[6].

Das unbefriedigende Gefühl bei der Lektüre des Gierlich'schen Werkes – das zudem die monumentale Überlieferung weitgehend unberücksichtigt ließ – und die vielfach anregenden, aber nicht immer zu Ende gedachten Überlegungen in dem Sauer'schen Buch gaben die Anregung für die folgende Studie, die sich mit den Grabstätten der Erzbischöfe von Trier, Köln und Mainz im 11./12. Jahrhundert befaßt. Ein zweiter Anstoß zur näheren Beschäftigung mit der Materie war die Tatsache, daß diesen beiden Jahrhunderten in der Geschichte der Grabmalskunst des Mittelalters eine zentrale Bedeutung zukommt[7]. Schließlich ging es zum dritten darum, an einem konkreten Beispiel den methodischen Zugriff des Landeshistorikers – nicht des Epigraphikers[8] – auf das Thema Grabmal zu zeigen. Der wichtigste Unterschied zum kunsthistorischen Zugang scheint darin zu bestehen, daß sich der Historiker für alle Grablegen interessiert und nicht nur für die mehr oder minder zufällig erhaltenen Denkmäler. Dieser Aspekt ist für die Geschichte mittelalterlicher Bischofsgrablegen kaum zu überschätzen, galten doch die Gräber der Vorgänger im Amt neben der Gründungsgeschichte und der möglichst langen und ungebrochenen Bischofsliste als wichtige Argumente im Primatsstreit der Erzbischöfe von Trier, Köln und Mainz[9]. In Erinnerung gerufen sei, daß mitten im Untersuchungszeitraum, um 1100, in der Abtei St. Matthias vor Trier die *Gesta Treverorum* in einer ersten Redaktion niedergeschrieben wurden. Sie machen den engen Zusammenhang von Trierer Gründungslegende (2000 Jahre vor Rom), weit zurückreichender Bischofsliste (beginnend mit den Petrusschülern Eucharius, Valerius und Maternus) und zahlreichen Heiligen auf dem Bischofssitz deutlich[10], lassen aber auch die große Aufmerksamkeit erkennen, die die Erzbischöfe den Grabstätten ihrer Vorgänger im Amt schenkten[11]. Die günstige Quellenlage für Trier mag im folgenden gelegentlich zu Ungleichgewichtigkeiten führen; teilweise durch den Dombau, teils auch durch die schriftliche Überlieferung bedingt, lassen sich über die Begräbnisse der Mainzer Oberhirten vielfach nur fragmentarische Anhaltspunkte gewinnen.

Ein Ausschnitt von ca. zwei Jahrhunderten mag willkürlich gewählt erscheinen, aber es soll nicht verschwiegen werden, daß es sich bei folgender Untersuchung um eine Pilotstudie auf einem Feld handelt, das demnächst noch ausführlicher beackert

[6] Christine SAUER: Fundatio und Memoria. Stifter und Klostergründer im Bild. 1100–1350. (= Veröffentlichungen des Max-Planck-Instituts für Geschichte 109) Göttingen 1993.

[7] KÖRNER (wie Anm. 1), S. 99–117. – Erwin PANOFSKY: Grabplastik. Vier Vorlesungen über ihren Bedeutungswandel von Alt-Ägypten bis Bernini. Köln 1964, Ndr. Köln 1993, S. 57–58. – Manfred Wolf MOSEL: Die Anfänge des plastischen Figurengrabmales in Deutschland. Untersuchungen zu den Problemen der Entstehung und Deutung im 12. Jahrhundert. Diss. phil. Würzburg 1970. – Kurt BAUCH: Das mittelalterliche Grabbild. Figürliche Grabmäler des 11. bis 15. Jahrhunderts in Europa. Berlin/New York 1976, S. 11–31. – Dorothea TERPITZ: Figürliche Grabdenkmäler im Rheinland. Leipzig 1997.

[8] Rudolf M. KLOOS: Einführung in die Epigraphik des Mittelalters und der frühen Neuzeit. (= Die Kunstwissenschaft) Darmstadt 1980. – Rüdiger FUCHS (Bearb.): Die Inschriften der Stadt Worms. (= Die deutschen Inschriften 29) Wiesbaden 1991. – Eberhard J. NIKITSCH (Bearb.): Die Inschriften des Landkreises Bad Kreuznach. (= Die deutschen Inschriften 34) Wiesbaden 1993. – Sebastian SCHOLZ (Bearb.): Die Inschriften des Landkreises Bergstraße. (= Die deutschen Inschriften 38) Wiesbaden 1994. – Yvonne MONSEES (Bearb.): Die Inschriften des Rheingau-Taunus-Kreises. (= Die deutschen Inschriften 43) Wiesbaden 1997. – Vgl. auch den Beitrag von Rüdiger FUCHS in diesem Band.

[9] Gerold BÖNNEN: Trier zwischen dem 10. und dem beginnenden 12. Jahrhundert – Erzbischöfe und Erzstift, regionale Herrschaftsträger und Stadtbevölkerung, in: Hans Hubert ANTON/Alfred HAVERKAMP (Hg.): Trier im Mittelalter. (= 2000 Jahre Trier 2) Trier 1996, S. 203–237, hier S. 215–218. – Odilo ENGELS: Der Reichsbischof in ottonischer und frühsalischer Zeit. In: Irene CRUSIUS (Hg.): Beiträge zu Geschichte und Struktur der mittelalterlichen Germania Sacra. (= Veröffentlichungen des Max-Planck-Instituts für Geschichte 93) Göttingen 1989, S. 135–175. – DERS.: Metropolit oder Erzbischof? Zur Rivalität der Erzstühle von Köln, Mainz und Trier bis zur Mitte des 11. Jahrhunderts. In: Ludger HONNEFELDER/Norbert TRIPPEN/Arnold WOLFF (Hg.): Dombau und Theologie im mittelalterlichen Köln. Festschrift zur 750-Jahrfeier der Grundsteinlegung des Kölner Domes. (= Studien zum Kölner Dom 6) Köln 1998, S. 267–294.

[10] Auf Einzelnachweise sei hier verzichtet, kurze Übersicht bei BÖNNEN (wie Anm. 9), S. 231–234. – Heinz THOMAS: Studien zur Trierer Geschichtsschreibung des 11. Jahrhunderts insbesondere zu den Gesta Treverorum. (= Rheinisches Archiv 68) Bonn 1968. – Ilse HAARI-OBERG: Die Wirkungsgeschichte der Trierer Gründungssage vom 10. bis 15. Jahrhundert. (= Europäische Hochschulschriften 3,607) Bern 1994.

[11] Gert MELVILLE: Vorfahren und Vorgänger. Spätmittelalterliche Genealogien als dynastische Legitimation zur Herrschaft. In: Peter-Johannes SCHULER (Hg.): Die Familie als sozialer und historischer Verband. Untersuchungen zum Spätmittelalter und zur frühen Neuzeit. Sigmaringen 1987, S. 203–309. – Ursula NILGEN: Amtsgenealogie und Amtsheiligkeit. Königs- und Bischofsreihen in der Kunstpropaganda des Hochmittelalters. In: Studien zur mittelalterlichen Kunst 800–1250. Festschrift für Florentine Mütherich. München 1985, S. 217–234.

Abb. 1: Mosaikplatte vom Grabmal Erzbischofs Gero († 976) im Kölner Dom.

werden soll. Hierzu wird es erforderlich sein, die Analyse nicht auf drei Erzbistümer zu beschränken. Vor allem aber muß dann auch das 10. Jahrhundert noch stärker in den Blick genommen werden, in dem Ruotgers eindrucksvolle Vita des heiligen Kölner Erzbischofs Bruno († 965) verfaßt wurde[12], in dem die mutmaßliche Grabplatte Erzbischof Geros († 976) im alten Kölner Dom entstand (Abb. 1)[13] und in dem Erzbischof Egbert († 993) an der Nordseite des Trierer Domes die Andreaskapelle errichtete, in der er auch seinen 964 in Parma gestorbenen und anschließend nach Trier überführten Vorgänger Heinrich I. begraben ließ[14].

[12] Wolfgang GEORGI: Die Grablegen der Erzbischöfe von Köln im Mittelalter. In: Dombau und Theologie im mittelalterlichen Köln (wie Anm. 9), S. 233–265, hier S. 242. – Roswitha NEU-KOCK: Secundum postulationem et desiderium cordis eius ... – Das Grab Erzbischof Brunos in St. Pantaleon. In: Anton von EUW/Peter SCHREINER (Hg.): Kaiserin Theophanu. Begegnung des Ostens und des Westens um die Wende des ersten Jahrtausends. 2 Bde., Köln 1991, Bd. 1, S. 311–324. – Irmingard ACHTER: Die Kölner Petrusreliquien und die Bautätigkeit Erzbischof Brunos (953–965) am Kölner Dom. In: Das erste Jahrtausend. Kultur und Kunst im werdenden Abendland an Rhein und Ruhr. Textband 2. Düsseldorf 1964, S. 948–991. – GIERLICH (wie Anm. 4), S. 271–274. – Hatto KALLFELZ: Lebensbeschreibungen einiger Bischöfe des 10.–12. Jahrhunderts. (= Freiherr vom Stein-Gedächtnisausgabe 11). Darmstadt 1973, S. 169–261. – Odilo ENGELS: Ruotgers Vita Brunonis. In: Kaiserin Theophanu (wie Anm. 12), Bd. 1, S. 33–46.

[13] GIERLICH (wie Anm. 4), S. 274–275. – Christa SCHULZE-SENGER/Bernhard MATTHÄI/Ernst HOLSTEIN/Rolf LAUER: Das Gero-Kreuz im Kölner Dom. Ergebnisse der restauratorischen und dendrochronologischen Untersuchungen im Jahre 1976. In: Kölner Domblatt 41, 1976, S. 9–56. – Renate KROOS: Liturgische Quellen zum Kölner Domchor. In: Kölner Domblatt 44–45/1979–1980, S. 35–202, hier S. 46–47, 92–96, 114–118. – Günther BINDING: Die Datierung des sogenannten Gero-Kruzifixes im Kölner Dom. In: Archiv für Kulturgeschichte 64/1982, S. 63–77. – Ornamenta Ecclesiae. Kunst und Künstler der Romanik. Hg. v. Anton LEGNER. Kat. Köln 1985, Bd. 2, Nr. E 17. – Klaus HARDERING: Rheinische Reliquientumben. In: Kölner Domblatt 64/1999, S. 55–88.

[14] Franz RONIG (Hg.): Egbert. Erzbischof von Trier 977–993. Gedenkschrift der Diözese Trier zum 1000. Todestag. (= Trierer Zeitschrift, Beih. 18) 2 Bde., Trier 1993, Bd. 1, Kat. Nr. 57. – Friedrich OSWALD/Leo SCHAEFER/Hans Rudolf SENNHAUSER (Bearb.): Vorromanische Kirchenbauten. Katalog der Denkmäler bis zum Ausgang der Ottonen. München 1966, S. 342. – Nachtragsband. München 1991, S. 420. – GIERLICH (wie Anm. 4), S. 68. – Auch Grabbeschreibungen früherer Jahrhunderte wären noch systematisch zu bearbeiten, etwa zum Grab Karls des Großen in Aachen, vgl. Michael BORGOLTE: Die Dauer von Grab und Grabmal als Problem der Geschichte. In: Wilhelm MAIER/Wolfgang SCHMID/Michael Viktor SCHWARZ (Hg.): Grabmäler. Tendenzen der Forschung an Beispielen aus Mittelalter und früher Neuzeit (im Druck). – Margarete WEIDEMANN: Kulturgeschichte der Merowingerzeit nach den Werken Gregors

Abb. 2: "Albero-Grabbogen" im Trierer Dom.

Abb. 3: Grabplatte des Gerhard von Are († 1156), Federzeichnung von J.M. Laporterie von 1788.

I

Eine Zusammenstellung der Grabstätten der Erzbischöfe von Trier, Köln und Mainz im 11./12. Jahrhundert zeigt ein äußerst disparates Bild: Auf der einen Seite stehen die Bestattungen von 12 Mainzer, 12 Trierer und 16 Kölner Oberhirten[15]. Diesen 40 Gräbern steht gerade einmal ein, zudem in problematischer Überlieferung erhaltenes Grabmonument gegenüber, das im Trierer Dom an Erzbischof Albero († 1147) erinnert (Abb. 2)[16]. Bestand also ursprünglich eine ganze Serie von annähernd 40 Grabmonumenten? Muß man demnach mit gravierenden Verlusten rechnen, die jeden Versuch einer Typen-

von Tours. (= Römisch-Germanisches Zentralmuseum, Monographien 3) 2 Bde., Mainz 1982, Bd. 1, S. 126–129, 143–144, 192–237.

[15] GIERLICH (wie Anm. 4), S. 69–82 (Trier), 167–181 (Mainz), 277–297 (Köln).

[16] Michael Viktor SCHWARZ: »Flet Roma, flet undique Trevir«. Grabmalstiftungen und Grabmal des Trierer Erzbischofs Albero (1131–1152): Sepulkrale Repräsentation nach dem Investiturstreit. In: Wiener Jahrbuch für Kunstgeschichte 51/1998, S. 9–31, 161–169.

Abb. 4: Grabbogen des Kardinallegaten Ivo († 1142) im Trierer Dom.

Abb. 5: Mosaikplatte vom Grab des Abtes Gilbert († 1152) aus Maria Laach.

geschichte Makulatur werden lassen? Oder stellt das angebliche Monument Erzbischof Alberos eine bemerkenswerte Ausnahme dar, war es etwa bei den rheinischen Erzbischöfen des 11./12. Jahrhunderts noch keinesfalls üblich, monumentale Grabanlagen errichten zu lassen? Der Trierer Erzbischof Gottfried von Vianden († 1129) lag unter einem nicht erhaltenen Bogengrab[17], für den Kölner Erzbischof Rainald von Dassel († 1167) ist die Nachricht über eine – nicht erhaltene – Liegefigur überliefert[18], und an den gewählten, aber nicht bestätigten Kölner Oberhirten Gerhard von Are († 1156) erinnerte bis ins 18. Jahrhundert eine Grabplatte mit Liegefigur im Bonner Münster, deren Aussehen eine Federzeichnung von J. M. Laporterie aus dem Jahre 1788 festgehalten hat (Abb. 3)[19]. Für Mainz fehlt eine entsprechende Überlieferung. Es könnte also eine nicht unbeträchtliche Zahl von Grabdenkmälern des 11./12. Jahrhunderts gegeben haben, die nicht erhalten sind. Freilich muß man dabei berück-

[17] *Gesta Treverorum*, MG SS 8, S. 199. – Gierlich (wie Anm. 4), S. 77–78.

[18] Rolf Lauer Das Grabmal des Rainald von Dassel und der Baldachin der Mailänder Madonna. In: Verschwundenes Inventarium. Der Skulpturenfund im Kölner Domchor. Kat. Köln [1984], S. 9–16. – Körner (wie Anm. 1), S. 100.

[19] Wilhelm Neuss/Friedrich Wilhelm Oediger (Bearb.): Das Bistum Köln von den Anfängen bis zum Ende des 12. Jahrhunderts. (= Geschichte des Erzbistums Köln 1) Köln 1964, Ndr. 1991, S. 223. – Die Kunstdenkmäler der Rheinprovinz. Bd. 5,3. Düsseldorf 1905, S. 89–91. – Georgi (wie Anm. 12), S. 256–259.

Abb. 6: Grabplatte der Plektrudis († 726) in St. Maria im Kapitol in Köln.

sichtigen, daß die dürftigen Angaben der Quellen nicht immer eine eindeutige Unterscheidung zwischen einer einfachen Inschrift oder einem aufwendigeren Monument ermöglichen.

Zur Interpretation dieser Befunde muß eine weitere Tatsache berücksichtigt werden: Auch wenn wir im Rheinland nur ein erhaltenes Bischofsgrabmal besitzen, so gibt es doch drei weitere Grabmonumente aus dieser Zeit, nämlich den Grabbogen, der an den Kardinallegaten Ivo († 1144) im Trierer Dom erinnert (Abb. 4)[20], weiter ein Mosaik vom Grab des 1152 gestorbenen Gilbert, des ersten Abtes von Maria Laach (Abb. 5)[21], und zum dritten die um 1150/60 entstandene Grabplatte der Plektrudis, der 726 verstorbenen Gattin des mittleren Pippin in der von ihr gegründeten Stiftskirche St. Maria im Kapitol in Köln (Abb. 6)[22].

Die Zusammenstellung der wenigen erhaltenen Denkmäler läßt mehrere Folgerungen zu: Erstens gab es neben den Erzbischöfen Repräsentanten weiterer Gruppen, an die Grabmäler erinnern sollten, nämlich eine Klostergründerin, einen Abt und einen Kardinallegaten; zwei der Monumente lassen sich darüber hinaus als Gründergräber ansprechen. Zweitens war nur die Hälfte der Denkmäler für Kathedralkirchen bestimmt, die andere wurde für Klöster angefertigt. Drittens ist eine erstaunliche Typenvielfalt hervorzuheben; es handelt sich um zwei Bogengräber, eine Mosaikplatte und eine Liegefigur. Und zum vierten erscheint wichtig, daß das

---

20 S. o. Anm. 16.

21 Paul Kutter: Die ältesten figuralen Grabmäler im Rheinland. In: Wallraf-Richartz-Jahrbuch 1/1924, S. 62–89, hier S. 65–66. – Kunst und Kunsthandwerk. Mittelalter und Neuzeit. (= Rheinisches Landesmuseum Bonn, Auswahlkatalog 4 = Kunst und Altertum am Rhein 69) Köln 1977, Nr. 9. – Zu Mosaikgräbern vgl. Bauch (wie Anm. 7), S. 297–301. – Vgl. allg. Kerstin Hengevoss-Dürkop: Äbtissinnengrabmäler als Repräsentationsbilder. Die romanischen Grabplatten in Quedlinburg. In: Otto Gerhard Oexle/Andrea von Hülsen-Esch (Hg.): Die Repräsentation der Gruppen. Texte – Bilder – Objekte. (= Veröffentlichungen des Max-Planck-Instituts für Geschichte 141) Göttingen 1998, S. 45–87.

22 Fried Mühlberg: Grab und Grabdenkmal der Plektrudis in St. Maria im Kapitol zu Köln. In: Wallraf-Richartz-Jahrbuch 24/1962, S. 21–96. – Ulrike Bergmann: Die gotische Grabplatte der Plektrudis in St. Maria im Kapitol. In: Colonia Romanica 3/1988, S. 77–88. – Friedrich Dahm: Die romanische Grablege der Plectrudis in der Kölner Kirche St. Maria im Kapitol. In: Aachener Kunstblätter 60/1994, S. 211–222. – Bauch (wie Anm. 7), S. 25–28. – Sauer (wie Anm. 6), S. 185–191. – Ornamenta Ecclesiae (wie Anm. 13), Bd. 2, Nr. E 99.

Abb. 7: Grabbogen der Erzbischöfe Udo, Egilbert und Bruno im Trierer Dom.

Rheinland nur mit Einschränkungen zu den Innovationsgebieten der mittelalterlichen Grabmalskunst zählt; zwei Drittel der erhaltenen Denkmäler des 11./12. Jahrhunderts wurden für Kirchen in Sachsen angefertigt[23]. Dieser Befund ist umso verwunderlicher, als man im Rhein-Maas-Moselraum die römischen Monumente in großer Zahl sozusagen vor der Tür hatte; die antiken Gräberfelder lagen unmittelbar vor den Stadtmauern, lange Reihen römischer Grabsteine säumten womöglich noch im hohen Mittelalter die Ausfallstraßen der Städte[24]. Es drängt sich weiterhin der Verdacht auf, daß die Serie der monumentalen Grablegen der Bischöfe erst im 13. Jahrhundert beginnt: Um 1230 in Trier mit dem Dreiergrab der Erzbischöfe Udo († 1078), Egilbert († 1101) und Bruno († 1124, Abb. 7)[25], um 1249 in Mainz mit dem Grabmal des Siegfried von Eppstein (Abb. 8)[26] und um 1261 in Köln mit dem Bronzegrab des Erzbischofs Konrad von Hochstaden (Abb. 9)[27].

Um Antworten auf die Frage nach der Ursache der zunehmenden Verbreitung von Grabdenkmälern nach 1200 zu finden, schlage ich zwei Wege ein; zunächst werde ich mich anhand eines quellenmäßig gut dokumentierten Beispiels um eine Antwort bemühen und anschließend die Quellen über Einzelheiten erzbischöflicher Grabstätten des 11./12. Jahrhunderts befragen. Nicht berücksichtigt wird dabei ein umfassend dokumentiertes Begräbnis, das des 1183 heiliggesprochenen Kölner Erzbischofs Anno († 1075) in der von ihm gegründeten Siegburger Abteikirche St. Michael. Hier besitzen wir nicht nur zwei Viten[28], sondern auch einen ausführlichen Bericht über den siebentägigen Begräbniszug, der sich durch alle Kölner Stiftskirchen und dann nach Siegburg bewegte[29]. Außerdem sind wir über Annos Kanonisation im Jahre 1183 informiert[30], und nicht

[23] Mosel (wie Anm. 7), S. 10–12.

[24] Yasmine Freigang: Die Grabmäler der gallo-römischen Kultur im Moselland. Studien zur Selbstdarstellung einer Gesellschaft. In: Jahrbuch des Römisch-Germanischen Zentralmuseums Mainz 44/1997, S. 277–440.

[25] Franz Ronig: Die Ausstattung. In: Ders. (Hg.): Der Trierer Dom. (= Rheinischer Verein für Denkmalpflege und Landschaftsschutz, Jahrbuch) Neuss 1980, S. 231–362, hier S. 244–245.

[26] Fritz Arens: Mainzer Inschriften von 1651 bis 1800. I. Die Inschriften des Domes zu Mainz. (= Beiträge zur Geschichte der Stadt Mainz 26) Mainz 1982. – Gisela Kniffler: Die Grabdenkmäler der Mainzer Erzbischöfe vom 13. bis zum frühen 16. Jahrhundert. Untersuchungen zur Geschichte, zur Plastik und zur Ornamentik. (= Dissertationen zur Kunstgeschichte 7) Köln/Wien 1978, S. 1–5 – Verena Kessel: Memorialfunktionen Mainzer Erzbischofsgrabmäler von 1249 bis 1434. In: Kunst in Hessen und am Mittelrhein 34/1994, S. 13–39. – Dies.: Sepulkralpolitik. Die Krönungsgrabsteine im Mainzer Dom und die Auseinandersetzung um die Führungsposition im Reich. In: Peter Claus Hartmann (Hg.): Der Mainzer Kurfürst als Reichskanzler. Funktionen, Aktivitäten, Ansprüche und Bedeutung des zweiten Mannes im alten Reich. (= Geschichtliche Landeskunde 45) Stuttgart 1997, S. 9–21. – Kathryn L. Brush: Power, Politics, and Demonstration in Thirteenth-Century Mainz: The Tomb Slab of Archbishop Siegfried III von Eppstein († 1249). In: Revue d'Art canadienne 17/1990, S. 117–124. – Vgl. auch Dies.: The Tomb Slab of Archbishop Siegfried III von Eppstein in Mainz Cathedral: A Thirteenth-Century Image and its Interpretative Contexts. In: Grabmäler. Tendenzen der Forschung (wie Anm. 14).

[27] Anton Legner: Die Grabfigur des Erzbischofs Konrad von Hochstaden im Kölner Dom. In: Intuition und Kunstwissenschaft. Festschrift für Hanns Swarzenski. Berlin 1973, S. 261–290. – Herbert Rode: Zur Grablege und zum Grabmal des Erzbischofs Konrad von Hochstaden. In: Kölner Domblatt 44–45/1979–1980, S. 203–222.

[28] Mauritius Mittler (Hg.): Vita Annonis minor. Die jüngere Annovita. (= Siegburger Studien 10) Siegburg 1975. – Ders.: Die Vita Annonis minor. Geschichte einer mittelalterlichen Handschrift. In: Thesaurus Coloniensis. Beiträge zur mittelalterlichen Kunstgeschichte Kölns. Festschrift für Anton von Euw. (= Veröffentlichungen des Kölnischen Geschichtsvereins 41) Köln 1999, S. 105–129. – Stephanie Coué, Acht Bischofsviten aus der Salierzeit – neu interpretiert. In: Stefan Weinfurter (Hg.): Die Salier und das Reich. Sigmaringen 1991. Bd. 3, S. 347–413, hier S. 402–413.

[29] Monumenta Annonis. Köln und Siegburg. Weltbild und Kunst im hohen Mittelalter. Kat. Köln 1975, S. 41–42. – Georgi (wie Anm. 12), S. 244–246.

[30] Mauritius Mittler (Hg.): Libellus de translatione sancti Annonis archiepiscopi et miracula sancti Annonis. (= Siegburger Studien 3–5) 3 Bde., Siegburg 1966–1968. – Vgl. zum Karlsgrab in Aachen Borgolte (wie Anm. 14).

Abb. 8: Grabplatte des Erzbischofs Siegfried von Eppstein († 1249) im Mainzer Dom.

zuletzt wurden zudem die zahlreichen Mirakel an seinem Grab aufgezeichnet[31]. Außerdem lassen sich die Berichte dieser Quellen mit den archäologischen Befunden konfrontieren[32]. Auch wenn sie mehrfach zu Vergleichen herangezogen werden können, sollen diese von der Forschung bereits öfters behandelten Quellen[33] aus zwei Gründen nicht näher untersucht werden: Erstens versuchen sie, Annos Rolle als Heiliger und weniger als Bischof darzustellen, was bei der Deutung der einzelnen Belege nicht unerhebliche Schwierigkeiten aufwirft. Und zweitens berichten sie zahlreiche Einzelheiten über sein Begräbnis, insbesondere auch zu den liturgischen Gesichtspunkten, ein monumentales Grabmal wurde jedoch nicht angefertigt: Anno hat man auf seinen ausdrücklichen Wunsch hin – er zeigte die Stelle mit seinem Bischofsstab an – nicht im Chor, sondern mitten in der Kirche (*in medio ecclesiae*) begraben. Pilger konnten so – ohne das Chorgebet der Mönche zu stören – seine Grabstätte besuchen; auch arme Frauen sollten dort ihre Gaben niederlegen können[34]. Anno ruhte zunächst in einer einfachen steinernen Tumba, auf deren Deckel eine Inschrift in leoninischen Distichen angebracht war, bevor im Zusammhang mit seiner Kanonisation der Annoschrein angefertigt wurde[35].

---

[31] MITTLER, Libellus (wie Anm. 30). – Norbert OHLER: Zuflucht der Armen. Zu den Mirakeln des Heiligen Anno. In: Rheinische Vierteljahrsblätter 48/1984, S. 1–33. – Annegret WENZ-HAUBFLEISCH: Miracula post mortem. Studien zum Quellenwert hochmittelalterlicher Mirakelsammlungen vornehmlich des ostfränkisch-deutschen Reiches. (= Siegburger Studien 26) Siegburg 1998, S. 179–186.

[32] Albert VERBEEK: Das Annograb in Siegburg. In: Miscellanea pro arte. [Festschrift] Hermann Schnitzler. (= Schriften des Pro Arte Medii Aevi 1) Düsseldorf 1965, S. 119–131.

[33] Monumenta Annonis (wie Anm. 29). – Georg JENAL: Erzbischof Anno II. von Köln (1056–75) und sein politisches Wirken. Ein Beitrag zur Geschichte der Reichs- und Territorialpolitik im 11. Jahrhundert. (= Monographien zur Geschichte des Mittelalters 8) 2 Tle., Stuttgart 1974. – Mauritius MITTLER: Annos Tod und Begräbnis. In: Gabriel BUSCH (Hg.): Sankt Anno und seine vile liebe statt. Beiträge zum 900jährigen Jubiläum. Siegburg 1975, S. 212–229. – Renate NEUMÜLLERS-KLAUSER: Die Kanonisation des heiligen Anno. In: ebda., S. 439–446. – GIERLICH (wie Anm. 4), S. 282–287. – Klaus Gereon BEUCKERS: Bemerkungen zu den ezzonisch-annonischen Bestattungen in Brauweiler und St. Maria ad Gradus in Köln. In: Jahrbuch des Kölnischen Geschichtsvereins 69/1998, S. 31–50.

[34] *Vita Annonis minor*, 2,18, ed. MITTLER (wie Anm. 28), S. 106–107.

[35] MITTLER, Annos Tod (wie Anm. 33), S. 227–228. – Anton LEGNER: Der Annoschrein. In: Sankt Anno und seine viel liebe statt (wie Anm. 33), S. 351–393. – Monumenta Annonis (wie Anm. 29), S. 185–215.

Abb. 9: Grabmonument des Erzbischofs Konrad von Hochstaden († 1261) im Kölner Dom.

II

Im Mittelpunkt meines Beitrags steht die Ausstattung der Porta Nigra als Grabeskirche des Trierer Erzbischofs Poppo von Babenberg († 1047). Wir haben es mit der Umwandlung eines antiken Großbaus, eines Stadttors aus dem zweiten Jahrhundert, in eine Stifts-, Wallfahrts- und Grabeskirche zu tun[36]. Neben dem Bau selbst fasziniert die günstige Quellenlage, nicht nur die Urkunden und die *Gesta Treverorum* enthalten zahlreiche Nachrichten, sondern auch die wohl schon 1035 entstandene Vita des hl. Simeon sowie die Mirakelberichte; hinzu kommen die Berichte über die Öffnung des Simeonsgrabes im Jahre 1401 und des Poppograbes 1517[37].

Der Babenberger Poppo leitete das Bistum Trier über drei Jahrzehnte hinweg von 1016 bis 1047[38], seine Bedeutung kann durchaus mit der seines Vorgängers Egbert im 10. oder seiner Nachfolger Al-

[36] Beste Übersicht bei Eberhard ZAHN: Die Porta Nigra in nachrömischer Zeit. In: Erich GOSE (Hg.): Die Porta Nigra in Trier. (= Trierer Grabungen und Forschungen 4) Textband Berlin 1969, S. 107–151. – Heinz CÜPPERS: Trier – Porta Nigra. (= Führer der Verwaltung der staatlichen Burgen, Schlösser und Altertümer Rheinland-Pfalz 10) Mainz 1995.

[37] *Gesta Treverorum*, MG SS 8, S. 111–260. – Vita und Mirakel sind außerdem publiziert in den Acta Sanctorum: Juni 1. Ausgabe Paris 1867, S. 85–104. – Vgl. zur Gattung Dieter von der NAHMER: Die lateinische Heiligenvita. Eine Einführung in die lateinische Hagiographie. Darmstadt 1994.

[38] Literatur (in Auswahl): Friedrich LESSER: Erzbischof Poppo von Trier (1016–1047). Ein Beitrag zur Geschichte des deutschen Episkopates vor dem Ausbruch des Investiturstreites. Leipzig 1888. – Johannes JACOBI: Erzbischof Poppo von Trier (1016–1047). Ein Beitrag zur geistigen und politischen Situation der Reform. In: Archiv für mittelrheinische Kirchengeschichte 13/1961, S. 9–26. – Alfred HEIT: Art. Poppo, Ebf. v. Trier. In: Lexikon des Mittelalters, Bd. 7, Sp. 101–102. – Wolfgang SCHMID: Poppo von Babenberg († 1047). Erzbischof von Trier – Förderer des hl. Simeon – Schutzpatron der Habsburger. Trier 1998.

bero und Balduin im 12. bzw. 14. Jahrhundert verglichen werden. Besonders hervorgetreten ist Poppo als Bauherr für den Dom, der sich seit dem Normanneneinfall von 882 und trotz einiger Baumaßnahmen unter Egbert in einem ruinösen Zustand befand; angeblich trieben sogar die Hirten ihr Vieh zum Weiden in die Ruine. Poppo sorgte zunächst einmal für die Sicherung der gefährdeten Statik des römischen Quadratbaus und ließ eine eingestürzte Vierungssäule wiederherstellen. 1037 wurde der Dom neu geweiht. Gleichzeitig hat Poppo im Osten unter dem Hochaltar eine Krypta vollenden lassen; dorthin wurden 1037 aus St. Matthias die Gebeine des hl. Maternus – der in der Moselstadt als dritter Trierer und als erster Kölner Erzbischof galt – überführt. Der Trierer Dom beherbergte somit die Reliquien eines Oberhirten, der – ebenso wie seine Vorgänger Eucharius und Valerius – als Heiliger verehrt wurde.

Zu einem nicht bekannten Zeitpunkt zwischen 1037 und seinem Tod 1047 nahm Poppo außerdem eine erhebliche Vergrößerung des Domes nach Westen vor (Abb. 10). Die *Gesta* berichten von aufwendigen Fundamentierungsarbeiten, dendrochronologisch sind die Fortschritte an der Westfassade im einzelnen nachzuweisen. Poppo war ein eifriger Bauherr, kontrollierte regelmäßig den Fortschritt der Arbeiten. An einem heißen Tag im Sommer 1047 traf den kahlköpfigen Erzbischof auf der Dombaustelle ein Hitzschlag, an dem er starb. Die Arbeiten an der Westfassade kamen unter seinen Nachfolgern Eberhard und Udo zum Abschluß[39].

In den Jahren 1028 bis 1030 unternahm Erzbischof Poppo eine Pilgerfahrt nach Jerusalem. In seiner Begleitung befand sich der Grieche Simeon, der in Konstantinopel aufgewachsen war und dann im Heiligen Land als Pilgerführer lebte[40]. Später wurde er Einsiedler in Bethlehem und Mönch im Katharinenkloster am Berge Sinai. Um versprochene Spendengelder einzusammeln, reiste Simeon 1026 in die Normandie. Unterwegs traf er auf eine Pilgergruppe, zu der auch Eberwin, Abt von St. Martin in Trier, St. Paul in Verdun und von St. Mauritius in Tholey zählte, mit dem er dann über Verdun nach Trier zog. 1028 bis 1030 fand dann die bereits erwähnte Reise Erzbischof Poppos ins Heilige Land statt. Der gelehrte Simeon, der fünf Sprachen beherrschte, begleitete den Erzbischof auch auf der Rückreise. In Trier wollte er sein unstetes Leben als Einsiedler beschließen und wählte hierfür nach einer Offenbarung das Obergeschoß des Ostturms der Porta Nigra[41]. Simeon wurde in seiner Zelle am Andreastag 1030 oder 1032 feierlich eingemauert. Den Trierern war der fremdländische Asket nicht ganz geheuer, wozu auch seine Kleidung beigetragen haben mag; seine Kappe, die auch das Stiftssiegel zeigt, ist im Domschatz erhalten. Die Bewohner der Stadt wußten noch nicht, ob es sich bei dem Eremiten um einen Heiligen oder um einen Zauberer handelte. Zahlreiche Versuchungen des Teufels quälten Simeon, nachts waren unheimliche Stimmen von Löwen, Bären und Wölfen zu hören sowie Lichterscheinungen zu sehen. 1033 machten die Trierer Simeon den Vorwurf, daß er sie nicht vor einem Moselhochwasser beschützt hatte, und bewarfen seine Zelle mit Steinen.

Am 1. Juni 1035 starb Simeon. Poppo hätte ihn gerne in den Dom überführen lassen, respektierte aber den ausdrücklichen Wunsch des Eremiten, in der Porta, und zwar in seiner Zelle, begraben zu werden und hier auf seine Auferstehung zu warten. Die ganze Stadt – Priester wie Laien – strömte herbei, die Porta Nigra wurde geschmückt[42]. Unmit-

[39] Einzelheiten bei Jochen ZINK: Die Baugeschichte des Trierer Domes von den Anfängen im 4. Jahrhundert bis zur letzten Restaurierung. In: Der Trierer Dom (wie Anm. 25), S. 17–111, hier S. 34–40. – Franz RONIG: Der Trierer Dom und sein Verhältnis zur Antike. In: Zeitschrift des deutschen Vereins für Kunstwissenschaft 44/1990, S. 112–123. – Frank G. HIRSCHMANN: Stadtplanung, Bauprojekte und Großbaustellen im 10. und 11. Jahrhundert. Vergleichende Studien zu den Kathedralstädten westlich des Rheins. (= Monographien zur Geschichte des Mittelalters 43) Stuttgart 1998, S. 273–274.

[40] Zu St. Simeon vgl. Albert HEINTZ: Der heilige Simeon von Trier. Seine Kanonisation und seine Reliquien. In: Festschrift für Alois Thomas. Archäologische, kirchen- und kunsthistorische Beiträge. Trier 1967, S. 163–173. – Franz-Josef HEYEN: Simeon und Burchard-Poppo. Aus den Anfängen des Stiftes St. Simeon in Trier. In: Institutionen, Kultur und Gesellschaft im Mittelalter. Festschrift für Josef Fleckenstein. Sigmaringen 1984, S. 195–205, hier S. 196–200. – Axel BAYER: Griechen im Westen im 10. und 11. Jahrhundert: Simeon von Trier und Simeon von Reichenau. In: Kaiserin Theophanu (wie Anm. 12), S. 335–341. – Franz RONIG: Der heilige Simeon von Trier († 1035). Ein weitgereister Mönch und Rekluse in der Porta Nigra (im Druck).

[41] Auch dem hl. Anno teilte während eines Gebetes in St. Aposteln ein Greis mit, es sei Gottes Anordnung, daß er seine Grabstätte in Siegburg finden werde, *Vita Annonis minor*, 1,13, ed. MITTLER (wie Anm. 28), S. 32–33.

[42] AASS, S. 91–92. – MG SS 8, S. 209–211. – Beim Tod von Bischöfen und Heiligen strömten stets alle Einwohner der Stadt zusammen, vgl. z. B. *Ruotgeri Vita S. Brunonis archiepiscopi Coloniensis*, cap. 47, ed. KALLFELZ (wie Anm. 12), S. 252–253.

Abb. 10: Westfassade des Trierer Domes.

telbar beim Grabe des Heiligen wurde ein Allerheiligenaltar geweiht[43]. Die Zelle Simeons war das Ziel zahlreicher Pilger, deren Gebete erhört und die geheilt wurden.

Nähere Aufschlüsse über das Grab Simeons ermöglicht ein Bericht aus der Feder von Friedrich Schavard, Propst von St. Paulin, über eine Öffnung im Jahre 1401[44]. Man wollte aus dem Grab einige Reliquien des Heiligen entnehmen und sie – in Reliquiare gefaßt – öffentlich ausstellen. Der erhöht aufgestellte Sarkophag des hl. Simeon (im Wortlaut: *eminenter erecta*), der sich hinter dem Allerheiligenaltar befand, war jedoch leer. Nach längerem Suchen – man wußte offenbar nicht mehr genau, wo sich das Grab befand[45] – durchstieß man mehrere Böden (*multa pavimenta*), bis sich das eigentliche Grab fand. Bei der Öffnung stieß man auf den unversehrten Leib mit einer Bleitafel, die den Heiligen identifizierte.

Kurz nach Simeons Tod 1035 verfaßte Abt Eberwin im Auftrag Poppos eine Vita des Heiligen; sie schildert insbesondere sein Leben als Eremit und bezieht verschiedene Ereignisse auf seinen Aufenthalt in der Porta Nigra[46]. Außerdem wird von zahlreichen Wundern am Grabe des Heiligen berichtet, von denen einige schon zu Lebzeiten stattfanden und andere selbst kritische Kleriker überzeugten[47]. Innerhalb weniger Jahre wurde die Porta Nigra zum Mittelpunkt einer Wallfahrt. Poppo hatte die Vita aus konkreten Beweggründen in Auftrag gegeben; sie spielte bei der Kanonisierung Simeons eine wichtige Rolle, bei der es sich – nach der Heiligsprechung Ulrichs von Augsburg im Jahre 993 – um das zweite offizielle Kanonisierungsverfahren überhaupt handelte[48]. Die Qualität der Vita und die Heiligsprechung machen die großen Ziele deutlich, die der Erzbischof mit der Verehrung des Eremiten verfolgte. Große Bekanntheit erlangte der neue Heilige durch zahlreiche, unter Poppo geprägte Denare, die die Porta und das stilisierte Haupt des hl. Simeon zeigen[49]. Weitere Elemente dieses Programms waren die mit Einkünften aus dem Koblenzer Zoll wohldotierte Gründung des Simeonstifts um 1042 und der Umbau des römischen Stadttors zu einer Doppelkirche.

Leider wurde unter napoleonischer und dann unter preußischer Herrschaft die Porta Nigra sozusagen entkernt; mit Ausnahme des unter Albero um die Mitte des 12. Jahrhunderts hinzugefügten Chors hat man sämtliche mittelalterlichen und frühneuzeitlichen Ein- und Anbauten entfernt. Eine systematische Bearbeitung der Stiftsgeschichte steht noch aus[50], aber ein Kupferstich von Caspar Merian[51] – einem Sohn des älteren Matthäus Merian – von ca. 1660 vermittelt ein anschauliches Bild vom Aussehen der Kirche vor der Barockisierung

[43] Der topographische Zusammenhang zwischen Grabmal und Altar ist auch beim Annograb in Siegburg nachweisbar, vgl. z. B. *Vita Annonis minor*, 2,42, ed. Mittler (wie Anm. 28), S. 136–137.

[44] AASS, S. 99–101. – Zu Schavard vgl. Franz-Josef Heyen: Das Stift St. Paulin vor Trier. (= Germania Sacra N. F. 6) Berlin/New York 1972, S. 597–599. – Franz Ronig: Eine mittelalterliche Interpretation des Christusmonogramms. Aus dem Bericht des Friedrich Schavard über die Öffnung der Paulinusgruft in Trier 1402. In: Kurtrierisches Jahrbuch 22/1982, S. 23–33. – Michael Matheus: Trier am Ende des Mittelalters. Studien zur Sozial-, Wirtschafts- und Verfassungsgeschichte der Stadt Trier vom 14. bis 16. Jahrhundert. (= Trierer Historische Forschungen 5) Trier 1984, S. 335–338.

[45] Bei der langen Suche nach dem Grab, dessen genau Lage nicht mehr bekannt ist, scheint es sich um einen Topos zu handeln; ähnliches ist 1183 bei der Erhebung der Überreste des hl. Anno anläßlich seiner Kanonisation überliefert, *Libellus de translatione sancti Annonis archiepiscopi*, ed. Mittler (wie Anm. 30), S. 14–15.

[46] Wolfgang Haubrichs: Die Tholeyer Abtslisten des Mittelalters. Philologische, onomastische und chronologische Untersuchungen. (= Veröffentlichungen der Kommission für saarländische Landesgeschichte und Volksforschung 15) Saarbrücken 1986, S. 164–173. – Stefan Flesch: Die monastische Schriftkultur der Saargegend im Mittelalter. (= Veröffentlichungen der Kommission für saarländische Landesgeschichte und Volksforschung 20) Saarbrücken 1991, S. 83–85. – Frank G. Hirschmann: Überlegungen zu einigen Verduner Äbten des 10. und 11. Jahrhunderts. In: Rheinische Vierteljahrsblätter 59/1995, S. 314–324, hier S. 320–321.

[47] Zuletzt Wenz-Haubfleisch (wie Anm. 31), S. 100–103.

[48] Jürgen Petersohn: Bischof und Heiligenverehrung. In: Römische Quartalschrift 91/1996, S. 207–229. – Marianne Schwarz: Heiligsprechungen im 12. Jahrhundert und die Beweggründe ihrer Urheber. In: Archiv für Kulturgeschichte 39/1957, S. 43–62. – Josef Leinweber: Das kirchliche Heiligsprechungsverfahren bis zum Jahre 1234. Der Kanonisierungsprozeß der hl. Elisabeth von Thüringen. In: Sankt Elisabeth. Fürstin – Dienerin – Heilige. Aufsätze – Dokumentation – Katalog. Sigmaringen 1982, S. 128–136.

[49] Raymond Weiller: Die Münzen von Trier, Tl. 1,1: Beschreibung der Münzen: 6. Jahrhundert – 1307. (= Publikationen der Gesellschaft für Rheinische Geschichtskunde 30) Düsseldorf 1988, Nr. 49–50.

[50] Eine systematische Bearbeitung der Stiftsgeschichte im Rahmen der Reihe Germania Sacra wird von Franz-Josef Heyen, Koblenz, vorbereitet.

[51] Friedrich Kutzbach: Die Merian'sche Darstellung der von Erzbischof Poppo in der Porta nigra eingerichteten Doppelkirche. In: Trierische Heimat 1/1949, S. 148–150. – Vgl. dazu Eberhard Zahn: Das Bild der Porta Nigra in der Kunst. In: Die Porta Nigra in Trier (wie Anm. 36), S. 152–167, hier S. 152–156.

Abb. 11: Stiftskirche St. Simeon in Trier, Kupferstich von Caspar Merian, um 1660.

(Abb. 11): Wenn man sich auch noch die spätgotischen Kapellenbauten im Vordergrund wegdenkt, dann werden die wichtigsten Baumaßnahmen Poppos erkennbar: Er hat das Sockelgeschoß mit den Durchfahrten zuschütten und eine breite Freitreppe errichten lassen, die zum ersten Obergeschoß hinaufführte, das als Volkskirche diente. Die Treppe war wohl nicht nur für den Zugang zu der Kirche angelegt worden, sondern sollte auch den Strom der Pilger zur Zelle des hl. Simeon im Ostturm führen. Im zweiten Obergeschoß lag die Kirche des Stiftskapitels, eine dreischiffige Basilika mit überhöhtem Mittelschiff. Zur Oberkirche führte eine schwindelerregend wirkende Treppenkonstruktion empor. Ebenfalls auf Poppos Initiative dürften das zusätzliche Freigeschoß und sein Turmhelm im Westen zurückgehen, dessen Doppelarkaden an die der Domtürme erinnern. Der Turm war wohl nur unwesentlich niedriger als der der Kathedralkirche. Wir müssen uns immer wieder vor Augen führen, daß zur gleichen Zeit auch am Dom und an anderen Trierer Kirchen mit großem Aufwand gebaut wurde (Abb. 12).

Die noch in vielen Teilen im Dunkeln liegende Baugeschichte der Porta Nigra konnte hier nur in wenigen Sätzen gestreift werden, aber die einzelnen

Abb. 12: Dom und Porta Nigra in Trier.

Maßnahmen machen – in Analogie zur Vita des Heiligen, zu seinem Kanonisierungsverfahren, zur Prägung von Denaren und zur Stiftsgründung – deutlich, mit welch großem Aufwand hier ein neuer Kult etabliert werden sollte. Das Simeonstift war neben dem Dom das einzige Kanonikerstift innerhalb der Stadtmauern und dürfte sämtliche Gebäude der Civitas überragt haben. Der Umbau eines monumentalen römischen Stadttors zu einer Stifts- und Wallfahrtskirche scheint ein singulärer Fall gewesen zu sein. Betrachter könnten an ein Höhenkloster auf einem Berg gedacht haben. Offenbar gelang es jedoch Poppo und seinem Nachfolger Eberhard letztlich nicht, einen zugkräftigen Simeonskult in der bereits dicht besetzten Kultlandschaft an Rhein und Mosel dauerhaft zu etablieren; zudem erfolgten 1072 und 1127 in St. Paulin und in St. Matthias bedeutende Reliquienfunde, die die Simeonsverehrung in den Hintergrund drängten[52].

Wichtig erscheint dagegen, daß Poppo von Babenberg den Bau der Kirche keineswegs nur vorantrieb, um die Verehrung des hl. Simeon zu fördern, sondern daß er sich dafür entschied, 1047 nicht etwa im Dom, sondern in der von ihm gegründeten Stiftskirche begraben zu werden. Einzelheiten über seine Bestattung erfahren wir aus einem Bericht des Maximiner Mönchs Johannes Scheckmann über die

[52] Franz-Josef HEYEN: Die Öffnung der Paulinus-Gruft in Trier im Jahre 1072 und die Trierer Märtyrerlegende. In: Archiv für mittelrheinische Kirchengeschichte 16/1964, S. 23–66. – DERS.: St. Paulin (wie Anm. 44), S. 96–102. – Petrus BECKER: Die Benediktinerabtei St. Eucharius-St. Matthias vor Trier. (= Germania Sacra N. F. 34) Berlin/New York 1996, S. 397–399.

Abb. 13: Erhebung des Heiligen Rocks 1512 in Trier, Holzschnitt in Albrecht Dürers Ehrenpforte.

Öffnung des Grabes im Jahre 1517[53]. In diesem Jahr besuchte Kaiser Maximilian I. Trier und äußerte nach dem Besuch einer Messe in der Simeonskirche den Wunsch, daß der Erzbischof eine Graböffnung gestatte. Sein Interesse ging darauf zurück, daß er den Babenberger Poppo als legendären Vorfahren ansah und gar als einen der Schutzpatrone des Hauses Österreich verehrte[54]. Auch das Stiftskapitel hatte Interesse an einer Erhebung, suchte man doch nach der Auffindung des Hl. Rockes 1512 – wie sie in Dürers 'Ehrenpforte' dargestellt ist (Abb. 13) – in allen Trierer Kirchen nach verehrungswürdigen Reliquien[55]. Ein dritter Faktor könnte eine Rolle gespielt haben: Es gab um 1500 eine volkstümliche Poppoverehrung, Scheckmann berichtet von unfruchtbaren Frauen, die nach einem Besuch an Poppos Grab schwanger wurden, von Frauen, denen bei schweren Geburten geholfen worden war, und von halbtoten Kindern, die wiederbelebt wurden[56]. Nachweise über eine Verehrung des Babenbergers lassen sich bereits für das 13. Jahrhundert anführen, 1266, 1325, 1329 und 1358 wird in den Urkunden des Simeonstifts ein Altar des seligen Poppo erwähnt[57]. Seine Lage läßt sich bisher nicht erschließen, aber es wäre denkbar, daß es sich um den Allerheiligenaltar handelte, der nach dem bei ihm begrabenen Erzbischof benannt wurde. Über die Frage, wann und wo Poppo als Heiliger verehrt wurde, und warum seine Kanonisierung letztlich scheiterte, sei an anderer Stelle ausführlicher berichtet[58].

Bei der Graböffnung waren als Vertreter des Kaisers die Pröpste von Brixen und Waldkirch, der Dekan von St. Simeon sowie als Repräsentanten des Erzbischofs der Weihbischof und der Offizial anwesend; hinzu kamen zahlreiche Zeugen aus dem kaiserlichen Gefolge, dem Stiftskapitel und der Stadt. Wie bereits die *Gesta Treverorum* berichten, befand sich das Grab Poppos zu Füßen des hl. Simeon[59]. Ob es innerhalb der im Jahre 1400 geöffneten Grabkammer lag oder ob die entsprechenden Böden nicht mehr wiederhergestellt waren, sei dahingestellt; in jedem Fall war das Poppograb sichtbar, denn der Bericht hebt hervor, daß der Kaiser

[53] Druck AASS, S. 101–104.

[54] Schmid, Poppo von Babenberg (wie Anm. 38), S. 93–109.

[55] Petrus Becker: Der Besuch Kaiser Maximilians I. in Trier und die Suche nach Bischofsgräbern in St. Matthias (1512/13). In: Kurtrierisches Jahrbuch 28/1988, S. 99–102. – Wolfgang Seibrich: Die Trierer Heiltumsfahrt im Spätmittelalter. In: Archiv für mittelrheinische Kirchengeschichte 47/1995, S. 45–125, hier S. 86–91.

[56] AASS, S. 103.

[57] In dem Erbpachtvertrag für einen Wingert in Trier von 1266 wird dem Kaplan des Altars des seligen Poppo (*capellano altaris beati Bopponis*) eine Weinrente von zwei Ohm geschuldet, Landeshauptarchiv Koblenz, Best. 215, Nr. 62, weitere Belege: Nr. 205, 207, 381.

[58] Schmid, Poppo von Babenberg (wie Anm. 38), S. 73–119.

[59] Mehrere, z. T. auch quellenmäßig gut dokumentierte Vergleichsbeispiele behandelt Sabine Komm: Heiligengrabmäler des 11. und 12. Jahrhunderts in Frankreich. Untersuchungen zu Typologie und Grabverehrung. (= Manuskripte zur Kunstwissenschaft) Worms 1990. – Verena Fuchss: Das Grab des heiligen Gebhard in der Klosterkirche von Petershausen bei Konstanz im 10. Jahrhundert. In: Gottfried Kerscher (Hg.): Hagiographie und Kunst. Der Heiligenkult in Schrift, Bild und Architektur. Berlin 1993, S. 273–300. – Arnold Angenendt: Heilige und Reliquien. Die Geschichte ihres Kultes vom frühen Christentum bis zur Gegenwart. München 1994, S. 166–182 (mit zahlreichen Vergleichsbeispielen). – Ders.: Zur Ehre der Altäre erhoben. Zugleich ein Beitrag zur Reliquienteilung. In: Römische Quartalschrift 89/1994, S. 221–244. – Peter Wallmann: Tumba und Schrein. Ein Beitrag zur Deutung hochmittelalterlicher Kirchenaustattung anhand der baulichen Veränderungen des 11. Jahrhunderts in der Salvatorbasilika zu Werden. In: Frühmittelalterliche Studien 30/1996, S. 215–247. – Werner Jacobsen: Saints' Tombs in Frankish Church Architecture. In: Speculum 72/1997, S. 1107–1143. – Vgl. auch Weidemann (wie Anm. 14).

von der Demut ausstrahlenden Zelle des Einsiedlers und dem prächtigen Monument des Erzbischofs (*mirabili aedificio Popponis*) beeindruckt war.

Als man zur Öffnung des Grabes schritt – es wird hier als *mausoleum* bezeichnet[60] –, fand sich zunächst eine gemalte hölzerne Tafel, auf der Poppo als Bischof mit einem Diadem[61] auf dem Haupt dargestellt war. Zwei Engel hielten die Mitra über ihn. Ringsumher waren vergoldete Platten eingelegt, oben befand sich ein gegossenes Bild Christi aus vergoldeter Bronze, unten ein nicht näher bezeichnetes Bild Poppos; Scheckmann glaubte ihn problemlos anhand des kahlen Schädels und der hohen Wangen identifizieren zu können. In den Ecken der Tafel befanden sich Evangelistensymbole und dazwischen Bilder der Apostel, weiter eine teilweise zerstörte Grabinschrift:
ANNO DOMINICAE INCARNATIONIS MXLVII XVI KALENDAS JULII OBIIT HUIUS TREVERICAE SEDIS DEO DILECTUS ARCHIEPISCOPUS POPPO CIN. DOC ... CLARA MANENS LUX POPULI. SPES GRATISSIMA CLERI. HUNC VT CONSOCIIS AGGREGET ANGELICIS. SPIRITUS OSSA REGEBAT. HENRICI SECUNDI, IMPERATORIS AVTEM PRIMI [TEMPORE][62].

Unter dieser Tafel fand man eine feste Masse wie von feinem Mörtel gegossen als Decke des Grabes. Unter einer Tuchdecke lag der vollständig erhaltene Leichnam Poppos im bischöflichen Ornat, eine große, schlanke und kahlköpfige Gestalt[63]. Weiter fand sich eine Bleitafel mit altertümlichen (!) Buchstaben, die den Verstorbenen identifizierte:

Abb. 14: Grabplatte des Bernward von Hildesheim († 1022) in Hildesheim.

---

[60] Als *mausoleum* wird auch das Annograb in Siegburg bezeichnet, vgl. z. B. *Libellus de translatione sancti Annonis archiepiscopi*, ed. MITTLER (wie Anm. 30), S. 14.

[61] Der Terminus ist wohl nicht als Heiligenschein, sondern als Stirnbinde zu übersetzen, welche als Hoheitszeichen zu deuten ist, vgl. Margarete BRAUN-RONSDORF: Art. Diadem. In: Reallexikon zur Deutschen Kunstgeschichte. Bd. 3, Stuttgart 1954, Sp. 1373–1377. – Joseph BRAUN: Die liturgische Gewandung im Occident und Orient nach Ursprung und Entwicklung, Verwendung und Symbolik. Freiburg 1907, Ndr. Darmstadt 1964, S. 432, 436.

[62] Die Kunstdenkmäler der Rheinprovinz. Bd. 13,3, Düsseldorf 1938, S. 488. – Franz Xaver KRAUS: Die christlichen Inschriften der Rheinlande. Tl. 1, Freiburg 1890, S. 197.

[63] Diese Tatsache wird besonders hervorgehoben, weil ein *corpus incoruptum* ein wichtiges Indiz für die Heiligkeit des Begrabenen darstellte, vgl. Arnold ANGENENDT: Der »ganze« und »unverweste« Leib – eine Leitidee der Reliquienverehrung bei Gregor von Tours und Beda Venerabilis. In: Aus Archiven und Bibliotheken. Festschrift für Raymund Kottje. (= Freiburger Beiträge zur mittelalterlichen Geschichte 3). Frankfurt/Bern/New York 1992, S. 33–50.

HIC IACET POPPO TREVIRORUM ARCHIEPISCOPUS, QUI OBIIT XVI. KALENDAS JULII[64].

Nach der Aufnahme des Protokolls wurde das Grab wieder verschlossen und blieb wohl bis 1803 unangetastet; in diesem Jahr wurden die Überreste von Simeon und Poppo nach St. Gervasius gebracht. Die Grabanlagen selbst wurden vollständig zerstört, die Grabbeigaben Poppos sind jedoch erhalten.

Der Bericht über die Öffnung des Poppograbes läßt mehrere Schlußfolgerungen zu: Erstens hatte der Erzbischof für sein Begräbnis einen ganz prominenten Ort gewählt: Sein Grab befand sich in einer von ihm gegründeten Stiftskirche und dort zu Füßen eines Heiligen, dem er zu Lebzeiten eng verbunden war und dessen Verehrung er nachdrücklich gefördert hatte. Zum zweiten war dies der Ort, wo am Allerheiligenaltar die Messe gefeiert wurde, wohin die Scharen der Pilger strömten oder zumindest strömen sollten. Drittens befand sich – wenn ich den Text richtig verstehe – bei seinem Grab ein aufwendiges Monument, das seinem Rang als *fundator* des Stifts entsprach und die Pilger wie die Kanoniker aufforderte, nicht nur zu dem hl. Simeon, sondern auch für Erzbischof Poppo zu beten. Über die Frage, wann dieses Monument errichtet wurde und wie es ausgesehen hat, kann man allenfalls spekulieren. Wenn es sich bei der Gegenüberstellung von Demut ausstrahlender Einsiedlerzelle und prächtigem Bischofsgrabmal nicht um einen literarischen Kunstgriff handelt – wogegen der an anderer Stelle verwendete Begiff eines Mausoleums spricht –, dann wäre es durchaus zulässig, auf eine recht repräsentative, womöglich aus dem 11. Jahrhundert stammende Anlage zu schließen, vielleicht auf eines der ältesten nachweisbaren Grabmonumente des Mittelalters überhaupt[65]. Zum vierten befand sich auf dem Grab ein Bild des Erzbischofs. Rekonstruktion und Deutung der Beschreibung werfen einige Schwierigkeiten auf: Es handelte sich – wenn man den Angaben Scheckmanns glauben darf – um eine Holzplatte mit Malereien und metallenen Einlegearbeiten; über ihre Größe erfährt man nichts. Für die Evangelistensymbole gibt es Vergleichsbeispiele, etwa auf der Grabplatte des hl. Bischofs Bernward von Hildesheim († 1022)[66], die aus dem 12. Jahrhundert stammt (Abb. 14)[67], oder auf der Grabplatte des Bischofs Udo von Hildesheim († 1114); beide zeigen in der Mitte das Agnus dei[68]. Auch für figürliche Darstellungen lassen sich eine Reihe von Vergleichsbeispielen anführen, sie gehören freilich eher ins 12. als ins 11. Jahrhundert[69]. Die Darstellung der Verstorbenen wird genau beschrieben und erscheint plausibel, lediglich die doppelte Darstellung Poppos erweckt leise Zweifel[70].

[64] Hartmut EHRENTRAUT: Bleierne Inschriftentafeln aus mittelalterlichen Gräbern in den Rheinlanden. In: Bonner Jahrbücher 152/1952, S. 190–225. – Danach ist die älteste Bleitafel die des 1021 in Deutz begrabenen Kölner Erzbischofs Heribert, die zweite ist die des hl. Simeon. Nach denen Erzbischof Pilgrims von Köln (1036), Kaiser Konrads II. und seiner Gemahlin Gisela (1039 bzw. 1043 in Speyer) und Bischof Theoderichs II. von Metz (1047 in Metz) folgt die Bleitafel Poppos von Babenberg.

[65] Die Erweiterung der Porta Nigra um einen Ostchor in der Mitte des 12. Jahrhunderts – die, ohne daß hierfür schriftliche Zeugnisse vorliegen, vorwiegend aus Gründen der Chronologie Erzbischof Albero zugeschrieben wird – veränderte bereits ein Jahrhundert nach der Stiftsgründung den Chorbereich nachhaltig. Über die Frage, inwieweit davon das Poppo- und das Simeonsgrab betroffen waren, läßt sich freilich nur spekulieren. Nicht auszuschließen ist, daß die von Schavard und Scheckmann beschriebene Situation auf einen Umbau des 12. Jahrhunderts zurückgeht, wo eine Verschiebung, womöglich auch eine Neuanfertigung der beiden Monumente stattgefunden haben könnte. Die Urheberschaft der ganzen Anlage dem mehrfach genannten Erzbischof Albero zuzuschreiben (s. Anm. 16, 78), wäre jedenfalls eine faszinierende Perspektive. – Daß bereits im 13. und 14. Jahrhundert für längst verstorbene Bischöfe monumentale Grablegen errichtet wurden, läßt sich nicht nur für Trier (Arkosolgrab Udos, Egilberts und Brunos, s. Anm. 25), sondern auch für Köln nachweisen, wo im 13./14. Jahrhundert für Rainald von Dassel († 1167) und für seinen Nachfolger Philipp vom Heinsberg († 1191) Tumben mit Liegefiguren errichtet wurden, Einzelbelege bei GIERLICH (wie Anm. 4), S. 294–296.

[66] S. u. Anm. 72.

[67] Rainer KAHSNITZ: Bischofs Grab. In: Bernward von Hildesheim und das Zeitalter der Ottonen. Kat. 2 Bde., Hildesheim/Mainz 1993 , Bd. 1, S. 383–396.

[68] Richard HAMANN-MAC LEAN: Die Reimser Denkmale des französischen Königtums im 12. Jahrhundert. Saint-Remi als Grabkirche im frühen und hohen Mittelalter. In: Helmut BEUMANN (Hg.): Beiträge zur Bildung der französischen Nation im Früh- und Hochmittelalter. (= Nationes 4) Sigmaringen 1983, S. 93–259, hier S. 168–170.

[69] Hans KÖRNER: Individuum und Gruppe. Fragen nach der Signifikanz von Verismus und Stilisierung im Grabbild des 13. Jahrhunderts. In: Die Repräsentation der Gruppen (wie Anm. 21), S. 89–126.

[70] Der Versuchung einer virtuellen Rekonstruktion konnte ich bisher jedoch widerstehen. Womöglich lassen sich zum Vergleich Mosaikarbeiten wie die Geroplatte im Kölner Dom oder die des Abtes Gilbert aus Maria Laach heranziehen. Für die vier erhaltenen Grabdenkmäler des 12. Jahrhunderts im Rheinland läßt sich eine erstaunliche Vielfalt an Gestaltungsmöglichkeiten erkennen. Überliefert sind – neben dem Gilbert-Mosaik – zwei Bogengräber (Ivo und Albero) und die Liegefigur der Plektrudis.

Bei Poppo von Babenberg handelt es sich um einen Bischof, dessen Vita zahlreiche Elemente aufweist, die dem Bischofsideal seiner Zeit entsprechen[71]. Ohne daß ich hier Vergleiche mit seinen Kölner und Mainzer Amtskollegen oder mit Bischofsviten aus der Epoche vor dem Investiturstreit im einzelnen ausführen kann, sei hervorgehoben, daß das bischöfliche Amtsideal der ottonisch-salischen Reichskirche von der Rolle des Oberhirten als Bauherrn geprägt war: Ein aufwendiger Neubau der Kathedralkirche und deren Ausstattung waren für alle sichtbare Zeichen einer guten Amtsführung; dabei übernahm der Bischof durchaus auch selbst die Bauleitung und legte selbst Hand an (Beispiel Bernward von Hildesheim)[72]. Auch die mit Eifer, ja Wetteifer betriebene Gründung von Klöstern und Stiftskirchen spielte eine wichtige Rolle, z. B. von Deutz und Siegburg durch die heiligen Kölner Erzbischöfe Heribert und Anno, von 'Maria zu den Stufen' (Mariengraden) 1059 in Köln sowie St. Mariengraden 1069 in Mainz oder Jakobsberg vor Mainz, das um 1050 der hl. Bardo begonnen hatte. Die Gründung von Stiftskirchen, mit Vorliebe auf Anhöhen, sind Gemeinsamkeiten, die sich auch bei Poppos Stiftung finden. Weitere Elemente des zeitgenössischen Bischofsideals, die sich auch in seiner Vita widerspiegeln, sind die Fürsorge für die Armen, das Interesse an eremitischen Lebensformen und Pilgerfahrten ins Heilige Land. Insofern unterscheidet sich Poppos Vita und auch seine Grabeskirchenkonzeption wenig von der seiner Amtskollegen, höchstens die wohlbedachte Vorgehensweise bei der Kanonisierung des hl. Simeon und die außergewöhnliche Entscheidung für den Umbau eines antiken Stadttores sind hervorzuheben.

III

Da Poppos Vita und Begräbnis für einen Bischof des 11. Jahrhunderts nicht ungewöhnlich sind, ermöglichen sie eine ganze Reihe von Rückschlüssen, die sich untermauern lassen, wenn man sie mit dem konfrontiert, was sich über die Bestattungen seiner Trierer, Kölner und Mainzer Amtskollegen des 11./12. Jahrhunderts in Erfahrung bringen läßt.

Drei Folgerungen möchte ich hervorheben: Erstens dürfen wir mittelalterliche Bischofsbegräbnisse nicht auf den Aspekt des Grabdenkmals oder gar der Deckelplatte reduzieren, sondern müssen den liturgischen Kontext mitberücksichtigen. Das Poppograb sollte nicht nur die Überreste des Erzbischofs bergen, sondern auch sein Andenken bis zum Jüngsten Tag sichern; Adressaten waren die Kanoniker von St. Simeon, die zur Fürbitte für den *fundator* ihres Stifts aufgefordert wurden, aber auch die Pilger, die am Allerheiligenaltar beteten und denen durch die Plazierung des Monuments deutlich gemacht wurde, daß Poppo der Förderer der Verehrung des Heiligen war. Auch das Domkapitel gedachte des toten Erzbischofs und zog jährlich an seinem Todestag, am 16. Juli, mit Prozessionskreuzen zur Stiftskirche; anschließend fand ein Umtrunk im Domkreuzgang statt[73]. Auch die Begräb-

Auch Bronzegrabmäler können zum Vergleich herangezogen werden (Rudolf von Schwaben). – Renate HAGEDORN: Zur Ikonographie von Figurenplatten. Deutsche Beispiele zwischen dem Ende des 11. und der Mitte des 13. Jahrhunderts. In: Erzbischof Wichmann (1152–1192) und Magdeburg im hohen Mittelalter. Stadt – Erzbistum – Reich. Kat. Magdeburg 1992, S. 124–155.

[71] ENGELS, Reichsbischof (wie Anm. 9). – Marie-Luise LAUDAGE: Caritas und Memoria mittelalterlicher Bischöfe. (= Münstersche Historische Forschungen 3) Köln/Weimar/Wien 1993. – Auf die Poppo-Rezeption namentlich im 19. Jahrhundert (nach der Edition der Gesta Treverorum) kann hier nicht näher eingegangen werden. Allein bei Ph. LAVEN: Trier und seine Umgebung in Sagen und Liedern. Mit Bemerkungen über die Quellen dieser Sagen. Trier 1851, Ndr. Trier 1995, finden sich drei »Sagen«: St. Simeon (S. 9–11), die Zauberstiefel (S. 109–113) und Siko (S. 206–210).

[72] Wolfgang GIESE: Zur Bautätigkeit von Bischöfen und Äbten des 10. bis 12. Jahrhunderts. In: Deutsches Archiv 38/1982, S. 388–438. – Gerhard WEILANDT: Geistliche und Kunst. Ein Beitrag zur Kultur der ottonisch-salischen Reichskirche und zur Veränderung künstlerischer Traditionen im späten 11. Jahrhundert. (= Beihefte zum Archiv für Kulturgeschichte 35) Köln/Weimar/Wien 1992. – Bernward von Hildesheim und das Zeitalter der Ottonen. (wie Anm. 67). – Vgl. für Verdun Frank G. HIRSCHMANN: Klosterreform und Grundherrschaft. Richard von St. Vanne. In: DERS./Alfred HAVERKAMP (Hg.): Grundherrschaft – Kirche – Stadt zwischen Maas und Rhein während des hohen Mittelalters. (= Trierer Historische Forschungen 37) Mainz 1997, S. 125–170, hier S. 143–152.

[73] Adalbert KURZEJA (Hg.): Der älteste Liber Ordinarius der Trierer Domkirche. London, Brit. Mus., Harley 2958, Anfang 14. Jh. Ein Beitrag zur Liturgiegeschichte der deutschen Ortskirchen. (= Liturgiewissenschaftliche Quellen und Forschungen 52) Münster 1970, S. 343–344, 513. – Franz RONIG: Was der Liber Ordinarius des Trierer Domes über die Einbeziehung der Kunstwerke in die Liturgie aussagt. In: Franz KOHLSCHEIN/Peter WÜNSCHE (Hg.): Heiliger Raum. Architektur, Kunst und Liturgie in mittelalterlichen Kathedralen und Stiftskirchen. (= Liturgiewissenschaftliche Quellen und Forschungen 82) Münster 1998, S. 100–116. – Kurt ANDERMANN: Zeremoniell und Brauch-

niszeremonien der Erzbischöfe müssen berücksichtigt werden, insbesondere die feierliche Umführung der Verstorbenen durch die Kirchen ihrer Stadt, wie sie 1051 für den hl. Bardo und 1075 für den hl. Anno beschrieben sind[74].

Zum zweiten muß der topographische Zusammenhang zwischen Grabstätte, Grabdenkmal und dem sie umgebenden Kirchenraum beachtet werden. Archäologisch ist vielfach eine Bestattung in einem steinernen Sarkophag nachzuweisen. Die verstorbenen Erzbischöfe wurden in ihre liturgischen Gewänder gekleidet; eine bemerkenswerte Ausnahme stellt 1212 die Bestattung des Trierer Oberhirten Johanns I. in Himmerod dar, bei dem die *Gesta Treverorum* hervorheben, er sei absichtlich in ärmlicher Kleidung bestattet worden[75]. In den meisten Bischofsgräbern finden sich Beigaben: Bischofsstäbe, Grabkelche, Ringe, aber auch liturgische Gewänder[76]. Seit dem frühen 11. Jahrhundert (St. Heribert 1021) sind zudem vielfach Bleitafeln überliefert, auf denen Name und Todesjahr verzeichnet sind und die man dem Verstorbenen auf die Brust legte[77]. Eine separate Beisetzung der Eingeweide – in dem von ihm gegründeten Kloster Himmerod – und eine Einbalsamierung ist für Albero von Montreuil nachzuweisen[78].

Oberirdisch dürften die meisten Grabdenkmäler durch Inschriften gekennzeichnet gewesen sein; sie sind zumeist verloren, aber in nachmittelalterlichen Kollektaneen (Gelenius und Sammlung Alfter für Köln, Brower und Masen für Trier) überliefert. Der Quellenterminus 'Epitaph' ist doppeldeutig, er kann sowohl die Inschrift als auch eine Inschriftentafel bezeichnen[79]. Auch die Grenzen zwischen Inschriftenplatten und Grabdenkmälern sind nicht genau zu ziehen, da sich die Abschriften in der Regel auf den Text beschränkten. Zudem ist nicht immer zweifelsfrei zu entscheiden, ob eine – nicht erhaltene – Inschriftentafel zeitgenössisch ist oder erst Jahrhunderte später angebracht wurde. An Alberos erhaltenem Grabbogen befand sich ursprünglich eine Inschrift, die mit goldenen Buchstaben auf Kupferplatten geschrieben war[80]. 'Epitaphien' befanden sich auch an den Gräbern der Trierer Erzbischöfe Eberhard in St. Paulin († 1066) und Kuno in Tholey († 1066)[81]. Am Grabmal des hl. Willigis († 1011) in Mainz – das im 18. Jahrhundert als *monumentum* bezeichnet wird – befand sich ein Epitaph aus dem 14. Jahrhundert[82]. Auch für seinen Nachfolger Erkenbald († 1021) ist eine Inschrift belegt[83], und an den 1153 abgesetzten Heinrich I. erinnerte in Einbeck eine Messingtafel[84]. Die Berücksichtigung der Befunde der Historiker, der Epigraphiker, der Archäologen und der Kunsthistoriker zeigt also, daß wir uns eine Grablege als Einheit aus Grabstätte, oberirdischen Inschriftentafeln, womöglich auch einem Grabmonument und einem Platz innerhalb eines Kirchenraumes – der zudem einen bestimmten liturgischen Stellenwert besaß – vorstellen müssen. Weiterhin ist festzuhalten, daß in der Regel eine doppelte Kennzeichnung des Grabes vorgenommen wurde: Auf der einen Seite eine oberirdische Inschrift, die den Platz markierte, und auf der anderen Seite eine Bleitafel, die die sterblichen Überreste identifizierte. In beiden Fällen war es entscheidend, daß der Name der Person, Todestag und Sterbejahr sowie der Ort des Begräbnisses bis zum Jüngsten Tag festgehalten wurden[85].

---

tum beim Begräbnis und beim Regierungsantritt Speyerer Bischöfe. Formen der Repräsenation von Herrschaft im späten Mittelalter und in der frühen Neuzeit. In: Archiv für mittelrheinische Kirchengeschichte 42/1990, S. 125–177.

[74] Zu Bardo vgl. Gierlich (wie Anm. 4), S. 171. – *Libellus de translatione sancti Annonis archiepiscopi*, ed. Mittler (wie Anm. 30). – Zu Anno s. o. Anm. 29.

[75] Gierlich (wie Anm. 4), S. 82.

[76] Gudrun Sporbeck/Gottfried Stracke: Die liturgischen Gewänder. Paramente und Reliquienkult nach Ausweis kölnischer Grabornate und Textilien des 11. Jahrhunderts. In: Arte e liturgia nel medioevo (im Druck). – Den Autoren sei für die Überlassung des Manuskripts und manche anregende Diskussion in Rom und Köln gedankt. – Vgl. auch Ornamenta Ecclesiae (wie Anm. 13), Bd. 1, Nr. C 26–29, E 92–95.

[77] Ehrentraut (wie Anm. 64).

[78] Albero war in Koblenz gestorben, die Einbalsamierung besorgte sein wohl aus Oberitalien stammender Leibarzt Philipp Lombardo mittels Myrrhe und Aloe, *Gesta Alberonis*, ed. Kallfelz (wie Anm. 12), cap. 28. – Gierlich (wie Anm. 4), S. 79–81. – Jörg Müller: Die Kirchenpolitik des Trierer Erzbischofs Albero von Montreuil (1132–1152). Magisterarbeit Trier 1994, demnächst Ders.: Vir religiosus et strenuus. Albero von Montreuil, Erzbischof von Trier, 1132–1152. Diss. phil. Trier.

[79] Fidel Rädle: Epitaphium – Zur Geschichte des Begriffs. In: Walter Koch (Hg.): Epigraphik 1988. Fachtagung für mittelalterliche und neuzeitliche Epigraphik Graz. (= Österreichische Akademie der Wissenschaften, phil.-hist. Kl., Denkschriften 213) Wien 1990. S. 306–310.

[80] *Gesta Alberonis*, ed. Kallfelz (wie Anm. 12), cap. 29.

[81] Gierlich (wie Anm. 4), S. 71–73.

[82] Gierlich (wie Anm. 4), S. 167.

[83] Gierlich (wie Anm. 4), S. 169.

[84] Gierlich (wie Anm. 4), S. 178.

[85] Arnold Angenendt: Das Grab als Haus des Toten. Reli-

Zum dritten ist noch die Frage nach den Begräbnisorten der 40 rheinischen Erzbischöfe des 11./12. Jahrhunderts anzusprechen. Von den 12 Trierer Bischöfen wurden zwei Drittel im Dom begraben, neben St. Simeon spielen St. Paulin und Tholey eine Rolle[86]. Von den 16 Kölner Oberhirten fand nur ein Drittel seine letzte Ruhestätte im Dom, die anderen u. a. in St. Heribert, St. Aposteln und St. Andreas in Köln sowie in Siegburg, Schwarzrheindorf und Altenberg[87]. In Mainz wurde die Hälfte der Erzbischöfe im Dom begraben. Es läßt sich also festhalten, daß weniger als die Hälfte der Kirchenfürsten in ihren Kathedralkirchen begraben wurde, ein großer Teil – darunter Poppo – dagegen in Stifts- und Klosterkirchen, die ihnen aus verschiedenen Gründen nahestanden. Mehrere Bischöfe starben fern der Heimat, in Halberstadt, Parma, Bari, Melfi oder Tusculanum; einige von ihnen wurden später in ihre Domkirchen überführt[88].

Es ist ein keineswegs außergewöhnlicher Befund, daß nur die Hälfte der Bischöfe an ihren *sedes* begraben wurde. Sie fanden ihre letzte Ruhestätte zunächst in den Klöstern und Stiften vor der Stadt; für Trier sind vor allem St. Matthias und St. Paulin zu nennen. Seit dem 10. Jahrhundert gibt es eine gewisse Bipolarität zwischen Dom- und neugegründeten Stiftskirchen, danach verlagerte sich der Schwerpunkt der Begräbnisse zunehmend in die Kathedralkirchen.

Wie kann man jetzt die wachsende Zahl erhaltener Monumente seit dem 12./13. Jahrhundert erklären? Mir scheint, daß sich durch die zunehmende Verlagerung der Bischofsbegräbnisse in die Domkirchen eine wichtige Rahmenbedingung der Grabmalkunst verändert hat: Reichte bisher für eine liturgische *memoria* das durch eine Inschrift festgehaltene Wissen um den Namen, den Sterbetag, das Todesjahr und den Begräbnisort aus, so kamen jetzt neue und repräsentativere Formen der Selbstdarstellung in Mode, die einem neuen Selbstverständnis der Kirchenfürsten entsprachen. Grabmäler boten eine vorzügliche Möglichkeit, über ihre ursprüngliche Aufgabe hinausgehend, bestehende oder auch nicht bestehende kirchenpolitische, dynastische und territoriale Ansprüche zu veranschaulichen, und zwar in Form von großen, weithin sichtbaren Bildern, die innerhalb der Kathedralkirchen aufgestellt wurden. Gerade bei den frühen Grabdenkmälern (Albero von Montreuil, Siegfried von Eppstein) läßt sich ein eindeutiger Zusammenhang mit politischen Ambitionen nachweisen. Merkwürdig ist dabei – soweit die Überlieferung diesen Schluß zuläßt –, daß die Kaiser und Könige aus dem Hause der Salier, die seit 1039 eine Grablege im Speyerer Dom besaßen, keine monumentalen Denkmäler errichten ließen[89]. Bei den Kaiser- und Königsgräbern stellt das Bronzegrab des Gegenkönigs Philipp von Schwaben († 1080) in Merseburg eine politisch motivierte Ausnahme dar (Abb. 15)[90].

Die Verbindung zwischen Politik und Grabdenkmal macht auf einen zweiten Sachverhalt aufmerksam: Da eine Reihe von Bischöfen und Erzbischöfen des hohen Mittelalters heiliggesprochen wurde, ergeben sich fließende Übergänge zwischen Bischofsgräbern und Heiligengräbern; dadurch nähern wir uns dem Themenkreis »Politik und Heiligenverehrung«[91]. Die meisten Kanonisierungen

gionsgeschichtlich – christlich – mittelalterlich. In: Grabmäler. Tendenzen der Forschung. (wie Anm. 14).– Sebastian Scholz: Das Grab in der Kirche – Zu seinen theologischen und rechtlichen Hintergründen in Spätantike und Frühmittelalter. In: Zeitschrift der Savigny-Stiftung für Rechtsgeschichte, Kanonistische Abteilung 84/1998, S. 270–306.

[86] Franz-Josef Heyen: Die Grabkirchen der Bischöfe von Trier. In: Festschrift für Hermann Heimpel. (= Veröffentlichungen des Max-Planck-Instituts für Geschichte 36) Bd. 3, Göttingen 1972, S. 594–605. – Gierlich (wie Anm. 4), S. 83–85.

[87] Georgi (wie Anm. 12).

[88] Einzelbelege bei Gierlich (wie Anm. 4).

[89] Stefan Weinfurter: Herrschaftslegitimation und Königsautorität im Wandel. Die Salier und ihr Dom zu Speyer. In: Die Salier und das Reich (wie Anm. 28), Bd. 1, S. 55–96. – Odilo Engels: Die kaiserliche Grablege im Speyerer Dom und die Staufer. In: Papstgeschichte und Landesgeschichte. Festschrift für Hermann Jakobs. Köln/Weimar/Wien 1995, S. 227–254. – Joachim Ehlers: Grablege und Bestattungsbrauch der deutschen Könige im Früh- und Hochmittelalter. In: Jahrbuch der Braunschweiger Wissenschaftlichen Gesellschaft 1989, S. 39–74. – Peter Aufgebauer: Der tote König. Grablegen und Bestattungen mittelalterlicher Herrscher (10.–12. Jahrhundert). In: Geschichte in Wissenschaft und Unterricht 45/1994, S. 680–693.

[90] Berthold Hinz: König Rudolfs Grabdenkmal im Merseburger Dom: Innovation aus dem Zusammenbruch. In: Herbert Beck/Kerstin Hengevoss-Dürkop (Hg.): Studien zur Geschichte der europäischen Skulptur im 12./13. Jahrhundert. (= Schriften des Liebighauses) Frankfurt 1995, S. 515–531. – Ders.: Das Grabdenkmal Rudolfs von Schwaben: Monument der Propaganda und Paradigma der Gattung. (= Kunststück) Frankfurt 1996. – Bauch (wie Anm. 7), S. 11–18. – Körner (wie Anm. 1), S. 99–100.

[91] Jürgen Petersohn (Hg.): Politik und Heiligenverehrung im Hochmittelalter. (= Vorträge und Forschungen 42) Sigmaringen 1994.

Abb. 15: Grabplatte des Philipp von Schwaben († 1080) im Dom in Merseburg.

gab es in der Kölner Kirche, hier sind Bruno († 965), Anno († 1075) und Heribert († 1021) zu nennen, für das 13. Jahrhundert außerdem Engelbert von Berg († 1225), der einen gewaltsamen Tod erlitt und deshalb als Märtyrer verehrt wurde[92]. Für Mainz sind der hl. Willigis († 1011) und der hl. Bardo († 1051) anzuführen, wogegen es in Trier keiner der Bischöfe des hohen Mittelalters schaffte, zur Ehre der Altäre erhoben zu werden. Freilich gab es dabei auch unterschiedliche Stufen auf dem Weg zur Heiligkeit; so fehlte es in Trier nicht an Versuchen, Egbert[93] und Poppo[94] als Heilige zu verehren; Kuno erfuhr nach seinem gewaltsamen Tod 1066 zumindest in seiner Grabeskirche in Tholey eine lokale Verehrung[95]. Doch so charakteristisch die Verehrung heiliger Bischöfe für das hohe Mittelalter auch war[96], so bezeichnend ist auch das Verschwinden dieses Phänomens im 13. Jahrhundert: Nach einer Zusammenstellung Jürgen Petersohns gab es im 11. und 12. Jahrhundert 27 offizielle Kanonisierungen, darunter 13 von Bischöfen und Erzbischöfen. Eine ganze Reihe von Repräsentanten der ottonisch-salischen Reichskirche wurde somit als Heilige verehrt, teilweise auch offiziell kanonisiert. Mit Otto von Bamberg († 1139, kanonisiert 1189) bricht dann die Reihe der heiliggesprochenen Bischöfe ab; Ausnahmen bilden lediglich Virgil von Salzburg, kanonisiert 1233, und Benno von Meißen, heiliggesprochen 1523[97]. Die Gründe dieses Wandels sollen hier

[92] Wilhelm Janssen: Das Erzbistum Köln. Bd. 2: Das Erzbistum Köln im späten Mittelalter 1191–1515. (= Geschichte des Erzbistums Köln 2) Tl. 1. Köln 1995, S. 134–144.

[93] Franz Ronig: Wurde Erzbischof Egbert (977–993) vielleicht als Heiliger verehrt? Eine Nachlese zum Egbert-Jubiläum 1993. In: per assiduum studium scientiae adipisci margaritam. Festgabe für Ursula Nilgen. St. Ottilien 1997, S. 99–108.

[94] Schmid, Poppo von Babenberg (wie Anm. 38).

[95] Gierlich (wie Anm. 4), S. 73–74.

[96] Die Tatsache, daß zahlreiche Bischöfe des frühen Mittelalters als Heilige verehrt wurden sei hier unberücksichtigt gelassen, vgl. Wilhelm Levison: Die Anfänge rheinischer Bistümer in der Legende (1930). In: Ders.: Aus rheinischer und fränkischer Frühzeit. Ausgewählte Aufsätze. Düsseldorf 1948, S. 7–27. – Klaus Militzer: Collen eyn kroyn boven allen steden schoyn. Zum Selbstverständnis einer Stadt. In: Colonia Romanica 1/1986, S. 15–32. – Hans A. Pohlsander: Die Anfänge des Christentums in der Stadt Trier. Bischöfe und Märtyrer. In: Trierer Zeitschrift 60/1997, S. 255–302. – Thomas Bauer: Lotharingien als historischer Raum. (= Rheinisches Archiv 136) Köln/Weimar/Wien 1997.

[97] Jürgen Petersohn: Apostolus Pomeranorum. Studien zur Geschichte und Bedeutung des Apostelepithetons Bischof Ottos I. von Bamberg. In: Historisches Jahrbuch 86/1966, S. 257–294. – Ders.: Bischof (wie Anm. 48).

nicht näher untersucht werden, aber es dürfte nicht ganz abwegig erscheinen, die Hauptursache in einem Wandel des Bischofsideals zu vermuten, der seine Wurzeln im Investiturstreit hatte. An die Stelle der Bischöfe der ottonisch-salischen Reichskirche traten jetzt Persönlichkeiten, die verstärkt als Burgenbauer, Reichs- und Territorialpolitiker hervortraten[98]. Nur ganz am Rande sei noch darauf hingewiesen, daß sich im Untersuchungszeitraum nicht nur bei den Grabdenkmälern, sondern auch in den Formen der Heiligenverehrung ein grundlegender Wandel vollzog: Hatte man deren Gebeine bis dahin in der Regel in großen Sarkophagen und unter der Erde bzw. in Krypten geborgen, so wanderten sie jetzt in den Kirchenraum, vielfach auf die Altäre, wo sie die Gläubigen verehren und vor allem sehen konnten; damit begann die Geschichte der großen, mit Gold und Edelsteinen geschmückten Reliquienschreine der Romanik[99].

Ein dritter Faktor spielte eine Rolle: Es gibt bei Grabdenkmälern eine Art Gesetz der Serie, Traditionen der Begräbnisorte entwickelten sich, aber auch lokale Grabmaltypen, etwa das Trierer Bogengrab oder später der Trierer Grabaltar. Ähnliches läßt sich für Mainz herausarbeiten, wo sich im 14. Jahrhundert (Matthias von Bucheck, † 1328) ein spezifischer Mainzer Grabmaltyp (Bischofsfigur unter einem Baldachin mit Heiligenfiguren) herausbildete, der im 16. Jahrhundert (Albrecht von Brandenburg, † 1545) im Sinne der Renaissance modifiziert wurde und bis ins ausgehende 17. Jahrhundert (Damian Hartard von der Leyen † 1678) verbindlich blieb; entsprechende Typenbildungen sind für Köln nicht nachzuweisen.

Eine nahezu ununterbrochene Reihe von Grabdenkmälern machte jedem Besucher der Kirche die Kontinuität und das hohe Alter der Bischofsherrschaft deutlich. Parallelen dazu lassen sich in den Gründungslegenden der Bistümer und in den möglichst weit zurückreichenden Bischofslisten finden. Es ist sicherlich gefährlich, Schlüsse *ex silentio* zu ziehen, aber wenn man die bei Wolfgang Giese und bei Gerhardt Weilandt für das 10.–12. Jahrhundert zusammengestellten Belege bischöflicher Baupolitik überblickt, dann läßt sich feststellen, daß es ein beachtliches Interesse an Heiligengräbern gab, daß aber den Grabmälern der Vorgänger nur relativ geringe Bedeutung beigemessen wurde; sie werden allenfalls erwähnt, wenn sie Baumaßnahmen behinderten. Dies änderte sich im 13. Jahrhundert, der künstlerische Anspruch und materielle Aufwand, mit dem die Amtsinhaber ihren geistlichen, vielleicht auch weltlichen Nachruhm sichern wollten, stieg beträchtlich. Sollte der Vorgänger im Amt es versäumt haben, sein Grabmal noch zu Lebzeiten zu errichten, wurde dies zu einer wichtigen, in der frühen Neuzeit sogar in Wahlkapitulationen festgeschriebenen Pflicht seines Nachfolgers. Auch dieser Wandel scheint mit den eben erwähnten Veränderungen im Amtsideal der Bischöfe, die der Investiturstreit mit sich brachte, im Zusamenhang zu stehen. Die gestiegene Wertschätzung von Grabmälern des späten Mittelalters kommt allein schon darin zum Ausdruck, daß ein großer Teil von ihnen erhalten ist. Dies trifft für das 1230 in Trier entstandene Dreiergrab der bereits zwischen 1078 und 1124 verstorbenen Erzbischöfe Udo, Egilbert und Bruno (Abb. 7) ebenso zu wie für das Grab des Mainzers Siegfried von Eppstein († 1249) – das die Krönung zweier Könige zeigt (Abb. 8)[100] – und die aufwendig in Bronze gegossene Liegefigur des Konrad von Hochstaden († 1261) in Köln (Abb. 9).

Abbildungsnachweis: 1, 5–6, 9: Rheinisches Bildarchiv, Köln. 2, 4, 7: Elisabeth Michels, Trier. 10: Johannes Oberdorf, Trier. 12: Josef Tietzen, Trier. 3, 8, 11, 13–15: Kunsthistorisches Institut an der Universität Trier.

---

[98] Josef FLECKENSTEIN: Problematik und Gestalt der ottonisch-salischen Reichskirche. In: Reich und Kirche vor dem Investiturstreit. [Festschrift] Gerd Tellenbach. Sigmaringen 1985, S. 83–98. – ENGELS, Reichsbischof (wie Anm. 9). – Vgl. auch Hugo STEHKÄMPER: Der Reichsbischof und Territorialfürst (12. und 13. Jahrhundert). In: Der Bischof in seiner Zeit. Bischofstypus und Bischofsideal im Spiegel der Kölner Kirche. Festgabe für Joseph Kardinal Höffner, Erzbischof von Köln. Köln 1986, S. 95–184, und: Wilhelm JANSSEN: Der Bischof, Reichsfürst und Landesherr (14. und 15. Jahrhundert). In: Ebda., S. 185–244.

[99] Rhein und Maas. Kunst und Kultur 800–1400. 2 Bde., Kat. Köln 1972. – Renate KROOS: Vom Umgang mit Reliquien. In: Ornamenta Ecclesiae (wie Anm. 13), Bd. 3, S. 25–49. – DIES.: Der Schrein des heiligen Servatius in Maastricht und die vier zugehörigen Reliquiare in Brüssel. (= Veröffentlichungen des Zentralinstituts für Kunstgeschichte in München 8) München 1985.

[100] Auf die Frage der Interpretation des Grabmals kann hier nicht näher eingegangen werden (s. o. Anm. 26), vgl. zuletzt Ernst-Dieter HEHL: Goldenes Mainz und Heiliger Stuhl. Die Stadt und ihre Erzbischöfe im Mittelalter. In: Franz DUMONT/ Ferdinand SCHERF/Friedrich SCHÜTZ (Hg.): Mainz. Die Geschichte der Stadt. Mainz 1998, S. 839–857, hier S. 856–857.